완자 VOCA PICK

어떤 단계로 시작하면 좋을까?

중등수능 단어장에 수록된 20개의 단어 중에서 몇 개나 아는지 테스트해 보세요.

notice	order	creative	amount
honesty	prefer	wonder	improve
appreciate	share	ancestor	athlete
suggest	launch	include	result
develop	spread	courage	attention

 아는 단어가 **8개 이하**

 아는 단어가 **9~17개**

 아는 단어가 **18개 이상**

모르는 단어가 많아도 걱정하지 마세요. 〈중등수능 기본〉으로 차근차근 시작하세요!

아는 단어가 꽤 많네요! 〈중등수능 실력〉으로 완벽하게 암기하세요!

거의 다 맞췄어요! 〈중등수능 고난도〉에 도전해 보세요!

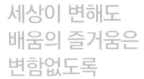

세상이 변해도
배움의 즐거움은
변함없도록

시대는 빠르게 변해도
배움의 즐거움은
변함없어야 하기에

어제의 비상은
남다른 교재부터
결이 다른 콘텐츠
전에 없던 교육 플랫폼까지

변함없는 혁신으로
교육 문화 환경의 새로운 전형을
실현해왔습니다.

비상은 오늘, 다시 한번
새로운 교육 문화 환경을 실현하기 위한
또 하나의 혁신을 시작합니다.

오늘의 내가 어제의 나를 초월하고
오늘의 교육이 어제의 교육을 초월하여
배움의 즐거움을 지속하는 혁신,

바로, 메타인지 기반 완전 학습을.

상상을 실현하는 교육 문화 기업 비상

메타인지 기반 완전 학습
초월을 뜻하는 meta와 생각을 뜻하는 인지가 결합한 메타인지는
자신이 알고 모르는 것을 스스로 구분하고 학습계획을 세우도록 하는
궁극의 학습 능력입니다. 비상의 메타인지 기반 완전 학습 시스템은
잠들어 있는 메타인지를 깨워 공부를 100% 내 것으로 만들도록 합니다.

핵심 기출 단어만 PICK 하다!

〈완자 VOCA PICK〉 중등수능 시리즈는 예비 중학생부터 **내신과 수능을 대비**하는
수험생들이 필수 및 기출 어휘를 익히고 암기할 수 있도록 중1~고1 교과서 전종과
국가수준 성취도평가, 수능, 모평, 학평 등 핵심 자료를 분석하고
수준별로 어휘를 엄선하여 수록하였습니다.

	예비중 ─ 중1	중2 ─ 중3	중3 ─ 예비고
최신 교육과정 어휘 (1,800개)	●		
중1 교과서 (2,188개)	●		
중2 교과서 (2,678개)	●		
중1~중3 듣기평가 (2,397개)	●	○	
국가수준 성취도평가 (1,321개)	●	○	○
중3 교과서 (2,686개)		○	○
고1 교과서 (4,455개)			○
10개년 고1 학평 (4,840개)		○	○
10개년 학평/모평/수능 (9,562개)	●	○	●
	기본	실력	고난도
수록 어휘 수	800	1200	1200
학습일	32일 + α	40일 + α	30일 + α

구성과 특징

REPEAT I 주제별 중등 실력 어휘

☑ 단 1회 학습으로도 "4번 반복"이 가능한 구성
☑ 주제별 영단어 분류로 연상 학습 효과 UP!

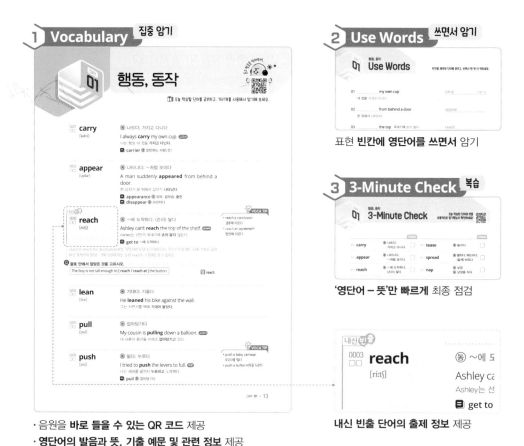

1 Vocabulary 집중 암기

행동, 동작

📖 오늘 학습할 단어를 공부하고, 가리개를 사용해서 암기해 보세요.

carry
[kǽri]
⑧ 나르다; 가지고 다니다
I always **carry** my own cup. 교과서
나는 항상 내 컵을 가지고 다닌다.
❶ carrier ⑲ 운반하는 사람[것]

appear
[əpíər]
⑧ 나타나다; ~처럼 보이다
A man suddenly **appeared** from behind a door.
한 남자가 문 뒤에서 갑자기 나타났다.
❶ appearance ⑲ 외모, 겉모습; 출현
❷ disappear ⑧ 사라지다

reach
[riːtʃ]
⑧ ~에 도착하다; (손이) 닿다
Ashley can't **reach** the top of the shelf. 교과서
Ashley는 선반의 꼭대기에 손이 닿지 않는다.
❶ get to ~에 도착하다

· reach a conclusion 결론에 이르다
· reach an agreement 합의에 이르다

🔎 괄호 안에서 알맞은 것을 고르시오.
The boy is not tall enough to [reach / reach at] the button. ▸ reach

lean
[liːn]
⑧ 기대다; 기울다
He **leaned** his bike against the wall.
그는 자전거를 벽에 기대어 놓았다.

pull
[pul]
⑧ 잡아당기다
My cousin is **pulling** down a balloon. 교과서
내 사촌이 풍선을 아래로 잡아당기고 있다.
❷ push 잡아당기다

push
[puʃ]
⑧ 밀다; 누르다
I tried to **push** the levers to full. 교과서
나는 레버를 끝까지 누르려고 노력했다.
❷ pull 잡아당기다

· push a baby carriage 유모차를 밀다
· push a button 버튼을 누르다

DAY 01 · 13

· 음원을 바로 들을 수 있는 QR 코드 제공
· 영단어의 발음과 뜻, 기출 예문 및 관련 정보 제공

2 Use Words 쓰면서 암기

Use Words

빈칸을 채우며 단어를 암기고, 문장으로 한 번 더 익히세요.

01	my own cup	carry
02	from behind a door	appear
03	the top	reach

표현 빈칸에 영단어를 쓰면서 암기

3 3-Minute Check 복습

3-Minute Check

오늘 학습한 단어만 모아 교재에서도 암기했는지 확인해보세요.

carry	나르다; 가지고 다니다		tease	놀리다	
appear	나타나다; ~처럼 보이다		spread	펼치다; 퍼뜨리다; (꿀을) 바르다	
reach	~에 도착하다; (손이) 닿다		nap	낮잠	낮잠을 자다	

'영단어 – 뜻'만 빠르게 최종 점검

내신 빈출

0003
reach
[riːtʃ]
⑧ ~에 도...
Ashley ca...
Ashley는 선...
❶ get to

내신 빈출 단어의 출제 정보 제공

4 다양한 유형의 테스트 장치 응용 복습

W...
A 영어는 우리말로, ...
01 carry
02 relative
03 skinny
04 elderly
05 adult

교과서
01 짝지어진 단...
② loose – ...
④ absent –
02 빈칸에 공통...

수능형 확인하기
| 세부 정보 파악하기
수능 29번 유형
Shirley Chisholm에 관한 다음 글의 내용과 일치하지 않는...
Shirley Chisholm was born in Brooklyn, New Yor...
Chisholm **spent** part of her **childhood** in Barb...
her grandmother. Shirley **attended** Brooklyn Co...
majored in sociology. After she **graduated** fro...
College in 1946, she **became** a teacher and kept o...
She received a **master's degree** in elementary ...

드릴 유형, 내신 유형, 수능 유형의 다양한 테스트 제공

＊ Daily Test는 학습자료실(book.visang.com)에서 다운로드받아 활용해 보세요.

REPEAT II 빈출도순 중등 실력 어휘

☑ REPEAT I 에서 학습한 영단어 1200개를
빈출도순으로 재구성한 어휘 학습

Vocabulary Again 반복 암기

- 영단어 데이터를 **빈출도순 재정렬!**
- **다빈출 영단어부터** 암기하여 단기간 **최대 학습** 효과 구현
- REPEAT I의 **복습 장치**로 활용 가능

암기 보조 장치

미니 단어장
휴대가 간편한 미니 단어장으로
1200개의 영단어 틈틈이 암기 가능

모바일 앱 '암기고래'
'암기고래' 앱에서 어휘 듣기와
어휘 퀴즈를 이용하여 암기 가능

" 앱 다운로드 " ≫ 일반 모드 입장하기

≫ 영어 ≫ 비상교육 ≫ 보카픽

✦ 기호 정의 및 기출 예문 출처 ✦

(명) 명사 | (동) 동사 | (형) 형용사 | (부) 부사 | (접) 접속사 | (전) 전치사 | (대) 대명사 | (한) 한정사

≫ 숙어 | ➕ 파생어 | ↔ 반의어 | 🟰 유의어

교과서 교과서 기출 | 성취도 국가수준 성취도평가 기출 | 듣기 시도교육청 듣기평가 기출

학평 시도교육청 학력평가 기출 | 모평 평가원 모의고사 기출 | 수능 대학수학능력시험 기출

차례

REPEAT I 주제별 중등 실력 어휘

빈출도순 중등 실력 어휘

학습 전략 제안

〈완자 VOCA PICK 중등수능 실력〉이 제안하는 시간과 노력이 절약되는
"REPEAT I, II별 우선 암기 전략"을 따라해 보는 건 어떨까요?

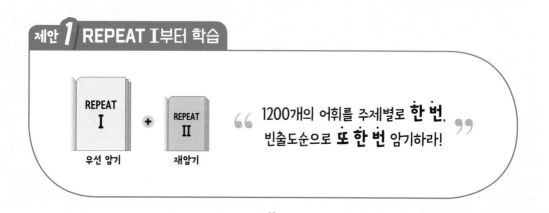

제안 1 REPEAT I부터 학습

REPEAT I + REPEAT II

우선 암기   재암기

" 1200개의 어휘를 주제별로 **한 번**,
빈출도순으로 **또 한 번** 암기하라! "

⬇

REPEAT I 주제별 어휘를 먼저 1회 학습(4회독)하고,
REPEAT II 빈출도순 어휘로 반복 학습(1회독)하여 완벽한 5회독 학습 효과를 노리는 학습자에게 추천!

	어휘 노출	학습 활동	코너 및 학습 가이드
REPEAT I	1회	읽고, 듣고, 예문 해석하며 암기하기	**Vocabulary** • MP3를 들으면서 발음과 뜻 학습 • DAY당 30개의 어휘를 '영단어 - 뜻' 위주로 암기 • 예문 해석과 다양한 코너를 통해 영단어의 쓰임 파악 • 가리개를 활용해서 암기 여부 확인하며 학습
	2회	단어를 유추하여 반복하여 쓰면서 암기하기	**Use Words** 우리말 뜻에 맞춰 주어진 표현을 완성하는 활동을 통해 영단어를 여러 번 쓰면서 암기
	3회	눈으로 암기 여부 최종 확인하기	**3-Minute Check** 눈으로 빠르게 영단어와 뜻을 훑으며 암기 여부 최종 확인
	4회	테스트를 통해 기억 환기시키기	**TEST : Wrap Up + 교과서 필수 단어 확인하기 + 수능 유형 확인하기** 학습한 영단어들을 다양한 유형의 테스트를 통해 재점검
REPEAT II	5회	새로운 학습 환경과 조건에서 재암기하기	**전체 영단어 재암기** • REPEAT I에서 공부한 영단어를 빈출도순으로 재정렬하여 새로운 학습 환경에서 재암기 • 랜덤으로 나오는 빈칸 문제를 우리말 뜻을 넣어 해결

REPEAT II 우선 암기 + REPEAT I 재암기

 빈출도순 어휘부터 **빠르게 한 번**, 주제별로 **또 한 번** 암기하라!

⇓

REPEAT II의 빈출도순 어휘를 우선 암기하고,
REPEAT I 주제별 어휘로 재암기하여 빠르고 확실한 2회독 학습 효과를 노리는 학습자에게 추천!

	어휘 노출	학습 활동	코너 및 학습 가이드
REPEAT II	1회	눈으로 보고, 문제를 풀며 암기하기	**Vocabulary** • 빈출도순으로 정렬한 단어 1200개를 '영단어 - 뜻' 위주로 암기 • 빈칸 문제를 풀며 암기 여부 확인하기
REPEAT I	2회	듣고, 보면서 암기 여부 최종 확인하기	**3-Minute Check / 미니 단어장** • MP3를 들으면서 영단어의 발음과 뜻 확인 • 눈으로 빠르게 영단어와 뜻을 훑으며 암기 여부 확인

➕ 자투리 시간에 활용하는 암기 장치

암기 보조 장치를 상황에 맞게 추가로 활용하고 싶은 학습자에게 추천!

미니 단어장
휴대용 미니 단어장을
항상 소지하면서
등하굣길에 틈틈이 단어를 듣고
외울 수 있습니다.

Daily Test
book.visang.com의
학습자료실에서 일차별
Daily Test를 다운로드 받아
테스트 할 수 있습니다.

APP
'암기고래'를 검색하여
App을 다운로드 받아
영단어 발음과 뜻을 확인하고
퀴즈를 풀 수 있습니다.

학습 계획표

제안 1 학습 계획표 REPEAT I 부터 학습 + 미니 단어장

5회독 학습 효과가 있는 'REPEAT I부터 학습하기' 전략에서 나아가 미니 단어장을 통해
추가 반복 학습을 진행하여 '6회독 학습 효과'를 내는 50일치 학습 계획표입니다.

★ **기본 학습**은 'REPEAT I부터 학습하기' 전략에 따라 본책의 DAY별 전 코너를 학습하는 계획입니다.

★ **반복 학습**은 미니 단어장을 활용하여 복습하는 방식으로 구성합니다. 개별 학습 패턴에 따라 일차별 코너를 선택하거나,
암기 보조 장치를 반복 학습으로 활용하는 것도 가능합니다.

★ 학습을 마무리하면 DAY 01 과 같이 완료 표시를 하면서 끝까지 완주해 보세요!

DAY 01 6 회독!

	1일차	2일차	3일차	4일차	5일차	6일차	7일차	8일차
기본 학습 (REPEAT I,II)	DAY 01	DAY 02	DAY 03	DAY 04	DAY 05	DAY 06	DAY 07	DAY 08
반복 학습 (ex. 미니 단어장)		DAY 01	DAY 02	DAY 03	DAY 04	DAY 05	DAY 06	DAY 07
	9일차	10일차	11일차	12일차	13일차	14일차	15일차	16일차
기본 학습	DAY 09	DAY 10	DAY 11	DAY 12	DAY 13	DAY 14	DAY 15	DAY 16
반복 학습	DAY 08	DAY 09	DAY 10	DAY 11	DAY 12	DAY 13	DAY 14	DAY 15
	17일차	18일차	19일차	20일차	21일차	22일차	23일차	24일차
기본 학습	DAY 17	DAY 18	DAY 19	DAY 20	DAY 21	DAY 22	DAY 23	DAY 24
반복 학습	DAY 16	DAY 17	DAY 18	DAY 19	DAY 20	DAY 21	DAY 22	DAY 23
	25일차	26일차	27일차	28일차	29일차	30일차	31일차	32일차
기본 학습	DAY 25	DAY 26	DAY 27	DAY 28	DAY 29	DAY30	DAY 31	DAY 32
반복 학습	DAY 24	DAY 25	DAY 26	DAY 27	DAY 28	DAY 29	DAY 30	DAY 31
	33일차	34일차	35일차	36일차	37일차	38일차	39일차	40일차
기본 학습	DAY 33	DAY 34	DAY 35	DAY 36	DAY 37	DAY 38	DAY 39	DAY 40
반복 학습	DAY 32	DAY 33	DAY 34	DAY 35	DAY 36	DAY 37	DAY 38	DAY 39

	41일차	42일차	43일차	44일차	45일차	46일차	47일차	48일차
기본 학습	DAY 41	DAY 42	DAY 43	DAY 44	DAY 45	DAY 46	DAY 47	DAY 48
반복 학습	DAY 40	DAY 01~05	DAY 06~10	DAY 11~15	DAY 16~20	DAY 21~25	DAY 26~30	DAY 31~35

	49일차	50일차	추가학습	
기본 학습	DAY 49	DAY 50	–	
반복 학습	DAY 36~40	DAY 01~20	DAY 21~40	DAY 01~40

미암기 단어 위주로 누적 반복 학습

제안 2 학습 계획표　REPEAT II 부터 학습 + 3-Minute Check/미니 단어장

REPEAT II의 빈출도순 어휘를 '영단어 - 뜻' 위주로 암기하고,
REPEAT I의 일차별 코너 중 3-Minute Check나 미니 단어장을 반복 학습으로 복습함으로써
'2회독 학습 효과'를 내는 20일치 학습 계획표입니다.

	1일차	2일차	3일차	4일차	5일차	6일차	7일차
기본 학습 (REPEAT II)	DAY 41	DAY 42	DAY 43	DAY 44	DAY 45	DAY 46	DAY 47
반복 학습 (REPEAT I)	DAY 01~02	DAY 03~04	DAY 05~06	DAY 07~08	DAY 09~10	DAY 11~12	DAY 13~14

	8일차	9일차	10일차	11일차	12일차	13일차	14일차
기본 학습	DAY 48	DAY 49	DAY 50	DAY 49	DAY 48	DAY 47	DAY 46
반복 학습	DAY 15~16	DAY 17~18	DAY 19~20	DAY 21~22	DAY 23~24	DAY 25~26	DAY 27~28

	15일차	16일차	17일차	18일차	19일차	20일차	
기본 학습	DAY 45	DAY 44	DAY 43	DAY 42	DAY 41	–	
반복 학습	DAY 29~30	DAY 31~32	DAY 33~34	DAY 35~36	DAY 37~38	DAY 39~40	

I

주제별
중등 실력
어휘

단어를 암기할 때 **앞뒤쪽 책날개**를 뜯어서
단어 뜻 가리개로 활용하세요.

행동, 동작

📖 오늘 학습할 단어를 공부하고, 가리개를 사용해서 암기해 보세요.

0001 carry
[kǽri]

(동) 나르다; 가지고 다니다

I always **carry** my own cup. 교과서
나는 항상 내 컵을 **가지고 다닌다.**

➕ carrier (명) 운반하는 사람[것]

0002 appear
[əpíər]

(동) 나타나다; ~처럼 보이다

A man suddenly **appeared** from behind a door.
한 남자가 문 뒤에서 갑자기 **나타났다.**

➕ appearance (명) 외모, 겉모습; 출현
↔ disappear (동) 사라지다

내신빈출

0003 reach
[riːtʃ]

(동) ~에 도착하다; (손이) 닿다

Ashley can't **reach** the top of the shelf. 교과서
Ashley는 선반의 꼭대기에 **손이 닿지** 않는다.

🟰 get to ~에 도착하다

reach가 reach the destination처럼 '목적지에 도달[도착]하다'라는 뜻으로 쓰일 때는 뒤에 전치사 없이 바로 목적어가 온다는 것에 유의하세요. 또한 reach는 수동태로 쓸 수 없어요.

Q 괄호 안에서 알맞은 것을 고르시오.

The boy is not tall enough to [**reach** / reach at] the button. 답 **reach**

> **VOCA TIP**
> * reach a conclusion
>   결론에 이르다
> * reach an agreement
>   합의에 이르다

0004 lean
[liːn]

(동) 기대다; 기울다

He **leaned** his bike against the wall.
그는 자전거를 벽에 **기대어 놓았다.**

0005 pull
[pul]

(동) 잡아당기다

My cousin is **pulling** down a balloon. 교과서
내 사촌이 풍선을 아래로 **잡아당기고** 있다.

0006 push
[puʃ]

(동) 밀다; 누르다

I tried to **push** the levers to full. 학평
나는 레버를 끝까지 **누르려고** 노력했다.

↔ pull (동) 잡아당기다

> **VOCA TIP**
> * push a baby carriage
>   유모차를 밀다
> * push a button 버튼을 누르다

0007
behave
[bihéiv]

(동) 행동하다; 예의 바르게 행동하다

Chris **behaves** like a child.
Chris는 아이처럼 **행동한다**.

» **Behave yourself.** 예의 바르게 행동해라.
+ **behavior** (명) 행동

0008
wander
[wándər]

(동) 돌아다니다, 헤매다

The dog **wandered** off at the beach. 교과서
그 개는 해변에서 이리저리 **돌아다녔다**.

VOCA TIP
'궁금하다'의 의미인 wonder와
혼동하지 마세요.

How Different

0009
fold
[fould]

(동) 접다; 포개다

Fold the yellow paper in half. 성취도
노란색 종이를 반으로 **접으세요**.

» **fold one's arms** 팔짱을 끼다
+ **foldable** (형) 접을 수 있는

0010
bend
[bend]

(동) 구부리다, 숙이다

I saw him **bend** over to pick up the coin. 학평
나는 그가 동전을 줍기 위해 **(몸을) 구부리는** 것을 보았다.

• fold 얇은 종이, 천 등을 접어 서로 포개지게 하는 것을 나타냄
• bend 긴 것이나 얇은 것 등을 구부려서 모양이 휘게 하는 것을 나타냄

0011
stand
[stænd]

(동) 서다, 서 있다

Apa, the climber, **stood** on the top of Mt.
Everest.
등반가인 Apa는 에베레스트산 정상에 **섰다**.

0012
instruct
[instrʌ́kt]

(동) 지시하다; 가르치다

I **instructed** the pilot to change his flight
path. 나는 그 조종사에게 운항 경로를 변경하라고 **지시했다**.

+ **instruction** (명) 지시; 교육

VOCA TIP
<instruct + 목적어 + to부정사>는
'~에게 …하도록 지시하다'라는 의
미를 나타내요.

0013 exercise
[éksərsàiz]

(동) 운동하다 (명) 운동; 연습

You should **exercise** every day to stay healthy. (교과서)
너는 건강을 유지하기 위해 매일 **운동해야** 한다.

take exercise, work out 운동하다

VOCA TIP
exercise는 포괄적인 의미의 '운동하다'이고 work out은 헬스장에서 하는 구체적인 목적이 포함된 '운동하다'예요.

0014 float
[flout]

(동) 뜨다; 떠다니다

A leaf was **floating** on the water. (교과서)
나뭇잎 하나가 물위에 **떠 있었다.**

sink (동) 가라앉다

내신빈출
0015 lie
[lai]

(동) 눕다; 거짓말하다 (명) 거짓말

We **lay** down on the green grass. (교과서)
우리는 푸른 잔디 위에 **누웠다.**

keep telling lies 계속 거짓말을 하다

VOCA TIP
* lie(눕다)-lay-lain
* lie(거짓말하다)-lied-lied
* lay(눕히다, 놓다)-laid-laid

자동사 lie는 뜻(눕다; 거짓말하다)에 따라 과거, 과거분사의 형태가 달라지며, 자동사 lie(눕다)와 타동사 lay(눕히다, 놓다)의 동사 변화형 구분 문제도 자주 출제되므로 정확히 학습해 두세요.

Q 괄호 안에서 알맞은 것을 고르시오.

I want to [**lie** / **lay**] on the beach, sunning myself.

답 lie

0016 tease
[tiːz]

(동) 놀리다

You shouldn't **tease** your little sister.
네 여동생을 **놀려서는** 안 돼.

0017 spread
[spred]

(동) 펼치다; 퍼뜨리다; (얇게) 바르다

Grandfather **spread** the map to find our way.
할아버지는 길을 찾기 위해 지도를 **펼쳤다.**

VOCA TIP
* spread a message
메시지를 퍼뜨리다[전하다]
* spread honey on the bread
빵에 꿀을 바르다

0018 nap
[næp]

(명) 낮잠 (동) 낮잠을 자다

I felt like taking a **nap** after lunch. (학평)
나는 점심 후에 **낮잠**을 자고 싶었다.

take[have] a nap 낮잠을 자다

01 05 10 15 20

0019 hide
[haid]

(동) 숨기다; 숨다

They tried to **hide** from the strange animal.
(학평) 그들은 이상한 동물로부터 **숨으려고** 노력했다.

» **hide one's heart** 속마음을 숨기다

0020 rush
[rʌʃ]

(동) 돌진하다; 서두르다 (명) 돌진

Nancy stood and **rushed** out the door. (교과서)
Nancy는 일어나서 문밖으로 **뛰쳐나갔다.**

» **in a rush** 다급하게, 허겁지겁

VOCA TIP
rush는 hurry보다 분주한 움직임을 나타내요.

0021 stare
[stɛər]

(동) 빤히 쳐다보다

She **stared** at us in disbelief.
그녀는 못 믿겠다는 듯이 우리를 **빤히 쳐다보았다.**

» **stare at** ~을 응시하다

VOCA TIP
stare는 특히 놀람이나 공포, 경멸, 의심 등의 표정으로 상대방을 응시하는 경우에 사용해요.

0022 dive
[daiv]

(동) 뛰어들다, 다이빙하다

I got scared, but I **dove** into the sea. (교과서)
나는 무서웠지만 바닷속으로 **뛰어들었다.**

» **go diving** 다이빙하러 가다
➕ **diver** (명) 잠수부; 다이빙하는 사람

0023 skip
[skip]

(동) 거르다; 생략하다; 깡충깡충 뛰다

The rabbits are **skipping** in the forest.
토끼들이 숲에서 **깡충깡충 뛰고** 있다.

VOCA TIP
* skip breakfast 아침식사를 거르다
* skip the next page 다음 장을 생략하다

0024 direct
[dirékt]

(동) 지도하다, 감독하다 (형) 직접적인

Haskin **directed** a movie, *The War of the Worlds*.
Haskin은 영화 〈우주 전쟁〉을 **감독했다.**

➕ **direction** (명) 방향; 지시 **director** (명) 감독

0025 catch
[kætʃ]

(동) 잡다

She jumped high to **catch** the ball. 교과서
그녀는 공을 **잡기** 위해 높이 점프했다.

↔ free (동) 자유롭게 하다
≡ capture (동) 붙잡다

VOCA TIP
* catch a cold 감기에 걸리다
* catch one's breath 숨을 고르다
* catch on fire 불붙다
* catch one's eye 눈길을 끌다

How Different

0026 roll
[roul]

(동) 구르다, 굴리다

A big rock is **rolling** down the hill. 교과서
큰 바위가 언덕에서 **굴러** 내려오고 있다.

0027 spin
[spin]

(동) 돌다, 회전시키다

The toy will **spin** down to the ground. 성취도
그 장난감은 땅에 **회전하면서** 내려올 것이다.

• roll 데굴데굴 굴러가는 동작이나 둥근 모양을 이루면서 도는 모습을 나타냄
• spin 특정 축을 중심으로 빠르게 빙빙 도는 모습을 나타냄

0028 set
[set]

(동) 놓다; (해·달이) 지다 (명) 세트

She **set** the flower pot on the table.
그녀는 그 화분을 탁자 위에 **놓았다**.

» a set of dinnerware 식기 한 벌[세트]

0029 shoot
[ʃuːt]

(동) (총을) 쏘다; (영화·사진을) 찍다

He was **shot** in the chest and leg. 교과서
그는 가슴과 다리에 **총을 맞았다**.

» shoot a film 영화를 찍다

0030 approach
[əpróutʃ]

(동) ~에 다가가다

I saw a tiger **approaching** the girl. 교과서
나는 호랑이 한 마리가 그 여자아이**에게 다가가고** 있는 걸 보았다.

VOCA TIP
approach가 '~에 다가가다[접근하다]'라는 의미로 쓰일 때는 뒤에 전치사 없이 목적어가 바로 온다는 점에 유의하세요.

01 _____ my own cup   carry   carry
   내 컵을 가지고 다니다

02 _____ from behind a door   appear
   문 뒤에서 나타나다

03 _____ the top   꼭대기에 손이 닿다   reach

04 _____ his bike   그의 자전거를 기대어 놓다   lean

05 _____ down a balloon   풍선을 잡아당기다   pull

06 _____ the lever to full   레버를 끝까지 누르다   push

07 _____ like a child   아이처럼 행동하다   behave

08 _____ off   이리저리 돌아다니다   wander

09 _____ the paper in half   종이를 반으로 접다   fold

10 _____ over to pick up the coin   bend
   동전을 줍기 위해 몸을 구부리다

11 _____ on the top   정상에 서다   stand

12 _____ the pilot   조종사에게 지시하다   instruct

13 _____ every day   매일 운동하다   exercise

14 _____ on the water   물위에 떠 있다   float

15 _____ down on the grass   잔디 위에 눕다   lie

16 _____ your little sister 너의 여동생을 놀리다   tease

17 _____ the map 지도를 펼치다   spread

18 take a _____ 낮잠을 자다   nap

19 _____ from the animal 그 동물로부터 숨다   hide

20 _____ out the door 문밖으로 뛰쳐나가다   rush

21 _____ at ~을 응시하다   stare

22 _____ into the sea 바닷속으로 뛰어들다   dive

23 _____ in the forest 숲에서 깡충깡충 뛰다   skip

24 _____ a movie 영화를 감독하다   direct

25 _____ the ball 공을 잡다   catch

26 _____ down the hill 언덕에서 굴러 내려오다   roll

27 _____ down to the ground   spin
회전하며 땅에 내려오다

28 _____ the flower pot 화분을 놓다   set

29 _____ a film 영화를 찍다   shoot

30 _____ the girl 소녀에게 다가가다   approach

			Check
0001	**carry**	동 나르다; 가지고 다니다	☐
0002	**appear**	동 나타나다; ~처럼 보이다	☐
0003	**reach**	동 ~에 도착하다; (손이) 닿다	☐
0004	**lean**	동 기대다; 기울다	☐
0005	**pull**	동 잡아당기다	☐
0006	**push**	동 밀다; 누르다	☐
0007	**behave**	동 행동하다; 예의 바르게 행동하다	☐
0008	**wander**	동 돌아다니다, 헤매다	☐
0009	**fold**	동 접다; 포개다	☐
0010	**bend**	동 구부리다, 숙이다	☐
0011	**stand**	동 서다, 서 있다	☐
0012	**instruct**	동 지시하다; 가르치다	☐
0013	**exercise**	동 운동하다 명 운동; 연습	☐
0014	**float**	동 뜨다; 떠다니다	☐
0015	**lie**	동 눕다; 거짓말하다 명 거짓말	☐

			Check
0016	**tease**	동 놀리다	☐
0017	**spread**	동 펼치다; 퍼뜨리다; (얇게) 바르다	☐
0018	**nap**	명 낮잠 동 낮잠을 자다	☐
0019	**hide**	동 숨기다; 숨다	☐
0020	**rush**	동 돌진하다; 서두 르다 명 돌진	☐
0021	**stare**	동 빤히 쳐다보다	☐
0022	**dive**	동 뛰어들다, 다이빙하다	☐
0023	**skip**	동 거르다; 생략하다; 깡충깡충 뛰다	☐
0024	**direct**	동 지도하다, 감독하다 형 직접적인	☐
0025	**catch**	동 잡다	☐
0026	**roll**	동 구르다, 굴리다	☐
0027	**spin**	동 돌다, 회전시키다	☐
0028	**set**	동 놓다; (해·달이) 지다 명 세트	☐
0029	**shoot**	동 (총 등을) 쏘다; (영화·사진을) 찍다	☐
0030	**approach**	동 ~에 다가가다	☐

외우지 않은 단어가 있으면 미니 단어장에서 다시 한번 정리해 보세요.

DAY **02** 신체, 감각

📖 오늘 학습할 단어를 공부하고, 가리개를 사용해서 암기해 보세요.

0031 **brain**
[brein]

몡 뇌; 지능

What is good for the **brain** and memory? 교과서
뇌와 기억력에 좋은 것은 무엇인가요?

➡ **have a good brain** 머리가 좋다

> 💡 VOCA TIP
> brain은 해부학적 뇌뿐만 아니라 사고 및 지적 활동의 중심으로서의 두뇌, 지능 등의 의미로도 쓰여요.

0032 **skin**
[skin]

몡 피부

This soap will make your **skin** soft and clear.
이 비누는 당신의 **피부**를 부드럽고 깨끗하게 해 줄 것이다.

0033 **height**
[hait]

몡 키, 높이

The doctor wrote down Napoleon's **height**.
교과서 그 의사는 나폴레옹의 **키**를 기록했다.

➡ **at the height of** ~의 절정에, ~이 한창일 때
➕ **high** 혱 높은

0034 **breathe**
[briːð]

동 숨 쉬다, 호흡하다

Dolphins use their lungs to **breathe**.
돌고래는 **숨 쉬기** 위해서 폐를 사용한다.

➡ **breathe in[out]** 숨을 들이마시다[내쉬다]
➕ **breath** 몡 숨, 호흡

0035 **elbow**
[élbou]

몡 팔꿈치

I caught her **elbow** to stop her.
나는 그녀를 막기 위해서 그녀의 **팔꿈치**를 잡았다.

0036 **knee**
[niː]

몡 무릎

He hurt his left **knee** playing soccer.
그는 축구를 하다가 왼쪽 **무릎**을 다쳤다.

➡ **on bended knees** 무릎을 꿇고

> 💡 VOCA TIP
> knee는 무릎마디, 무릎 관절을 말하고, 의자에 앉았을 때 허리부터 무릎까지의 부분을 나타내는 말은 lap이에요.

DAY 02 • 21

0037
shoulder
[ʃóuldər]

명 어깨

She looked back over her **shoulder**.
그녀는 **어깨** 너머로 뒤돌아보았다.

» give ~ the cold shoulder ~를 쌀쌀맞게 대하다

> **VOCA TIP**
> 미용실에 가면 '어깨 길이로 해 주세요.'라고 얘기할 때 Up to shoulder length.라고 말해요.

0038
physical
[fízikəl]

형 신체의; 물질의, 물리적인

You need to do more of the **physical** activities.
성취도 너는 **신체** 활동을 더 많이 해야 한다.

» physical strength 체력
   physical education(=P.E.) 체육
↔ mental 형 정신의

0039
palm
[pɑ:m]

명 손바닥

Show your **palm** and make a V sign. 교과서
손바닥을 보이며 V 사인을 만들어라.

» read one's palm 손금을 보다

0040
thumb
[θʌm]

명 엄지손가락

My left **thumb** hurt after golfing. 교과서
골프를 친 후에 내 왼쪽 **엄지손가락**이 아팠다.

» thumb up 동의하다   thumb down 거부하다

> **VOCA TIP**
> two thumbs up의 표현은 '엄지손 가락을 치켜세우다'라는 뜻이에요. 두 개의 엄지손가락을 한 번에 들어 올리는 모습에서 의미를 유추할 수 있 어요.

0041
chest
[tʃest]

명 가슴, 흉곽; 상자

Viruses can cause pain in the **chest**.
바이러스는 **가슴**에 통증을 유발할 수 있다.

» a treasure chest 보물 상자

> **VOCA TIP**
> chest는 해부학적으로 몸의 가슴 부 위를 말하고, 여성의 유방을 나타내는 단어는 breast이에요.

0042
bone
[boun]

명 뼈

Vitamin D keeps our **bones** healthy. 성취도
비타민 D는 우리의 **뼈**를 건강하게 유지시킨다.

» to the bone 뼛속까지

0043 **weight**
[weit]

(명) 체중, 무게

Skipping breakfast will not help you lose **weight**. 교과서

아침 식사를 거르는 것은 **체중**을 줄이는 데 도움이 되지 않을 것이다.

» **gain[lose] weight** 체중이 늘다[줄다]
➕ **weigh** (동) 무게가 ~이다

'체중이 늘다'의 표현은 gain을 사용하여 gain weight라고 해요. 또한 '체중이 줄다'는 lose를 사용하여 lose weight라고 해요. 어떤 동사를 사용하는지 알아두세요.

Q 우리말과 일치하도록 빈칸에 알맞은 말을 쓰시오.

Eating snack at night makes us _____ _____.
(밤에 간식을 먹는 것은 우리를 살찌게 할 수 있다.)

답 **gain weight**

0044 **chin**
[tʃin]

(명) 턱

Relax your shoulders and pull in your **chin**.
어깨의 힘을 빼고 **턱**을 끌어당기세요.

> **VOCA TIP**
> jaw는 입 위아래에 있는 턱을 말하고, chin은 아래턱(the lower jaw)의 튀어 나온 끝부분을 가리켜요.

0045 **beard**
[biərd]

(명) 턱수염

My uncle is proud of his long **beard**. 교과서
나의 삼촌은 자신의 긴 **턱수염**을 자랑스러워한다.

0046 **stomach**
[stʌ́mək]

(명) 위(胃), 배

Having a full **stomach** makes me sleepy. 학평
배가 부르면 나는 졸리다.

» **stomachache** (명) 복통

0047 **slim**
[slim]

(형) 날씬한; 얇은

You look so **slim** in that dress!
그 원피스를 입으니 너 너무 **날씬해** 보여!

= **slender** (형) 날씬한; 가느다란

0048 **throat**
[θrout]

(명) 목구멍

He has a sore **throat** because of the fine dust. 교과서
그는 미세먼지 때문에 **목**이 따갑다.

» **have a sore throat** 목이 따갑다[아프다]

> **VOCA TIP**
> throat는 인두, 식도, 후두, 숨통, 기관(氣管)을 모두 포함하고, 신체 부위인 '목'은 neck이에요.

02   05   10   15   20

0049 sense
[sens]

(명) 감각 (동) 느끼다

Wolves have a good **sense** of smell. (교과서)
늑대는 후**각**이 뛰어나다.

» **sense of humor** 유머 감각
➕ **sensory** (형) 감각의

💡 **VOCA TIP**
* five senses(오감):
   sight(시각), hearing(청각),
   touch(촉각), smell(후각),
   taste(미각)

How Different

0050 sight
[sait]

(명) 보기; 시력, 시각

He fell in love with her at first **sight**. (교과서)
그는 첫**눈**에 그녀와 사랑에 빠졌다.

➕ **sightseeing** (명) 관광

💡 **VOCA TIP**
* out of sight 보이지 않는 곳에
* lose sight 시력을 잃다
* horrible sight 무서운 광경

0051 vision
[víʒən]

(명) 시력; 비전

I have poor **vision** in my right eye.
나는 오른쪽 눈에 **시력**이 나쁘다.

➕ **visual** (형) 시각의   **visualize** (동) 시각화하다

• sight 일반적으로 '시력, 시각'을 나타내고, 눈으로 볼 수 있는 범위(시야), 광경 등의 의미도 있음
• vision 생리학적인 '시력'을 나타내고, 마음의 시력, 즉 '통찰력'이나 '비전', '환상'의 의미도 있음

0052 audio
[ɔ́:diòu]

(형) 음성의 (명) 음성

You can borrow an **audio** guide of Venice here. (교과서)
여러분은 이곳에서 베니스에 대한 **음성** 가이드를 빌릴 수 있다.

0053 touch
[tʌtʃ]

(동) 만지다; 감동시키다 (명) 촉감; 접촉

Your hands **touch** so many different things every day. (학평)
당신의 손은 매일 매우 많은 다양한 것들을 **만진다**.

» **keep in touch with** ~와 연락하고 지내다

0054 smell
[smel]

(명) 냄새; 후각 (동) 냄새가 나다

The bakery is filled with a sweet **smell**. (교과서)
그 빵집은 달콤한 **냄새**로 가득 차 있다.

➕ **smelly** (형) 악취 나는

💡 **VOCA TIP**
smell은 '냄새'를 나타내는 가장 일반적인 말인데, 앞에 특별히 형용사가 붙지 않을 때에 '악취'라는 의미를 나타내기도 해요.

0055 taste
[teist]

(명) 맛; 미각　(동) 맛이 나다; 맛보다

I don't like ginger's strong **taste**. 교과서
나는 생강의 강한 **맛**을 좋아하지 않는다.

➕ tasty (형) 맛있는
🟰 flavor (명) 맛

> **VOCA TIP**
> 감각동사란 look(~해 보이다),
> taste(~한 맛이 나다), smell(~
> 한 냄새가 나다), sound(~하게 들
> 리다), feel(~하게 느끼다) 등 감각
> 기관을 통해 느낌을 묘사하는 동사를
> 말해요.

감각동사는 뒤에 보어로 형용사를 쓰며, 부사를 보어로 사용할 수 없어요. 감각동사의 보어 자리에 형용사를
알맞게 사용할 수 있는지 묻는 문제가 자주 출제되고 있어요.

Q 괄호 안에서 알맞은 것을 고르시오.

Honey tastes [great / greatly].

🅰 great

0056 sweet
[swi:t]

(형) 달콤한

It was the **sweetest** dessert that I've ever
tasted. 성취도
그것은 내가 지금껏 먹어 본 가장 **달콤한** 디저트였다.

➡ have a sweet tooth 단것을 좋아하다
➕ sweetness (명) 달콤함, 단맛

0057 bitter
[bítər]

(형) (맛이) 쓴

This green tea has a **bitter** taste.
이 녹차는 **쓴** 맛이 있다.

0058 sour
[sauər]

(형) (맛이) 신, 시큼한

This apple tastes sweet and **sour**.
이 사과는 달콤하고 **새콤한** 맛이 난다.

> **VOCA TIP**
> go(turn) sour는 '(음식물 등이) 시
> 어지다'의 의미를 나타내요. 또한,
> '(일, 관계 등이) 원활하게 진행되
> 지 않다'라는 의미도 나타내요.

0059 spicy
[spáisi]

(형) 양념 맛이 강한, 매운

This fajita is too **spicy** for him. 교과서
이 파히타는 그에게 너무 **맵다**.

➕ spice (명) 양념

0060 thirsty
[θə́:rsti]

(형) 목이 마른

I felt **thirsty** and hungry after a long walk. 교과서
한참을 걸은 후에 나는 **목이 마르고** 배가 고팠다.

➕ thirst (명) 갈증

신체, 감각
Use Words

빈칸을 채우며 단어를 외우고, 쓰면서 한 번 더 익히세요.

01 be good for the _____ 뇌에 좋다   brain   brain

02 make your _____ soft   skin
당신의 피부를 부드럽게 하다

03 Napoleon's _____ 나폴레옹의 키   height

04 use one's lung to _____   breathe
숨 쉬기 위해 폐를 사용하다

05 catch her _____ 그녀의 팔꿈치를 잡다   elbow

06 hurt his left _____ 그의 왼쪽 무릎을 다치다   knee

07 over her _____ 그녀의 어깨 너머로   shoulder

08 _____ activities 신체 활동   physical

09 show your _____ 너의 손바닥을 보여주다   palm

10 two _____s up 엄지손가락을 치켜세우는   thumb

11 cause pain in the _____   chest
가슴에 통증을 유발하다

12 keep our _____s healthy   bone
우리의 뼈를 건강하게 유지하다

13 lose _____ 체중이 줄다   weight

14 pull in your _____ 당신의 턱을 끌어당기다   chin

15 long _____ 긴 턱수염   beard

16 have a full _____ 배가 부르다   stomach

17 look so _____ 무척 날씬해 보이다   slim

18 have a sore _____ 목이 따갑다   throat

19 a good _____ of smell 뛰어난 후각   sense

20 at first _____ 첫눈에   sight

21 have poor _____ 시력이 나쁘다   vision

22 borrow an _____ guide 음성 가이드를 빌리다   audio

23 _____ many things 많은 것들을 만지다   touch

24 a sweet _____ 달콤한 냄새   smell

25 ginger's strong _____ 생강의 강한 맛   taste

26 have a _____ tooth 단것을 좋아하다   sweet

27 a _____ taste 쓴 맛   bitter

28 taste _____ 새콤한 맛이 나다   sour

29 too _____ for him 그에게 너무 매운   spicy

30 feel _____ 목이 마른 것을 느끼다   thirsty

		Check				Check
0031 **brain**	명 뇌; 지능	☐	0046 **stomach**	명 위, 배	☐
0032 **skin**	명 피부	☐	0047 **slim**	형 날씬한; 얇은	☐
0033 **height**	명 키, 높이	☐	0048 **throat**	명 목구멍	☐
0034 **breathe**	동 숨 쉬다, 호흡하다	☐	0049 **sense**	명 감각 동 느끼다	☐
0035 **elbow**	명 팔꿈치	☐	0050 **sight**	명 보기; 시력, 시각	☐
0036 **knee**	명 무릎	☐	0051 **vision**	명 시력; 비전	☐
0037 **shoulder**	명 어깨	☐	0052 **audio**	형 음성의 명 음성	☐
0038 **physical**	형 신체의; 물질의, 물리적인	☐	0053 **touch**	동 만지다; 감동시키다 명 촉감; 접촉	☐
0039 **palm**	명 손바닥	☐	0054 **smell**	명 냄새; 후각 동 냄새가 나다	☐
0040 **thumb**	명 엄지손가락	☐	0055 **taste**	명 맛; 미각 동 맛이 나다; 맛보다	☐
0041 **chest**	명 가슴, 흉곽; 상자	☐	0056 **sweet**	형 달콤한	☐
0042 **bone**	명 뼈	☐	0057 **bitter**	형 (맛이) 쓴	☐
0043 **weight**	명 체중, 무게	☐	0058 **sour**	형 (맛이) 신, 시큼한	☐
0044 **chin**	명 턱	☐	0059 **spicy**	형 양념 맛이 강한, 매운	☐
0045 **beard**	명 턱수염	☐	0060 **thirsty**	형 목이 마른	☐

외우지 않은 단어가 있으면 미니 단어장에서 다시 한번 정리해 보세요.

외모, 성격, 태도

📖 오늘 학습할 단어를 공부하고, 가리개를 사용해서 암기해 보세요.

0061
appearance
[əpí(ː)ərəns]

(명) 외모; 출현

Judging people by their **appearance** is the biggest mistake. 교과서
사람들을 **외모**로 판단하는 것은 가장 큰 실수이다.

➕ appear (동) ~처럼 보이다; 나타나다

0062
gorgeous
[gɔ́ːrdʒəs]

(형) 아주 멋진

You look **gorgeous** today.
너 오늘 **아주 멋져** 보여.

0063
blond(e)
[blɑnd]

(형) 금발의

The girl had long **blond** hair and blue eyes.
교과서 그 여자아이는 긴 **금발**에 푸른 눈을 갖고 있다.

> **VOCA TIP**
> blonde는 여성의 금발을 가리켰는데, 현재는 남녀 모두 blond를 쓰는 경우가 많아요.

0064
skinny
[skíni]

(형) 깡마른

This dog has **skinny** legs and large ears. 성취도
이 개는 **깡마른** 다리에 큰 귀를 갖고 있다.

0065
good-looking
[gud-lúkiŋ]

(형) 잘생긴

He is very humorous and **good-looking**.
그는 유머 감각이 뛰어난데다가 **잘생겼다**.

➡ handsome (형) 잘생긴

> **VOCA TIP**
> good-looking은 단지 사람의 외모가 출중하다는 뜻만 나타내요.

0066
curly
[kə́ːrli]

(형) 곱슬곱슬한

Puddles have **curly** hair that doesn't get wet easily.
푸들은 물에 쉽게 젖지 않는 **곱슬곱슬한** 털이 있다.

➕ curl (동) 곱슬곱슬하게 만들다

03   05   10   15   20

0067 **beauty**
[bjúːti]

명 아름다움; 미인

The movie star became a symbol of **beauty**.
교과서 그 영화배우는 **아름다움**의 상징이 되었다.

➕ beautiful 형 아름다운

0068 **bald**
[bɔːld]

형 대머리의

My uncle is afraid about going **bald**.
우리 삼촌은 **대머리**가 될까 봐 걱정한다.

➡ go[become, grow] bald 대머리가 되다

0069 **personality**
[pə̀rsənǽləti]

명 성격; 개성

Your clothes show your **personality**. 성취도
여러분의 옷은 여러분의 **개성**을 보여준다.

➕ personal 형 개인의, 개인적인
🟰 character, nature 명 성격

How Different

0070 **manner**
[mǽnər]

명 태도; (pl.) 예의; 방법

Her **manner** was very cold and hard.
그녀의 **태도**는 매우 차갑고 딱딱했다.

➡ have a friendly manner 태도가 다정하다

0071 **attitude**
[ǽtitjùːd]

명 태도

His **attitude** toward life suddenly changed.
교과서 삶에 대한 그의 **태도**가 갑자기 바뀌었다.

• manner 사람의 습관적 또는 독특한 행동 방식이나, 다른 사람을 대하는 태도를 나타냄
• attitude 정신적인 태도(마음가짐, 사고방식, 견해)와 몸의 자세(몸가짐) 모두를 나타냄

0072 **cheerful**
[tʃíərfəl]

형 쾌활한, 즐거운

Janet was always **cheerful** and kind to me.
교과서 Janet은 항상 **쾌활하고** 내게 친절했다.

➕ cheer 동 환호하다; 응원하다 명 환호(성)

0073 proud
[praud]

(형) 자랑스러워하는

He is **proud** of his appearance. 교과서

그는 자신의 외모를 **자랑스러워한다.**

» **be proud of** ~을 자랑스러워하다
➕ **pride** (명) 자랑스러움, 자부심

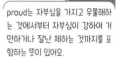

VOCA TIP

proud는 자부심을 가지고 우쭐해하는 것에서부터 자부심이 강하여 거만하거나 잘난 체하는 것까지를 포함하는 뜻이 있어요.

'~을 자랑스러워하다'의 의미로 be proud of를 써요. be proud 다음에 나오는 전치사를 묻는 문제가 자주 출제되고 있어요.

Q 괄호 안에서 알맞은 것을 고르시오.

She is so proud [in / of / for] her pretty garden.

답 of

0074 polite
[pəláit]

(형) 예의 바른, 공손한

I couldn't find a **polite** way to say no to a friend's request.

나는 친구의 부탁을 거절할 **예의 바른** 방법을 찾지 못했다.

➕ **politely** (부) 예의 바르게, 공손하게
🔄 **impolite** (형) 무례한

0075 rude
[ruːd]

(형) 버릇없는, 무례한

I think asking someone their age is **rude**. 교과서

나는 다른 사람의 나이를 물어보는 것은 **무례하다**고 생각한다.

» **in a rude tone** 버릇없는 어조로
🟰 **impolite** (형) 무례한

0076 lively
[láivli]

(형) 활기 넘치는

The **lively** market is held every weekend. 학평

그 **활기 넘치는** 시장은 주말마다 열린다.

VOCA TIP

-ly가 붙어서 부사가 아니라 형용사가 되는 lively, lovely, daily 등의 단어를 알아 두세요.

0077 confident
[kánfidənt]

(형) 자신감 있는, 확신하는

Albert looked **confident** and smart then. 교과서

Albert는 그때 **자신감 있고** 똑똑해 보였다.

» **be confident of** ~을 확신하다
➕ **confidence** (명) 자신(감), 확신

VOCA TIP

confident는 sure(확신하는)보다 더 강한 확신을 나타내는 단어로, 아무런 불안감을 나타내지 않는 긍정문에서 더 많이 쓰여요.

0078 outgoing
[áutgòuiŋ]

(형) 외향적인, 사교적인

You're really active and **outgoing**. 교과서

너는 정말 활동적이고 **외향적이다.**

🟰 **sociable** (형) 사교적인

05   10   15   20

0079 clever
[klévər]

(형) 영리한

Through **clever** use of social media, a new product can succeed. 학평
소셜미디어의 **영리한** 사용을 통해 새 제품은 성공할 수 있다.

➕ cleverness (명) 영리함
↔ stupid (형) 어리석은

VOCA TIP
clever는 머리가 잘 돌고 눈치가 빠르며 재치가 있다는 것을 나타내는데, 성인에 대해 쓸 때는 부정적인 어감 (약삭빠른)을 나타낼 수도 있어요.

0080 honesty
[ánisti]

(명) 정직(함)

Honesty is the best policy.
정직이 최선의 방책이다.

➕ honest (형) 정직한
↔ dishonesty (명) 부정직, 불성실

0081 positive
[pázitiv]

(형) 긍정적인; 양성의

It is important to have a **positive** attitude.
성취도 **긍정적인** 태도를 가지는 것은 중요하다.

↔ negative (형) 부정적인; 음성의

0082 sharp
[ʃɑːrp]

(형) 예리한, 날카로운; 급격한

The monster had a big mouth and **sharp** teeth. 교과서
그 괴물은 큰 입과 **날카로운** 이빨을 가지고 있었다.

VOCA TIP
* sharp blade
  예리한 칼날
* sharp rise(drop)
  급격한 증가(하락)

0083 optimistic
[ɑ̀ptəmístik]

(형) 낙관적인

Your view about the test result is too **optimistic**.
시험 결과에 대한 네 견해는 너무 **낙관적이다**.

↔ pessimistic (형) 비관적인

0084 creative
[kriéitiv]

(형) 창의적인

Their ideas were so **creative** and unthinkable ten years ago. 교과서
그들의 아이디어는 10년 전에는 매우 **창의적이며** 생각도 할 수 없었다.

➕ create (동) 만들다   creativity (명) 창의성

0085 gentle
[dʒéntl]

(형) 온화한

The guard was **gentle** with the boy. 성취도
경비원은 그 소년에게 **다정했다**.

›› **in a gentle voice** 부드러운 목소리로

VOCA TIP
gentle은 물체의 움직임, 소리, 날씨, 자연현상 등의 온화함을 나타낼 때도 사용해요.
* gentle smile 온화한 미소
* gentle breeze 산들바람

0086 generous
[dʒénərəs]

(형) 관대한; 후한

She is always **generous** to her grandchildren.
그녀는 언제나 손자들에게 **관대하다**.

➕ **generosity** (명) 관대; (마음이) 후함

0087 realistic
[ri(:)əlístik]

(형) 현실적인, 사실적인

The paintings were very **realistic**. 교과서
그 그림들은 매우 **사실적이었다**.

내신 빈출

0088 responsible
[rispánsəbl]

(형) 책임이 있는, 책임감 있는

Who is **responsible** for the deaths of thousands of people? 교과서
누가 수천 명의 사람들의 죽음에 **책임이 있는가**?

›› **be responsible for** ~에 책임이 있다
➕ **responsibility** (명) 책임

'~에 책임이 있다'는 의미로 be responsible for를 써요. 의미와 함께 be responsible 다음에 나오는 전치사를 묻는 문제가 자주 출제되고 있어요.

Q 우리말과 일치하도록 빈칸에 알맞은 말을 쓰시오.

He was fully _____ _____ the accident.
(그는 그 사고에 전적으로 책임이 있었다.)

답 **responsible for**

0089 sincere
[sinsíər]

(형) 진실한, 성실한

Show your **sincere** heart to Lucy. 성취도
Lucy에게 너의 **진실한** 마음을 보여줘.

➕ **sincerely** (부) 진심으로

VOCA TIP
sincere는 말과 행동이 일치하고 위선적이지 않은 것을 나타내내요.

0090 curious
[kjú(:)əriəs]

(형) 호기심이 많은; 궁금한

I'm really **curious** about Jupiter. 교과서
나는 목성이 정말 **궁금해**.

›› **be curious about** ~에 대해 궁금하다
➕ **curiosity** (명) 호기심

빈칸을 채우며 단어를 외우고, 쓰면서 한 번 더 익히세요.

01 judge people by their _____   appearance appearance
사람들을 외모로 판단하다

02 look _____ today 오늘 아주 멋져 보이다   gorgeous

03 long _____ hair 긴 금발   blond(e)

04 have _____ legs 깡마른 다리를 갖고 있다   skinny

05 humorous and _____   good-looking
유머 감각이 있고 잘생긴

06 have _____ hair 곱슬곱슬한 털이 있다   curly

07 a symbol of _____ 아름다움의 상징   beauty

08 go _____ 대머리가 되다   bald

09 show one's _____ 개성을 나타내다   personality

10 a cold and hard _____ 차갑고 딱딱한 태도   manner

11 his _____ toward life 삶에 대한 그의 태도   attitude

12 always _____ and kind 항상 쾌활하고 친절한   cheerful

13 be _____ of ~을 자랑스러워하다   proud

14 a _____ way to say no 거절할 예의 바른 방법   polite

15 in a _____ tone 버릇없는 어조로   rude

16 the _____ market 활기 넘치는 시장

lively

17 look _____ 자신감 있어 보이다

confident

18 active and _____ 활동적이고 외향적인

outgoing

19 _____ use of social media

소셜미디어의 영리한 사용

clever

20 _____ is the best policy.

정직이 최선의 방책이다.

Honesty

21 have a _____ attitude 긍정적인 태도를 가지다

positive

22 _____ teeth 날카로운 이빨

sharp

23 be _____ about the test result

시험 결과에 대해 낙관적이다

optimistic

24 _____ ideas 창의적인 아이디어

creative

25 in a _____ voice 부드러운 목소리로

gentle

26 be _____ to ~에게 관대하다

generous

27 very _____ paintings 매우 사실적인 그림들

realistic

28 be _____ for ~에 책임이 있다

responsible

29 show your _____ heart

너의 진실한 마음을 보여주다

sincere

30 be _____ about ~에 대해 궁금하다

curious

		Check
0061 **appearance**	몡 외모; 출현	☐
0062 **gorgeous**	혱 아주 멋진	☐
0063 **blond(e)**	혱 금발의	☐
0064 **skinny**	혱 깡마른	☐
0065 **good-looking**	혱 잘생긴	☐
0066 **curly**	혱 곱슬곱슬한	☐
0067 **beauty**	몡 아름다움; 미인	☐
0068 **bald**	혱 대머리의	☐
0069 **personality**	몡 성격; 개성	☐
0070 **manner**	몡 태도; (pl.) 예의; 방법	☐
0071 **attitude**	몡 태도	☐
0072 **cheerful**	혱 쾌활한, 즐거운	☐
0073 **proud**	혱 자랑스러워하는	☐
0074 **polite**	혱 예의 바른, 공손한	☐
0075 **rude**	혱 버릇없는, 무례한	☐

		Check
0076 **lively**	혱 활기 넘치는	☐
0077 **confident**	혱 자신감 있는, 확신하는	☐
0078 **outgoing**	혱 외향적인, 사교적인	☐
0079 **clever**	혱 영리한	☐
0080 **honesty**	몡 정직(함)	☐
0081 **positive**	혱 긍정적인; 양성의	☐
0082 **sharp**	혱 예리한, 날카로운; 급격한	☐
0083 **optimistic**	혱 낙관적인	☐
0084 **creative**	혱 창의적인	☐
0085 **gentle**	혱 온화한	☐
0086 **generous**	혱 관대한; 후한	☐
0087 **realistic**	혱 현실적인, 사실적인	☐
0088 **responsible**	혱 책임이 있는, 책임감 있는	☐
0089 **sincere**	혱 진실한, 성실한	☐
0090 **curious**	혱 호기심이 많은; 궁금한	☐

외우지 않은 단어가 있으면 미니 단어장에서 다시 한번 정리해 보세요.

가족, 삶, 인간관계

📖 오늘 학습할 단어를 공부하고, 가리개를 사용해서 암기해 보세요.

0091 household
[háushòuld]

(명) 가정, 가구 (형) 가정의

Most **households** have a TV.
대부분 **가정**은 TV 한 대를 보유하고 있다.

▶ **household chores** 집안일

0092 relative
[rélətiv]

(명) 친척

He has so many teachers: his parents, friends, **relatives**. 학평
그에게는 선생님이 많다. 그의 부모님, 친구들, **친척**들.

▶ **distant relatives** 먼 친척

> **VOCA TIP**
> relative는 형용사로 '상대적인, 관계가 있는'의 의미로도 쓰여요.

How Different

0093 nephew
[néfju:]

(명) (남자) 조카

I'm looking for a present for my **nephew**.
제 **조카**에게 줄 선물을 찾고 있어요.

0094 niece
[niːs]

(명) (여자) 조카

The old lady's **niece** visits her every month.
그 노부인의 **조카**는 매달 그녀를 방문한다.

- nephew 남자인 조카. 내 형제자매의 남자 자녀를 지칭함
- niece 여자인 조카. 내 형제자매의 여자 자녀를 지칭함

0095 elderly
[éldərli]

(형) 나이가 지긋한

I want to deliver meals to the **elderly**. 교과서
나는 **노인**들에게 식사를 배달하고 싶다.

🔁 **aged** (형) 고령의, 연로한

> **VOCA TIP**
> elderly는 old보다 정중한 표현으로, the elderly는 '나이가 지긋한 사람들'이라는 뜻으로 쓰여요.

0096 bury
[béri]

(동) 묻다, 매장하다

In the old days, people **buried** the meats in the snow. 학평
옛날에는 사람들이 눈 속에 육류를 **묻었다**.

0097 death

[deθ]

(명) 죽음

A newspaper mistakenly reported Nobel's **death.** 교과서

한 신문사가 Nobel의 **죽음**을 잘못 보도했다.

➕ die (동) 죽다 dead (형) 죽은
↔ birth (명) 출생, 탄생

VOCA TIP
-th는 동사나 형용사 뒤에 붙어서 명사를 만드는 접미사예요.
* natural death 자연사
* death rate 사망률
* death sentence 사형 선고

0098 childhood

[tʃáildhùd]

(명) 어린 시절

He loved P.E. the most in his **childhood.**

교과서 **어린 시절**에 그는 체육을 가장 좋아했다.

➡ **in one's childhood** 어린 시절에
➕ child (명) 어린이, 아이

0099 lifetime

[láiftàim]

(명) 일생, 평생 (형) 일생의

This is a chance of a **lifetime**, so don't miss out! 교과서

이번이 **일생**의 기회니 놓치지 마!

0100 infant

[ínfənt]

(명) 유아

We produce eco-friendly products for **infants.**

우리는 **유아**를 위한 친환경 제품을 생산한다.

VOCA TIP
infant는 보통 7세 미만의 유아를 가리키지만, 미국에서는 주로 1세 미만의 아주 어린 아기에 대해서 사용해요.

0101 adult

[ədʌ́lt]

(명) 어른 (형) 어른의

Children are much more creative than **adults.**

교과서 아이들은 **어른**들보다 훨씬 더 창의적이다.

➡ **Adults only.** 미성년자 불가.
🟰 grown-up (명) 어른

0102 senior

[síːnjər]

(형) 고령의, 손위의 (명) 연장자

There's a smartphone class for **senior** citizens.

교과서 **고령의** 시민들을 위한 스마트폰 강좌가 있다.

➡ **senior citizen** 고령자, 노인
↔ junior (형) 손아래의 (명) 손아랫사람

VOCA TIP
senior는 나이, 직급, 지위 등이 보다 높은 사람을 나타낼 때 사용하고, 미국의 고교, 대학에서의 최상급생을 가리켜요.

0103 experience
[ikspí(:)əriəns]

명 경험, 경력 동 경험하다

He has 20 years of acting **experience**. 듣기
그는 연기 **경력**이 20년이 되었다.

➕ experienced 형 경험 있는, 노련한

0104 worth
[wəːrθ]

형 ~의 가치가 있는 명 가치

All your dreams are **worth** chasing. 교과서
여러분의 모든 꿈은 추구할 **가치가 있다.**

➤ be worth -ing ~할 가치가 있다
➕ worthy 형 가치 있는, 훌륭한
↔ worthless 형 가치 없는

> **VOCA TIP**
> worth는 서술적 용법에만 쓰이는 반면, worthy는 한정적 용법으로도 쓰여 뒤에 오는 대상을 수식할 수 있어요. worthy goal(가치 있는 목표)처럼요.

0105 failure
[féiljər]

명 실패

We didn't lose hope despite the **failure**.
실패에도 불구하고 우리는 희망을 잃지 않았다.

➕ fail 동 실패하다

내신 빈출

0106 success
[səksés]

명 성공

Mistakes are doors to **success**. 교과서
실수는 **성공**으로 가는 문이다.

➕ successful 형 성공적인 succeed 동 성공하다
↔ failure 명 실패

success는 명사로 '성공'이라는 의미를 가지고, succeed는 동사로 '성공하다'의 의미를 가지는데 파생어의 형태와 뜻 구분하는 문제로 자주 출제되고 있어요.

Q 괄호 안에서 알맞은 것을 고르시오.

The event was a big [succeed / **success**]. 답 success

0107 overcome
[òuvərkám]

동 극복하다

He **overcame** the difficulties wisely.
그는 현명하게 역경을 **이겨냈다.**

0108 youth
[juːθ]

명 젊음; 청년 (시절)

I practice dancing at the **youth** center. 교과서
나는 **청소년** 센터에서 춤 연습을 한다.

➕ young 형 젊은

> **VOCA TIP**
> youth는 child와 adult의 중간에 해당하는 시기, 특히 성인이 되기 전의 시기를 나타내요. (··· infant > child > youth > adult ···)

How Different

0109
usual
[júːʒuəl]

(형) 보통의, 평소의

He went to bed after midnight, as **usual**. 교과서

그는 **평소**대로 자정이 넘어서 잠자리에 들었다.

➕ usually (부) 보통은, 대개
↔ unusual (형) 보통이 아닌, 특이한

0110
ordinary
[ɔ́ːrdənèri]

(형) 보통의, 평범한

Many of the participants are **ordinary** people like us. 교과서

많은 참가자들이 우리처럼 **보통** 사람들이다.

↔ extraordinary (형) 비범한
= common (형) 보통의

• usual 전과 다름없이 평상시처럼 일상적이거나 습관적인 빈도를 나타냄
• ordinary 유별나지 않고 다른 것과 다를 바 없이 일반적이고 평범한 성질을 나타냄

0111
friendship
[fréndʃip]

(명) 우정

The book is about **friendship** between a boy and his dog. 듣기

그 책은 한 소년과 그의 반려견 사이의 **우정**에 관한 것이다.

VOCA TIP
-ship은 명사에 덧붙여 써서 '상태, 신분'을 나타내는 접미사예요.
* friend(친구) + ship(상태)
→ friendship(우정)
* citizen(시민) + ship(신분)
→ citizenship(시민권)

0112
relationship
[riléiʃənʃip]

(명) 관계; 관련(성)

My **relationship** with my co-workers got better. 성취도

동료들과 나의 **관계**가 좋아졌다.

🔁 relationship between A and B A와 B 사이의 관계

0113
familiar
[fəmíljər]

(형) 친숙한, 익숙한

Most of us are **familiar** with heavy fine dust. 교과서 우리 대부분은 심각한 미세 먼지에 **익숙해져** 있다.

🔁 familiar with ~에 익숙한
↔ unfamiliar (형) 익숙하지 않은, 낯선

0114
stranger
[stréindʒər]

(명) 낯선 사람; 처음 온 사람

She opened an e-mail from a **stranger**. 교과서

그녀는 **낯선 사람**에게서 온 이메일을 열어 보았다.

➕ strange (형) 이상한; 낯선

VOCA TIP
stranger는 '낯선[모르는] 사람'이라는 뜻 외에도 다른 지역에서 와서 현지에 대해 생소한 사람, 외국인 또는 특정 분야에 경험이 없는 사람 등을 나타낼 때도 사용해요.

VOCA TIP

-ful은 '가득한, ~의 성격을 지닌'이란 의미를 포함하면서 형용사를 만드는 접미사예요.

0115 **helpful**
[hélpfəl]

형 도움이 되는

Your staff were **helpful** and kind. 성취도
당신 직원들이 **잘 도와주었고** 친절했어요.

›› helpful to[in] ~에 도움이 되는[유익한]
= useful 형 유용한

VOCA TIP

* human rights 인권
* human nature 인간 본성
* human body 인체

0116 **human**
[hjú:mən]

형 인간의 명 인간

Human eyes are built for daylight. 성취도
인간의 눈은 낮에 보는 용도로 만들어졌다.

= human being 인간

VOCA TIP

영국에서는 neighbour라고 쓰기도 해요.

0117 **neighbor**
[néibər]

명 이웃

My **neighbors** are always friendly.
내 **이웃**들은 언제나 친절하다.

›› next-door neighbor 옆집 이웃
+ neighborhood 명 이웃; 근처; 지역

내신빈출

0118 **promise**
[prámis]

명 약속 동 약속하다

I **promise** I won't be late again. 교과서
다시는 늦지 않겠다고 **약속할게.**

promise는 앞으로 일어날 일에 대해 약속하는 것이므로 목적어로 동사가 올 때 to부정사 형태로 사용해요.
동명사나 동사원형으로 쓰지 않도록 유의하세요.

Q 괄호 안에서 알맞은 것을 고르시오.

She promised [going / to go] to a movie with me.

답 to go

0119 **partner**
[pá:rtnər]

명 짝; 배우자

My **partner** enjoys singing on stage. 교과서
내 **짝**은 무대에서 노래 부르는 것을 즐긴다.

VOCA TIP

fellow는 남자나 소년을 '사나이, 사람, 녀석' 등의 뜻으로 친근하게 부를 때나, '놈, 저 녀석' 등의 뜻으로 경멸감을 나타낼 때 사용하기도 해요.

0120 **fellow**
[félou]

명 동료

He earned the respect of his **fellows.**
그는 **동료**들의 존경을 받았다.

01 _____ chores 집안일　　　household　　household

02 distant _____s 먼 친척　　　relative

03 a present for my _____ 나의 조카에게 줄 선물　　　nephew

04 the old lady's _____ 노부인의 조카　　　niece

05 deliver meals to the _____
노인들에게 식사를 배달하다　　　elderly

06 _____ the meats in the snow
눈 속에 육류를 묻다　　　bury

07 report one's _____ ~의 죽음을 보도하다　　　death

08 in one's _____ 어린 시절에　　　childhood

09 a chance of a _____ 일생의 기회　　　lifetime

10 products for _____s 유아를 위한 제품들　　　infant

11 _____s only. 미성년자 불가[성인만 가능].　　　Adult

12 a class for _____ citizens
고령의 시민들을 위한 강좌　　　senior

13 have an acting _____ 연기 경력[경험]이 있다　　　experience

14 be _____ chasing 추구할 가치가 있다　　　worth

15 despite the _____ 실패에도 불구하고　　　failure

16 doors to _____ 성공으로 가는 문   success

17 _____ the difficulties 역경을 이겨내다   overcome

18 at the _____ center 청소년 센터에서   youth

19 as _____ 평소대로   usual

20 _____ people 보통 사람들   ordinary

21 _____ between a boy and his dog   friendship
한 소년과 그의 반려견 사이의 우정

22 _____ between A and B A와 B 사이의 관계   relationship

23 _____ with fine dust 미세 먼지에 익숙한   familiar

24 an e-mail from a _____   stranger
낯선 사람에게서 온 이메일

25 _____ and kind 잘 도와주고 친절한   helpful

26 _____ eyes 인간의 눈   human

27 a next-door _____ 옆집 이웃   neighbor

28 _____ I won't be late   promise
(내가) 늦지 않겠다고 약속하다

29 my _____ 나의 짝   partner

30 earn the respect of one's _____s   fellow
동료들의 존경을 받다

		Check
0091 **household**	몡 가정, 가구 / 휑 가정의	
0092 **relative**	몡 친척	
0093 **nephew**	몡 (남자) 조카	
0094 **niece**	몡 (여자) 조카	
0095 **elderly**	휑 나이가 지긋한	
0096 **bury**	동 묻다, 매장하다	
0097 **death**	몡 죽음	
0098 **childhood**	몡 어린 시절	
0099 **lifetime**	몡 일생, 평생 / 휑 일생의	
0100 **infant**	몡 유아	
0101 **adult**	몡 어른 / 휑 어른의	
0102 **senior**	휑 고령의, 손위의 / 몡 연장자	
0103 **experience**	몡 경험, 경력 / 동 경험하다	
0104 **worth**	휑 ~의 가치가 있는 몡 가치	
0105 **failure**	몡 실패	

		Check
0106 **success**	몡 성공	
0107 **overcome**	동 극복하다	
0108 **youth**	몡 젊음; 청년 (시절)	
0109 **usual**	휑 보통의, 평소의	
0110 **ordinary**	휑 보통의, 평범한	
0111 **friendship**	몡 우정	
0112 **relationship**	몡 관계; 관련(성)	
0113 **familiar**	휑 친숙한, 익숙한	
0114 **stranger**	몡 낯선 사람; 처음 온 사람	
0115 **helpful**	휑 도움이 되는	
0116 **human**	휑 인간의 / 몡 인간	
0117 **neighbor**	몡 이웃	
0118 **promise**	몡 약속 / 동 약속하다	
0119 **partner**	몡 짝; 배우자	
0120 **fellow**	몡 동료	

외우지 않은 단어가 있으면 미니 단어장에서 다시 한번 정리해 보세요.

직업

오늘 학습할 단어를 공부하고, 가리개를 사용해서 암기해 보세요.

0121 **become**
[bikʌ́m]

(동) ~이 되다

Kelly wanted me to **become** a fashion designer. 교과서
Kelly는 내가 패션 디자이너**가 되기**를 원했다.

0122 **profession**
[prəféʃən]

(명) 직업

She's at the top of her **profession**.
그녀는 자기 **직업**의 최고 위치에 올라 있다.

➕ **professional** (형) 직업의; 전문의 (명) 전문직 종사자

0123 **musician**
[mju(:)zíʃən]

(명) 음악가

The very talented **musicians** are playing beautiful music.
교과서 매우 재능 있는 **음악가**들이 아름다운 음악을 연주하고 있다.

➕ **musical** (형) 음악의 (명) 뮤지컬

0124 **teller**
[télər]

(명) 금전 출납계원; 이야기하는 사람

He handed the money to the **teller**.
그는 **은행 출납원**에게 돈을 건넸다.

0125 **astronaut**
[ǽstrənɔ̀:t]

(명) 우주 비행사

I watched a documentary about **astronauts**' space life. 교과서
나는 **우주 비행사**들의 우주 생활에 관한 다큐멘터리를 봤다.

0126 **professor**
[prəfésər]

(명) 교수

He was the most popular **professor** in the Dept. of Education. 학평
그는 교육학과에서 가장 인기 있는 **교수**였다.

05   10   15   20

0127 **officer**
[ɔ́(:)fisər]

(명) 공무원; 장교

At the scene of accident, Max called a local police **officer**. 교과서
사고 현장에서 Max는 지역 경찰관[경찰 **공무원**]에게 전화를 걸었다.

➕ **official** (형) 공식의, 공무상의

VOCA TIP
officer는 공무를 집행하는 직업에 대해 보편적으로 쓰여요.
* police officer 경찰관
* public officer 공무원
* military officer 군 장교

0128 **soldier**
[sóuldʒər]

(명) 군인

As a nurse officer, I took care of sick **soldiers**. 교과서 간호 장교로서 나는 아픈 **군인**들을 돌보았다.

VOCA TIP
soldier는 장교부터 사병까지 전부를 가리키지만, officer(장교)에 대한 대조의 의미로 '사병, 졸병'을 말할 때도 사용해요.

0129 **pilot**
[páilət]

(명) 조종사, 비행사

She was the first woman **pilot** in Canada. 교과서
그녀는 캐나다의 최초의 여성 **조종사**였다.

0130 **vet**
[vet]

(명) 수의사 (= veterinarian)

The **vet** gave my dog a shot.
수의사가 내 개에게 주사를 놓아 주었다.

▶▶ **take ~ to the vet** ~을 수의사에게 데려가다

How Different

0131 **engineer**
[èndʒiníər]

(명) 기술자, 기사

Construction **engineers** made the bridge safer. 성취도 건설 **기술자**들이 그 다리를 더 안전하게 만들었다.

➕ **engineering** (명) 공학 (기술)

VOCA TIP
* electrical engineer 전기 기사, 전기 기술자
* civil engineer 토목 기사
* software engineer 소프트웨어 기술자

0132 **operator**
[ápərèitər]

(명) 조작자, 기사

He is a skilled computer **operator**.
그는 숙련된 컴퓨터 **기사**이다.

➕ **operate** (동) 작동하다, 운영하다

• engineer 기계, 건물을 설계·건축하거나 기계·전기·전자 기구를 수리하는 사람을 모두 칭함
• operator 기계, 장비, 장치 등을 조작[운전]하는 사람을 가리킴

0133 clerk
[kləːrk]

(명) 사무원; 점원

The kind **clerk** gave a receipt to me.
그 친절한 **점원**이 나에게 영수증을 건넸다.

내신 빈출

0134 poet
[póuit]

(명) 시인

It's a poetry book by a famous **poet**. 교과서
그것은 유명한 **시인**이 쓴 시집이다.

➕ poem (명) (한 편의) 시
poetry (명) (문학 형식으로서의) 시, 시가

poet(시인)과 poem(시)는 철자가 비슷해서 혼동하기 쉬워요. 의미에 맞게 정확한 단어를 쓸 수 있는지 묻는 문제가 자주 출제되니까 의미와 철자를 잘 기억하세요.

Q 우리말과 일치하도록 빈칸에 알맞은 말을 쓰시오.

The _____ read her _____ on a stage.
(그 시인은 무대에서 자신이 쓴 시 한 편을 읽었다.)

답 poet, poem

0135 accountant
[əkáuntənt]

(명) 회계사

They hired an **accountant** to cut taxes.
그들은 세금을 절감하려고 **회계사**를 고용했다.

➕ account (명) 회계, 계산; 계좌; 설명

0136 director
[diréktər]

(명) 감독; 연출가

The movie was directed by the German **director**.
교과서 그 영화는 그 독일인 **감독**이 연출했다.

➕ direct (동) 감독하다; 지도하다

0137 lawyer
[lɔ́ːjər]

(명) 변호사, 법률가

She's working as a human rights **lawyer**.
그녀는 인권 **변호사**로 일하고 있다.

➕ law (명) 법, 법률

0138 counselor
[káunsələr]

(명) 상담역, 카운슬러

We told the problem to our school **counselor**.
학평 우리는 학교 **상담사**에게 그 문제를 이야기했다.

➕ counsel (동) 상담하다; 조언하다
➖ adviser (명) 조언자

0139 **businessman**
[bíznismæn]

ⓝ 사업가, 경영인

The actress married a young **businessman**.
그 여배우는 한 젊은 **사업가**와 결혼했다.

➕ business ⓝ 사업, 일

0140 **photographer**
[fətágrəfər]

ⓝ 사진사, 사진작가

My dream is to be a famous **photographer**.
교과서 내 꿈은 유명한 **사진사**가 되는 것이다.

➕ photograph ⓝ 사진(=photo) ⓥ 사진을 찍다

0141 **guide**
[gaid]

ⓝ 안내인; 안내서 ⓥ 안내하다

Our tour **guide** took us to the old temple. 성취도
우리 여행 **가이드**가 우리를 오래된 사원으로 데려갔다.

🟰 manual ⓝ 설명서, 안내서

0142 **salesperson**
[séilzpə̀:rsən]

ⓝ 판매원

The **salesperson** showed me a brand-new product.
판매원이 나에게 신제품을 보여주었다.

➡ hire[employ] a salesperson 판매원을 고용하다

내신 인출

0143 **reporter**
[ripɔ́:rtər]

ⓝ 기자, 리포터

The news **reporter** met the police officer himself to find out the truth. 교과서
그 뉴스 **기자**는 진실을 알아내기 위해 경찰관을 직접 만났다.

➕ report ⓥ 보도하다 ⓝ 보도, 보고(서)

'기자'라는 단어는 사람을 나타내는 접미사 -er이 붙은 reporter이고, report는 '보도, 보고서' 또는 '보도하다'의 의미를 가져요. 두 단어의 쓰임을 잘 이해하세요.

Q 괄호 안에서 알맞은 것을 고르시오.

A [report / reporter] wrote a [report / reporter] about the accident.

답 reporter, report

0144 **carpenter**
[ká:rpəntər]

ⓝ 목수

We let some work to a **carpenter**.
우리는 **목수**에게 일을 맡겼다.

0145 crew
[kru:]

(명) 승무원; 팀, 조

This ship has a **crew** of ten.
이 배에는 열 명의 **승무원**이 있다.

≡ team (명) 팀, 조

VOCA TIP
crew를 단체로 볼 때는 단수 취급,
각 구성원들을 가리킬 때는 복수 취
급해요.

0146 detective
[ditéktiv]

(명) 탐정; 형사

Do you like reading **detective** stories? 교과서
너는 **탐정** 소설을 읽는 것을 좋아하니?

➕ detect (동) 발견하다, 탐지하다
≡ investigator (명) 수사관; 조사원

0147 athlete
[ǽθli:t]

(명) (운동)선수

She planned to become a professional
athlete. 모평
그녀는 프로 **선수**가 되려는 계획을 세웠다.

➕ athletic (형) (운동) 경기의; 운동선수다운
≡ sportsperson (명) 운동선수, 운동가

VOCA TIP
athlete는 경쟁 상대가 있는 스포츠
의 선수를 가리키고, 영국에서는 '육
상 경기 선수'라는 의미로 쓰여요.

0148 conductor
[kəndʌ́ktər]

(명) 지휘자; 안내자

I work for this orchestra as a composer and
conductor.
나는 이 오케스트라에서 작곡가이자 **지휘자**로 일하고 있다.

➕ conduct (동) 수행하다

0149 secretary
[sékrətèri]

(명) 비서; 장관

The **secretary** helped her boss with the work.
비서가 그녀의 상사의 일을 도왔다.

≡ assistant (명) 조수, 보조

VOCA TIP
secretary는 미국에서 '장관'
이란 의미로 사용되기도 하는데,
Secretary of Defense(국방부
장관)가 그 대표적인 예시예요.

0150 architect
[ɑ́:rkitèkt]

(명) 건축가

His buildings influenced other **architects** for
centuries. 수능
그의 건물들은 수세기 동안 다른 **건축가**들에게 영향을 주었다.

➕ architecture (명) 건축, 건축학[술]

직업
Use Words

01 _____ a fashion designer
    패션 디자이너가 되다
    become   become

02 be at the top of her _____
    그녀 직업의 최고 위치에 있다
    profession

03 talented _____s 재능 있는 음악가들
    musician

04 hand the money to the _____
    은행 출납원에게 돈을 건네다
    teller

05 _____s' space life 우주비행사들의 우주 생활
    astronaut

06 a _____ in the Dept. of Education
    교육학과의 교수
    professor

07 a local police _____ 지역 경찰관
    officer

08 take care of sick _____s 아픈 군인들을 돌보다
    soldier

09 the first woman _____ 최초의 여성 조종사
    pilot

10 take ~ to the _____ ~을 수의사에게 데려가다
    vet

11 construction _____s 건설 기술자들
    engineer

12 a skilled computer _____ 숙련된 컴퓨터 기사
    operator

13 a kind _____ 친절한 점원
    clerk

14 a poetry book by a famous _____
    유명한 시인이 쓴 시집
    poet

15 hire an _____ 회계사를 고용하다
    accountant

16 be directed by the _____   director
그 감독에 의해 연출되다

17 a human rights _____   인권 변호사   lawyer

18 a school _____   학교 상담사   counselor

19 marry a _____   사업가와 결혼하다   businessman

20 a famous _____   유명한 사진사   photographer

21 a tour _____   여행 가이드   guide

22 hire a _____   판매원을 고용하다   salesperson

23 the news _____   뉴스 기자   reporter

24 let some work to a _____   carpenter
목수에게 일을 맡기다

25 a _____ of ten   열 명의 승무원   crew

26 read _____ stories   탐정 소설을 읽다   detective

27 a professional _____   프로 선수   athlete

28 as a composer and _____   작곡가이자 지휘자로서   conductor

29 _____ of Defense   국방부 장관   Secretary

30 influence other _____s   architect
다른 건축가들에게 영향을 주다

		Check				Check
0121 **become**	동 ~이 되다	☐	0136 **director**	명 감독; 연출가	☐
0122 **profession**	명 직업	☐	0137 **lawyer**	명 변호사, 법률가	☐
0123 **musician**	명 음악가	☐	0138 **counselor**	명 상담역, 카운슬러	☐
0124 **teller**	명 금전 출납계원; 이야기하는 사람	☐	0139 **businessman**	명 사업가, 경영인	☐
0125 **astronaut**	명 우주 비행사	☐	0140 **photographer**	명 사진사, 사진작가	☐
0126 **professor**	명 교수	☐	0141 **guide**	명 안내인; 안내서 동 안내하다	☐
0127 **officer**	명 공무원; 장교	☐	0142 **salesperson**	명 판매원	☐
0128 **soldier**	명 군인	☐	0143 **reporter**	명 기자, 리포터	☐
0129 **pilot**	명 조종사, 비행사	☐	0144 **carpenter**	명 목수	☐
0130 **vet**	명 수의사	☐	0145 **crew**	명 승무원; 팀, 조	☐
0131 **engineer**	명 기술자, 기사	☐	0146 **detective**	명 탐정; 형사	☐
0132 **operator**	명 조작자, 기사	☐	0147 **athlete**	명 (운동)선수	☐
0133 **clerk**	명 사무원; 점원	☐	0148 **conductor**	명 지휘자; 안내자	☐
0134 **poet**	명 시인	☐	0149 **secretary**	명 비서; 장관	☐
0135 **accountant**	명 회계사	☐	0150 **architect**	명 건축가	☐

외우지 않은 단어가 있으면 미니 단어장에서 다시 한번 정리해 보세요.

Wrap Up

☑ANSWERS p. 396

A 영어는 우리말로, 우리말은 영어로 쓰시오.

01 carry _____   11 외향적인, 사교적인 _____

02 relative _____   12 숨기다; 숨다 _____

03 skinny _____   13 체중, 무게 _____

04 elderly _____   14 낙관적인 _____

05 adult _____   15 기자, 리포터 _____

06 clerk _____   16 친숙한, 익숙한 _____

07 pull _____   17 도움이 되는 _____

08 thumb _____   18 탐정, 형사 _____

09 worth _____   19 돌다, 회전시키다 _____

10 accountant _____   20 책임이 있는, 책임감 있는 _____

B 빈칸에 알맞은 단어 혹은 우리말을 쓰시오.

01 musical : musician = 음악의 : _____

02 sensory : _____ = 감각의 : 감각

03 professional : profession = 직업의; 전문의 : _____

04 official : _____ = 공식의 : 공무원; 장교

05 _____ : behavior = 행동하다 : 행동

06 appear : _____ = ~처럼 보이다 : 외모

07 beautiful : _____ = 아름다운 : 아름다움; 미인

08 cheer : cheerful = 환호하다 : _____

C 〈보기〉에서 알맞은 단어를 골라 문장을 완성하시오.

> 〈보기〉
>
> ordinary   curious   bitter   spread   breathe

01 Grandfather _____ the map to find our way.

02 This green tea has a _____ taste.

03 Dolphins use their lungs to _____.

04 I'm really _____ about Jupiter.

05 Many of the participants are _____ people like us.

D 주어진 단어를 바르게 배열하여 문장을 완성하시오.

01 정직이 최선의 방책이다. (the, honesty, is, best, policy)
⇨ _____

02 그 개는 해변에서 이리저리 돌아다녔다. (at, wandered, dog, off, the, beach, the)
⇨ _____

03 우리 여행 가이드가 우리를 오래된 사원으로 데려갔다. (to, temple, tour, the, our, took, guide, us, old)
⇨ _____

04 뇌와 기억력에 좋은 것은 무엇인가요? (the, what, memory, good, for, brain, and, is)
⇨ _____

05 아이들은 어른들보다 훨씬 더 창의적이다. (than, more, children, creative, much, are, adults)
⇨ _____

기분, 감정

📖 오늘 학습할 단어를 공부하고, 가리개를 사용해서 암기해 보세요.

0151
☐☐ **emotion**
[imóuʃən]

(명) 감정

Some animals can understand human **emotions**. 교과서

어떤 동물들은 인간의 **감정**을 이해할 수 있다.

➕ emotional (형) 감정의; 감정적인

0152
☐☐ **nervous**
[nə́ːrvəs]

(형) 긴장한, 불안해하는

I'm so **nervous** about the interview. 성취도

나는 면접 때문에 너무 **긴장된다**.

> 💡 VOCA TIP
> nervous는 중요한 일이나 힘든 일을 앞두고 있을 때 느끼는 긴장이나 두려움을 나타내요.

0153
☐☐ **lonely**
[lóunli]

(형) 외로운

Having no friends at school, I felt **lonely**. 교과서

학교에 친구가 없어서 난 **외로웠다**.

> 💡 VOCA TIP
> lonely는 혼자 있어서 외롭거나 쓸쓸한 심정을 나타내는데, 쓸쓸한 기분이 들게 하는 장소나 활동에 대해서도 사용해요.

내신 빈출

0154
☐☐ **excited**
[iksáitid]

(형) 흥분한, 신이 난

I'm **excited** to ride a horse. 교과서

나는 말을 타게 되어 **신이 나**.

➕ excite (동) 흥분시키다   exciting (형) 신나는

감정을 나타내는 동사의 분사 형태는, 주어가 감정을 유발하면 현재분사 형태를, 주어가 감정을 느끼는 경우면 과거분사 형태를 써요. 이 둘을 구별하는 문제가 자주 출제되고 있어요.

Q 괄호 안에서 알맞은 것을 고르시오.

The game was [excited / **exciting**] from the start.

답 exciting

0155
☐☐ **awesome**
[ɔ́ːsəm]

(형) 굉장한, 아주 멋진

The view from the window was **awesome**!

교과서 그 창문에서 본 풍경은 **아주 멋졌다**!

🟰 amazing, terrific (형) 굉장한, 멋진

0156
☐☐ **awful**
[ɔ́ːfəl]

(형) 끔찍한, 지독한

The weather last winter was really **awful**.

작년 겨울 날씨는 정말 **지독했다**.

🟰 terrible (형) 끔찍한

06   10   15   20

0157 anxious
[ǽŋkʃəs]

(형) 걱정하는; 열망하는

I'm pretty **anxious** about getting a job. 성취도
나는 취업할 것이 정말 **걱정된다**.

➕ anxiety (명) 걱정, 불안
🟰 worried (형) 걱정하는

VOCA TIP
* be anxious about ~을 걱정하다
* be anxious to do
~하고 싶어하다, ~을 갈망하다

0158 mad
[mæd]

(형) 미친; 화가 난

My best friend is **mad** at me. 교과서
내 가장 친한 친구는 나에게 **화가 났다**.

➡ be mad at ~에게 화를 내다
🟰 angry (형) 화가 난

0159 surprised
[sərpráizd]

(형) 놀란

I was **surprised** at the size of the room.
교과서 나는 그 방의 크기에 **놀랐다**.

➡ be surprised at[by] ~에 놀라다
➕ surprise (명) 놀람, 놀라운 일 (동) 놀라게 하다
surprising (형) 놀라운

0160 amaze
[əméiz]

(동) 놀라게 하다

He **amazed** the world by winning the game again.
그가 다시 경기에서 우승해서 세상을 **놀라게 했다**.

➕ amazing (형) 굉장한   amazed (형) 놀란

VOCA TIP
surprise는 예기치 않은 일이나 이해할 수 없는 일로 놀라게 하는 것을 나타내고, amaze는 경이적인 일로 깜짝 놀라게 하는 것을 나타내요.

How Different

0161 pity
[píti]

(명) 연민, 동정

We felt **pity** for the war victims.
우리는 전쟁 희생자들에게 **동정심**을 느꼈다.

0162 sympathy
[símpəθi]

(명) 동정(심); 공감

I have no **sympathy** for the criminals.
나는 범죄자들을 **동정**하지 않는다.

➡ in sympathy with ~에 공감[동조]하여

• pity 어려움이나 애석한 일을 당한 상대를 불쌍하게 여기는 마음을 나타냄
• sympathy 상대의 괴로움·슬픔을 이해하고 함께 괴로워하거나 슬퍼하는 마음을 나타냄

0163 miss
[mis]

동 그리워하다; 놓치다

I **missed** all of you a lot. 교과서
나는 너희 모두를 많이 **그리워했어.**

➕ missing 형 없어진, 실종된
🟰 skip 동 빼먹다, 건너뛰다

0164 silly
[síli]

형 바보 같은, 우스꽝스러운

My younger sister likes to make **silly** faces.
교과서 내 여동생은 **우스꽝스러운** 표정을 짓는 것을 좋아한다.

🟰 foolish, stupid 형 바보 같은, 어리석은

0165 depressed
[diprést]

형 우울한, 의기소침한

He got **depressed** about his hair loss.
그는 탈모로 **우울했다.**

➕ depress 동 우울하게 하다, 낙담시키다
🟰 discouraged 형 낙담한

0166 thankful
[θǽŋkfəl]

형 감사하는

I'm **thankful** for everything in my life. 듣기
나는 내 삶의 모든 것에 **감사한다.**

0167 apologize
[əpɑ́lədʒàiz]

동 사과하다

We **apologize** for the inconvenience. 성취도
불편을 드린 것에 대해 **사과드립니다.**

➕ apology 명 사과
🔁 say sorry, beg pardon 사과하다, 용서를 빌다

0168 frustrate
[frʌ́strèit]

동 좌절시키다

Don't be **frustrated** by today's failure.
오늘의 실패에 **좌절하지** 마라.

➕ frustrated 형 좌절한, 낙담한

06   10   15   20

0169 upset
[ʌpsét]

(형) 화가 난 (동) 속상하게 하다

I'm **upset** about his attitude. 교과서
나는 그의 태도에 **화가 난다**.

VOCA TIP
upset은 '본래 있던 자리에서 뒤엎다'라는 의미가 확장되어, 사람의 마음, 몸 상태, 조직, 기계, 계획, 질서 등이 뒤엎어져 상태가 어지럽고 엉망인 것을 나타내요.

0170 annoy
[ənɔ́i]

(동) 짜증나게 하다; 귀찮게 하다

His rude behavior always **annoys** me.
그의 무례한 행동은 항상 나를 **짜증나게 한다**.

➕ annoyed (형) 짜증이 난   annoying (형) 짜증나는, 성가신

0171 terrible
[térəbl]

(형) 무서운, 끔찍한, 지독한

A **terrible** disease kept spreading across the world. 교과서
끔찍한 질병이 세계 곳곳으로 계속 퍼졌다.

VOCA TIP
* a terrible dream 무서운 꿈
* a terrible meal 끔찍한 식사
* a terrible headache 지독한 두통

0172 disappointed
[dìsəpɔ́intid]

(형) 실망한, 낙담한

I'm **disappointed** with the quality of the food.
학평 나는 그 음식의 질에 **실망했다**.

➕ disappoint (동) 실망[낙담]시키다
disappointment (명) 실망, 낙담

내신 빈출

0173 regret
[rigrét]

(동) 후회하다 (명) 후회; 유감

I **regret** that I didn't tell him the truth. 교과서
나는 그에게 진실을 말하지 않은 것을 **후회한다**.

➕ regretful (형) 후회하는; 유감스러워하는

regret는 목적어로 to부정사와 동명사를 모두 쓸 수 있는데, to부정사를 쓰면 '~하게 되어 유감이다'라는 의미를 나타내고, 동명사를 쓰면 '(과거에) ~한 것을 후회하다'라는 의미를 나타내요.

Q 우리말과 일치하도록 괄호 안에서 알맞은 것을 고르시오.

I regret [**having** / to have] done such a bad thing.
나는 그런 나쁜 짓을 저지른 것을 후회한다.

답 having

0174 shocking
[ʃákiŋ]

(형) 충격적인

His sudden death was **shocking** news.
그의 갑작스러운 죽음은 **충격적인** 뉴스였다.

➕ shock (명) 충격 (동) 충격을 주다

0175 ashamed
[əʃéimd]

(형) 부끄러워하는

She was deeply **ashamed** of her behavior at the party.
그녀는 파티에서 한 자기 행동을 몹시 **부끄러웠다**.

▸▸ be ashamed of ~을 부끄러워하다
➕ shame (명) 부끄러움, 수치심
↔ proud (형) 자랑스러워하는

0176 bother
[bάðər]

(동) 괴롭히다, 귀찮게 하다

Playing the piano at night may **bother** people.
(교과서) 밤에 피아노를 치는 것은 사람들을 **괴롭힐** 수도 있다.

▸▸ Don't bother me! 나를 귀찮게 하지 마[내버려둬]!

0177 embarrass
[imbǽrəs]

(동) 당황하게 하다

The reporter **embarrassed** her with personal questions.
그 기자는 개인적인 질문으로 그녀를 **당황하게 했다**.

➕ embarrassed (형) 당황한, 부끄러운
embarrassing (형) 당황하게 하는
embarrassment (명) 당황, 곤란한 상황

0178 horrible
[hɔ́(:)rəbl]

(형) 무서운, 끔찍한

The battle scenes in the novel are **horrible**.
그 소설 속의 전투 장면은 **끔찍하다**.

➕ horror (명) 공포
= awful, terrible (형) 끔찍한

0179 scary
[skέ(:)əri]

(형) 무서운, 겁나는

The painting looked so **scary**. (교과서)
그 그림은 너무 **무서워** 보였다.

➕ scare (동) 겁주다 scared (형) 무서워하는, 겁먹은

0180 delight
[diláit]

(명) (큰) 기쁨 (동) 매우 기쁘게 하다

She laughed with great **delight**. (교과서)
그녀는 매우 **기뻐서** 웃었다.

➕ delighted (형) 아주 기뻐하는, 즐거워하는
= joy, pleasure (명) 기쁨

01 human _____s 인간의 감정   emotion   emotion

02 be _____ about ~때문에 긴장하다   nervous

03 feel _____ 외로움을 느끼다   lonely

04 be _____ to ride a horse 말을 타서 신이 나다   excited

05 an _____ view 아주 멋진 풍경   awesome

06 an _____ weather 지독한 날씨   awful

07 be _____ about ~을 걱정하다   anxious

08 be _____ at ~에게 화를 내다   mad

09 be _____ at ~에 놀라다   surprised

10 _____ the world 세상을 놀라게 하다   amaze

11 feel _____ for the war victims   pity
전쟁 희생자들에게 동정심을 느끼다

12 have no _____ for the criminals   sympathy
범죄자들을 동정하지 않는다

13 _____ all of you 너희 모두를 그리워하다   miss

14 make _____ faces 우스꽝스러운 표정을 짓다   silly

15 get _____ 우울해하다   depressed

16 be _____ for everything 모든 것에 감사하다   thankful

17 _____ for the inconvenience   apologize
불편을 끼친 것에 대해 사과하다

18 be _____d by failure 실패에 좌절하다   frustrate

19 be _____ about his attitude   upset
그의 태도에 화가 나다

20 always _____ me 항상 나를 짜증나게 하다   annoy

21 a _____ disease 끔찍한 질병   terrible

22 be _____ with ~에 실망하다   disappointed

23 _____ having done such a bad thing   regret
그런 나쁜 짓을 저지른 것을 후회하다

24 _____ news 충격적인 뉴스   shocking

25 be _____ of ~을 부끄러워하다   ashamed

26 Don't _____ me! 나를 귀찮게 하지 마!   bother

27 _____ her with personal questions   embarrass
개인적인 질문으로 그녀를 난처하게 하다

28 the _____ battle scenes 끔찍한 전투 장면들   horrible

29 a _____ painting 무서운 그림   scary

30 laugh with great _____ 매우 기뻐서 웃다   delight

		Check
0151 **emotion**	명 감정	☐
0152 **nervous**	형 긴장한, 불안해하는	☐
0153 **lonely**	형 외로운	☐
0154 **excited**	형 흥분한, 신이 난	☐
0155 **awesome**	형 굉장한, 아주 멋진	☐
0156 **awful**	형 끔찍한, 지독한	☐
0157 **anxious**	형 걱정하는; 열망하는	☐
0158 **mad**	형 미친; 화가 난	☐
0159 **surprised**	형 놀란	☐
0160 **amaze**	동 놀라게 하다	☐
0161 **pity**	명 연민, 동정	☐
0162 **sympathy**	명 동정(심); 공감	☐
0163 **miss**	동 그리워하다; 놓치다	☐
0164 **silly**	형 바보 같은, 우스꽝스러운	☐
0165 **depressed**	형 우울한, 의기소침한	☐

		Check
0166 **thankful**	형 감사하는	☐
0167 **apologize**	동 사과하다	☐
0168 **frustrate**	동 좌절시키다	☐
0169 **upset**	형 화가 난 동 속상하게 하다	☐
0170 **annoy**	동 짜증나게 하다; 귀찮게 하다	☐
0171 **terrible**	형 무서운, 끔찍한, 지독한	☐
0172 **disappointed**	형 실망한, 낙담한	☐
0173 **regret**	동 후회하다 명 후회; 유감	☐
0174 **shocking**	형 충격적인	☐
0175 **ashamed**	형 부끄러워하는	☐
0176 **bother**	동 괴롭히다, 귀찮게 하다	☐
0177 **embarrass**	동 당황하게 하다	☐
0178 **horrible**	형 무서운, 끔찍한	☐
0179 **scary**	형 무서운, 겁나는	☐
0180 **delight**	명 (큰) 기쁨 동 매우 기쁘게 하다	☐

외우지 않은 단어가 있으면 미니 단어장에서 다시 한번 정리해 보세요.

DAY 07

생각, 사고

📖 오늘 학습할 단어를 공부하고, 가리개를 사용해서 암기해 보세요.

0181
express
[iksprés]

(동) 표현하다 (형) 급행의

She wanted to **express** her feelings about her hometown. 교과서
그녀는 자신의 고향에 대한 감정을 **표현하고** 싶었다.

➕ expression (명) 표현, 표정

💡 VOCA TIP
* express oneself 자신을 표현하다
* express train 급행열차
* express mail 속달 우편

0182
intend
[inténd]

(동) 의도하다

I didn't **intend** to hurt you.
나는 너를 아프게 하려는 **의도는** 아니었어.

➕ intention (명) 의도, 목적

0183
desire
[dizáiər]

(명) 욕구, 갈망 (동) 바라다

He has a strong **desire** for writing. 성취도
그는 글쓰기에 대한 강한 **열망이** 있다.

0184
consider
[kənsídər]

(동) 고려하다; (~로) 여기다

The group **considered** me an enemy. 학평
그 그룹은 나를 적으로 **여겼다.**

💡 VOCA TIP
<consider A (to be) B>는 'A를 B로 여기다'라는 의미를 나타내고, 이것의 수동 표현인 <A be considered (to be) B> 'A는 B라고 여겨지다' 형태로도 많이 쓰여요.

0185
deny
[dinái]

(동) 부인하다, 부정하다

The actor officially **denied** the rumor.
그 배우는 공식적으로 그 소문을 **부인했다.**

↔ admit (동) 인정하다

내신 빈출
0186
allow
[əláu]

(동) 허락하다, 허용하다

You're not **allowed** to take pictures here.
교과서 여기서는 사진 찍는 게 **허용되지** 않습니다.

➕ allowance (명) 허용; 용돈

allow는 목적격보어로 to부정사를 사용해요. <allow+목적어+to부정사>의 구조에서 목적격보어 자리에 to부정사를 바르게 쓸 수 있는지 묻는 문제가 자주 출제되고 있어요.

Q 괄호 안의 단어를 알맞은 형태로 쓰시오.

My brother allowed me [use] his laptop.

답 to use

0187 **doubt**
[daut]

(명) 의심 (동) 의심하다

I have no **doubt** that you will win first place.
교과서 네가 우승할 것에 **의심**의 여지가 없다.

➕ doubtful (형) 의심스러운
➕ belief (명) 믿음 ➖ distrust (명) 불신

0188 **respect**
[rispékt]

(동) 존경하다; 존중하다 (명) 존경; 존중

You should **respect** others' opinions. **교과서**
너는 다른 사람들의 의견을 **존중해야** 한다.

➕ self-respect (명) 자기 존중, 자존심
➖ look up to ~을 존경하다

0189 **anticipate**
[æntísəpèit]

(동) 예상하다, 기대하다

We can't **anticipate** the result right now.
우리는 지금은 결과를 **예측할** 수 없다.

➕ anticipation (명) 예상, 기대
➖ expect (동) 기대하다, 예상하다

0190 **compare**
[kəmpéər]

(동) 비교하다

Don't **compare** yourself to others. **교과서**
네 자신을 다른 사람들과 **비교하지** 마라.

➡ compare A with(to) B A와 B를 비교하다
➕ comparison (명) 비교

How Different

0191 **guess**
[ges]

(동) 추측하다 (명) 추측

Can you **guess** what the boy is doing? **교과서**
그 남자아이가 무엇을 하고 있는지 **추측할** 수 있나요?

➡ make a guess 추측하다

0192 **suppose**
[səpóuz]

(동) 추측하다; 가정하다

There is no reason to **suppose** he's lying.
그가 거짓말을 하고 있다고 **추측할** 이유가 없다.

➕ supposedly (부) 아마, 추정상

• guess 충분한 근거 없이 막연하게 판단하여 추측하는 것을 나타냄
• suppose 충분한 이유나 이미 알고 있는 지식에 근거하여 사실일 것이라고 추측하는 것을 나타냄

0193 **remind**
[rimáind]

(동) 생각나게 하다, 상기시키다

These photos **remind** me of my childhood.
이 사진들은 내게 나의 어린 시절을 **생각나게 한다**.

» **remind A of B** A에게 B를 상기시키다

> **VOCA TIP**
> remind의 어원은 <re(다시)
> + mind(정신, 마음) = 다시 마음에
> 새기다 → 상기시키다>예요.

0194 **belief**
[bilí:f]

(명) 믿음, 신뢰

Belief in herself was the key to her success.
자신에 대한 **믿음**이 그녀의 성공의 열쇠였다.

➕ **believe** (동) 믿다, 신뢰하다

0195 **unbelievable**
[ʌ̀nbilí:vəbl]

(형) 믿을 수 없는, 믿기 어려운

He would experience **unbelievable** pain.
그는 **믿기 어려울 정도로 끔찍한** 고통을 경험할 것이다.

> **VOCA TIP**
> '믿기 어려울 정도로 좋은/나쁜/심한'
> 등의 의미를 나타내며, 좋은 일이든
> 나쁜 일이든 강조의 의미로 두루 쓸
> 수 있어요.

0196 **realize**
[rí(:)əlàiz]

(동) 깨닫다; 실현하다

I **realized** that acting made me happy. 교과서
나는 연기하는 것이 나를 행복하게 만든다는 것을 **깨달았다**.

» **realize one's dream** 꿈을 실현하다

내신 민출

0197 **decide**
[disáid]

(동) 결정하다, 결심하다

They **decided** to cancel the motor show. 성취도
그들은 모터쇼를 취소하기로 **결정했다**.

➕ **decision** (명) 결정

decide는 to부정사를 목적어로 사용해요. decide 뒤에 목적어로 동사가 올 때 to부정사 형태로 바르게 쓸
수 있는지 묻는 문제가 자주 출제되고 있어요.

Q 괄호 안에서 알맞은 것을 고르시오.

He decided [making / **to make**] a change in his life.　　답 **to make**

0198 **confuse**
[kənfjú:z]

(동) 혼란시키다; 혼동하다

Many people **confuse** me with my brother.
많은 사람들이 나와 남동생을 **혼동한다**.

➕ **confusion** (명) 혼동, 혼란

0199 imagine
[imǽdʒin]

(동) 상상하다

I can't **imagine** a world without light. 교과서
나는 빛이 없는 세상을 **상상할** 수 없다.

➕ imagination (명) 상상, 상상력
imaginary (형) 상상의, 가상의

VOCA TIP
* in(by) contrast 대조적으로
* obvious contrast 뚜렷한 차이

0200 contrast
(명) [kɑ́ːntræst]
(동) [kəntrǽst]

(명) 대조, 차이 (동) 대조하다

Her personality is in **contrast** with her sister's.
그녀의 성격은 그녀의 언니의 성격과 **대조적이다**.

➡️ in contrast with[to] ~와 대조적으로

0201 hesitate
[hézitèit]

(동) 주저하다, 망설이다

Don't **hesitate** to take opportunities. 학평
기회를 잡는 것을 **주저하지** 마라.

➕ hesitation (명) 망설임, 주저

0202 concentrate
[kɑ́nsəntrèit]

(동) 집중하다

I can **concentrate** on the project. 성취도
나는 과제에 **집중할** 수 있다.

➡️ concentrate on ~에 집중하다
➕ concentration (명) 집중
➖ focus (동) 집중하다

VOCA TIP
quickly, fast는 모두 시간상이나 속도에서 빠르다는 것을 나타내는데, 사람이나 사물이 움직이는 속도를 나타낼 때에는 fast가 더 자주 쓰여요.

0203 quickly
[kwíkli]

(부) 빨리, 신속히

They wanted to think and move more **quickly**.
교과서 그들은 더 **빠르게** 생각하고 움직이길 원했다.

➕ quick (형) 빠른, 신속한

0204 rapid
[rǽpid]

(형) 빠른, 신속한

Make **rapid** selection between good and bad.
학평 좋고 나쁜 것 사이에서 **빠른** 선택을 해라.

0205 **narrow**
[nǽrou]

(형) 좁은; 편협한

I'm tired of **narrow**-minded people.
나는 **편협한** 사람들에게 진절머리가 난다.

VOCA TIP
narrow는 무엇의 폭이 좁은 것을 나타내는 의미에서 확장되어, 공간, 마음, 관점, 관심, 범위 등이 좁고 제한적이라는 의미도 나타내요.

0206 **reason**
[ríːzən]

(명) 이유; 이성

I don't know the **reason** why they agreed this plan. 학평
나는 그들이 이 계획에 동의한 **이유**를 모르겠다.

➕ reasonable (형) 합리적인, 이성적인

0207 **concern**
[kənsɔ́ːrn]

(명) 걱정; 관심 (동) 걱정하다

I have some **concerns** about my future.
나는 내 미래에 대해 **걱정**이 된다.

➡ concern about[for, over] ~을 걱정하다[염려하다]

VOCA TIP
* growing concern
커지는 걱정[우려]
* a matter of concern 관심사

0208 **argue**
[áːrɡjuː]

(동) 말다툼하다; 주장하다

Brian and I **argued** and I stopped talking to him. 교과서
나는 Brian과 **말다툼을 해서** 그에게 말을 걸지 않았다.

➕ argument (명) 언쟁, 논쟁

0209 **conclusion**
[kənklúːʒən]

(명) 결론, 결말

We drew a **conclusion** from the facts.
우리는 그 사실들에서 하나의 **결론**을 이끌어냈다.

➡ draw a conclusion 결론을 이끌어내다
come to a conclusion 결론에 이르다
➕ conclude (동) 결론을 내리다

0210 **attract**
[ətrǽkt]

(동) 끌어들이다; (마음을) 끌다

Flowers **attract** bees and butterflies. 교과서
꽃은 벌과 나비를 **끌어들인다.**

➕ attractive (형) 매력적인   attraction (명) 명소; 매력

01	_____ her feelings 그녀의 감정을 표현하다	express	express

01 _____ her feelings 그녀의 감정을 표현하다 express *express*

02 _____ to hurt 아프게 하려고 의도하다 intend

03 a strong _____ 강한 열망 desire

04 _____ me an enemy 나를 적으로 여기다 consider

05 _____ the rumor 소문을 부인하다 deny

06 be _____ed to take pictures allow
사진 찍는 게 허용되다

07 have no _____ 의심의 여지가 없다 doubt

08 _____ others' opinions 타인의 의견을 존중하다 respect

09 _____ the result 결과를 예측하다 anticipate

10 _____ yourself to others compare
네 자신을 타인과 비교하다

11 make a _____ 추측하다 guess

12 there is no reason to _____ suppose
~라고 추측할 이유가 없다

13 _____ me of my childhood remind
내게 어린 시절을 생각나게 하다

14 _____ in herself 그녀 자신에 대한 믿음 belief

15 experience _____ pain unbelievable
믿기 어려울 정도로 끔찍한 고통을 경험하다

16 _____ one's dream 꿈을 실현하다   realize

17 _____ to cancel the show   decide
   쇼를 취소하기로 결심하다

18 _____ me with my brother   confuse
   나와 남동생을 혼동하다

19 _____ a world without light   imagine
   빛이 없는 세상을 상상하다

20 in _____ with ～와 대조적으로   contrast

21 _____ to take opportunities   hesitate
   기회를 잡는 것을 주저하다

22 _____ on the project 과제에 집중하다   concentrate

23 think more _____ 더 빠르게 생각하다   quickly

24 make _____ selection 빠른 선택을 하다   rapid

25 _____ -minded people 편협한 사람들   narrow

26 know the _____ 이유를 알다   reason

27 _____s about my future 내 미래에 대한 걱정   concern

28 _____ with each other 서로 말다툼하다   argue

29 draw a _____ 결론을 이끌어내다   conclusion

30 _____ bees 벌을 끌어들이다   attract

			Check				Check
0181	**express**	동 표현하다 형 급행의	☐	0196	**realize**	동 깨닫다; 실현하다	☐
0182	**intend**	동 의도하다	☐	0197	**decide**	동 결정하다, 결심하다	☐
0183	**desire**	명 욕구, 갈망 동 바라다	☐	0198	**confuse**	동 혼란시키다; 혼동하다	☐
0184	**consider**	동 고려하다; (~로) 여기다	☐	0199	**imagine**	형 상상하다	☐
0185	**deny**	동 부인하다, 부정하다	☐	0200	**contrast**	명 대조, 차이 동 대조하다	☐
0186	**allow**	동 허락하다, 허용하다	☐	0201	**hesitate**	동 주저하다, 망설이다	☐
0187	**doubt**	명 의심 동 의심하다	☐	0202	**concentrate**	동 집중하다	☐
0188	**respect**	동 존경하다; 존중하 다 명 존경; 존중	☐	0203	**quickly**	부 빨리, 신속히	☐
0189	**anticipate**	동 예상하다, 기대하다	☐	0204	**rapid**	형 빠른, 신속한	☐
0190	**compare**	동 비교하다	☐	0205	**narrow**	형 좁은; 편협한	☐
0191	**guess**	동 추측하다 명 추측	☐	0206	**reason**	명 이유; 이성	☐
0192	**suppose**	동 추측하다; 가정하다	☐	0207	**concern**	명 걱정; 관심 동 걱정하다	☐
0193	**remind**	동 생각나게 하다, 상기시키다	☐	0208	**argue**	동 말다툼하다; 주장하다	☐
0194	**belief**	명 믿음, 신뢰	☐	0209	**conclusion**	명 결론, 결말	☐
0195	**unbelievable**	형 믿을 수 없는, 믿기 어려운	☐	0210	**attract**	동 끌어들이다; (마음을) 끌다	☐

외우지 않은 단어가 있으면 미니 단어장에서 다시 한번 정리해 보세요.

의사소통

📖 오늘 학습할 단어를 공부하고, 가리개를 사용해서 암기해 보세요.

0211 greet
[gri:t]

(동) 인사하다, 맞이하다

You should **greet** the elderly politely. 교과서
너는 노인들에게 공손히 **인사를 해야** 한다.

➕ greeting (명) 인사(말)

영어권 국가에서는 성탄절이나 새해에 인사를 전하는 카드를 주고받는데요, 이때 적는 인사말을 season's greetings라고 해요.

0212 communicate
[kəmjú:nəkèit]

(동) 의사소통하다

Alice is good at **communicating** with people.
교과서 Alice는 사람들과 **의사소통하는** 데 능하다.

➕ communication (명) 의사소통

0213 introduce
[ìntrədjú:s]

(동) 소개하다; 도입하다

Let me **introduce** our new team member.
듣기 저희의 새로운 팀원을 **소개해** 드리겠습니다.

➕ introduction (명) 소개; 도입

0214 speech
[spi:tʃ]

(명) 연설; 말

I was bored by his long **speech**. 교과서
나는 그의 긴 **연설**에 지루했다.

➕ speak (동) 말하다   speechless (형) 말문이 막힌

내신빈출

0215 avoid
[əvɔ́id]

(동) 피하다; 막다

Emma **avoided** me on purpose. 교과서
Emma는 나를 일부러 **피했다**.

avoid는 목적어로 동명사를 사용해요. avoid 뒤에 목적어로 동사가 올 때 동명사 형태도 바르게 쓸 수 있어야 해요.

Q 괄호 안에서 알맞은 것을 고르시오.

You should avoid [eating / to eat] fast food.

답 eating

avoid처럼 동명사를 목적어로 취하는 동사들은 enjoy, finish, mind, consider, give up, stop 등이 있어요.

0216 react
[riǽkt]

(동) 반응하다

She **reacted** angrily to Bill's comments.
그녀는 Bill의 발언에 화난 **반응을 보였다**.

➕ reaction (명) 반응
🟰 respond (동) 반응하다; 대답하다

접두사 re-는 'again(다시), back(뒤로)'의 의미를 나타내요.

05 — 08 10 15 20

0217 language
[lǽŋgwidʒ]

명 언어, 말

Learning a new **language** isn't easy. 교과서
새로운 **언어**를 배우는 것은 쉽지 않다.

0218 discuss
[diskʌ́s]

동 논의하다, 토론하다

She refused to **discuss** the case further.
그녀는 그 사안에 대해 더 이상 **논의하는** 것을 거절했다.

➕ **discussion** 명 논의, 토론

VOCA TIP
discuss는 토론자들과 서로의 의견을 우호적으로 주고받는 것을 말하고, argue는 자신의 의견을 주장하는 것을 말해요.

0219 mention
[ménʃən]

동 언급하다, 말하다 명 언급

They both avoided **mentioning** the incident.
그들 둘 다 그 사건에 대해 **언급하는** 것을 회피했다.

VOCA TIP
discuss와 mention은 타동사이므로 discuss(mention) about ~과 같이 쓰지 않는다는 점에 유의하세요. 뒤에 전치사 없이 바로 목적어가 와요.

0220 advise
[ədváiz]

동 충고하다, 조언하다

The doctor **advised** him to lose weight.
의사는 그에게 체중을 감량하라고 **조언했다**.

» **advise ~ to ...** ~에게 …하라고 충고하다
➕ **advice** 명 충고, 조언 **adviser** 명 조언자, 고문

How Different

0221 conversation
[kɑ̀nvərséiʃən]

명 대화

Helena has trouble starting **conversations**.
교과서 Helena는 **대화**를 시작하는 데 어려움이 있다.

0222 chat
[tʃæt]

동 수다를 떨다 명 수다, 잡담

They sat down to **chat** after lunch. 교과서
그들은 점심식사 후에 **수다를 떨려고** 앉았다.

➕ **chatty** 형 수다스러운

• conversation 2인 이상의 사람들이 뉴스, 감정, 생각 등을 교환하며 나누는 비격식적인 이야기
• chat 친한 사이인 사람과 격식을 차리지 않고 마음 놓고 하는 일상의 이야기

0223 reply
[riplái]

(동) 대답하다　(명) 대답

A lot of students **replied** to her greeting.

교과서 많은 학생들이 그녀의 인사에 **답했다**.

》》 in reply to ~에 답하여, ~의 회답으로
目 answer (동) 대답하다 (명) 대답

VOCA TIP

흔히 '댓글'을 '리플'이라고 부르는데
요, '리플'은 reply(리플라이)에서 줄
임말로 파생된 표현입니다.

0224 nod
[nɑd]

(동) (고개를) 끄덕이다　(명) 끄덕임

The man **nodded** his head in agreement.

그 남자가 동의하며 고개를 **끄덕였다**.

》》 with a nod 끄덕거리며

VOCA TIP

nod는 동의, 양해, 감사, 인사 등의
표현으로 고개를 끄덕이는 것 이외에,
졸려서 꾸벅거리는 것도 나타내요.

0225 bow
[bau]

(동) (고개 숙여) 인사하다, 절하다　(명) 절; 활

The singer **bowed** and left the stage.

그 가수는 **고개 숙여 인사하고** 무대를 떠났다.

》》 Attention! Bow! 차렷! 경례!

0226 accept
[əksépt]

(동) 받아들이다

We **accepted** the offer. 교과서

우리는 그 제안을 **받아들였다**.

↔ reject, refuse (동) 거부하다

0227 disagree
[dìsəgríː]

(동) 동의하지 않다, 의견이 다르다

They **disagree** with my opinion. 교과서

그들은 나의 의견에 **동의하지 않는다**.

↔ agree (동) 동의하다

VOCA TIP

접두사 dis-는 '부정'의 의미를 나타
내요.
* trust ↔ distrust
* appear ↔ disappear

0228 mind
[maind]

(명) 마음, 정신　(동) 신경쓰다

Do you have a particular place in **mind**? 교과서

마음에 둔 특별한 장소가 있나요?

》》 have ~ in mind ~을 염두에 두다
Never mind. 신경쓰지 마.

0229 negative
[négətiv]

[형] 부정적인; 음성의

Don't be too concerned about the **negative** comments.
부정적인 말들에 너무 신경 쓰지 마.

[↔] positive [형] 긍정적인; 양성의

VOCA TIP
* negative effect 부정적인 효과
* test negative 음성 판정을 받다

0230 gesture
[dʒéstʃər]

[명] 몸짓, 제스처

He made a rude **gesture** at the other driver.
그는 다른 운전사에게 무례한 **제스처**를 취했다.

내신 빈출

0231 object
[동] [əbdʒékt]
[명] [ábdʒekt]

[동] 반대하다 [명] 물건; 목적

Many people **object** to animal testing.
많은 사람들이 동물 실험에 **반대한다**.

[+] objection [명] 반대, 이의 objective [형] 객관적인

object는 자동사이므로 '~에 반대하다'라고 할 때는 object to로 써요. 이때 to는 전치사이므로 뒤에 명사 상당어구, 즉 (대)명사나 동명사가 온다는 걸 기억하세요.

Q 괄호 안에서 알맞은 것을 고르시오.

He objected to [build / building] a new pool here.

[답] building

0232 trust
[trʌst]

[동] 신뢰하다, 믿다 [명] 신뢰

You should **trust** ads with facts. [교과서]
너는 사실에 부합하는 광고만 **믿어야** 한다.

[↔] distrust [동] 불신하다 [명] 불신
[=] belief [명] 믿음, 신뢰

VOCA TIP
trust는 주로 사람이나 사물이 가진 능력이나 신뢰성에 대한 직관적인 신임과 확신을 나타내고, belief는 확실한 증거가 없어도 의심 없이 진실이라고 믿는 것을 나타내요.

0233 respond
[rispánd]

[동] 대답하다; 반응하다

I don't know how to **respond** to this situation.
[교과서] 나는 이 상황에 어떻게 **반응해야** 할지 모르겠다.

[+] response [명] 대답; 반응
[=] reply [동] 대답하다 react [동] 반응하다

0234 suggest
[səgdʒést]

[동] 제안하다

Thank you for **suggesting** good ideas. [교과서]
좋은 아이디어들을 **제안해줘서** 고마워.

[+] suggestion [명] 제안

0235 encourage
[inkə́:ridʒ]

(동) 용기를 북돋우다, 장려하다

He **encouraged** us to discuss the problems freely.

그는 우리가 그 문제들에 대해 자유롭게 토론하도록 **장려했다**.

» encourage ~ to ... ~가 …하도록 장려하다
➕ encouragement (명) 격려   courage (명) 용기
➖ discourage (동) 낙담[단념]시키다

VOCA TIP
접두사 en-은 make의 의미로 '~을 가능하게 만들다'의 뜻을 포함해요.

0236 repeat
[ripíːt]

(동) 반복하다 (명) 반복

You can **repeat** each step many times. 성취도

당신은 각 단계를 여러 번 **반복할** 수 있다.

» repeat one's mistake 실수를 되풀이하다
➕ repeatedly (부) 되풀이하여   repetition (명) 되풀이, 반복

0237 whisper
[hwíspər]

(동) 속삭이다 (명) 속삭임

The little boy **whispered** to her. 교과서

그 어린 소년은 그녀에게 **속삭였다**.

0238 praise
[preiz]

(동) 칭찬하다 (명) 칭찬

Many people **praised** her honesty. 교과서

많은 사람들은 그녀의 정직함을 **칭찬했다**.

VOCA TIP
'상, 상금'이란 뜻의 prize와 혼동하지 마세요.

0239 beg
[beg]

(동) 간청하다; 구걸하다

He **begged** us for another chance.

그는 우리에게 한 번 더 기회를 달라고 **간청했다**.

» beg for help 도움을 간청하다[애원하다]
➕ beggar (명) 거지

0240 pretend
[priténd]

(동) ~인 체하다

Pretending you are okay will make things worse. 성취도

네가 괜찮은 **체하는** 것은 상황을 악화시킬 것이다.

VOCA TIP
pretend는 진실이 아닌 것을 진실같이 보이게 가장한다는 의미를 나타내요.

01 _____ the elderly 노인들에게 인사하다   greet   greet

02 _____ with people 사람들과 의사소통하다   communicate

03 _____ a new member 새 팀원을 소개하다   introduce

04 be bored by his long _____   speech
   그의 긴 연설에 지루해하다

05 _____ me on purpose 나를 일부러 피하다   avoid

06 _____ angrily 화난 반응을 보이다   react

07 learn a new _____ 새로운 언어를 배우다   language

08 refuse to _____ 논의하는 것을 거절하다   discuss

09 _____ the incident 그 사건에 대해 언급하다   mention

10 _____ him to lose weight   advise
   그에게 체중을 감량하라고 조언하다

11 start _____s 대화를 시작하다   conversation

12 sit down to _____ 수다를 떨려고 앉다   chat

13 _____ to her greeting 그녀의 인사에 답하다   reply

14 _____ his head 그의 고개를 끄덕이다   nod

15 _____ and leave the stage   bow
   고개 숙여 인사하고 무대를 떠나다

16 _____ the offer 제안을 받아들이다   accept

17 _____ with my opinion   disagree
   내 의견에 동의하지 않다

18 a particular place in _____   mind
   마음에 둔 특별한 장소

19 the _____ comments 부정적인 말들   negative

20 a rude _____ 무례한 제스처   gesture

21 _____ to animal testing 동물 실험에 반대하다   object

22 _____ ads with facts   trust
   사실에 부합하는 광고를 믿다

23 _____ to the situation 그 상황에 반응하다   respond

24 _____ good ideas 좋은 아이디어들을 제안하다   suggest

25 _____ us to discuss the problems   encourage
   우리가 그 문제들에 대해 토론하도록 장려하다

26 _____ each step 각 단계를 반복하다   repeat

27 _____ to her 그녀에게 속삭이다   whisper

28 _____ her honesty 그녀의 정직함을 칭찬하다   praise

29 _____ for help 도움을 간청하다   beg

30 _____ you are okay 네가 괜찮은 체하다   pretend

DAY 08

의사소통

3-Minute Check

오늘 학습한 단어와 뜻을 최종적으로 암기했는지 확인하세요!

			Check
0211	**greet**	[동] 인사하다, 맞이하다	☐
0212	**communicate**	[동] 의사소통하다	☐
0213	**introduce**	[동] 소개하다; 도입하다	☐
0214	**speech**	[명] 연설; 말	☐
0215	**avoid**	[동] 피하다; 막다	☐
0216	**react**	[동] 반응하다	☐
0217	**language**	[명] 언어, 말	☐
0218	**discuss**	[동] 논의하다, 토론하다	☐
0219	**mention**	[동] 언급하다, 말하다 [명] 언급	☐
0220	**advise**	[동] 충고하다, 조언하다	☐
0221	**conversation**	[명] 대화	☐
0222	**chat**	[동] 수다를 떨다 [명] 수다, 잡담	☐
0223	**reply**	[동] 대답하다 [명] 대답	☐
0224	**nod**	[동] (고개를) 끄덕이다 [명] 끄덕임	☐
0225	**bow**	[동] (고개 숙여) 인사하다, 절하다 [명] 절; 활	☐

			Check
0226	**accept**	[동] 받아들이다	☐
0227	**disagree**	[동] 동의하지 않다, 의견이 다르다	☐
0228	**mind**	[명] 마음, 정신 [동] 신경쓰다	☐
0229	**negative**	[형] 부정적인; 음성의	☐
0230	**gesture**	[명] 몸짓, 제스처	☐
0231	**object**	[동] 반대하다 [명] 물건; 목적	☐
0232	**trust**	[동] 신뢰하다, 믿다 [명] 신뢰	☐
0233	**respond**	[동] 대답하다; 반응하다	☐
0234	**suggest**	[동] 제안하다	☐
0235	**encourage**	[동] 용기를 북돋우다, 장려하다	☐
0236	**repeat**	[동] 반복하다 [명] 반복	☐
0237	**whisper**	[동] 속삭이다 [명] 속삭임	☐
0238	**praise**	[동] 칭찬하다 [명] 칭찬	☐
0239	**beg**	[동] 간청하다; 구걸하다	☐
0240	**pretend**	[동] ~인 체하다	☐

외우지 않은 단어가 있으면 미니 단어장에서 다시 한번 정리해 보세요.

DAY 09
장소, 건물

📖 오늘 학습할 단어를 공부하고, 가리개를 사용해서 암기해 보세요.

0241 field
[fi:ld]

(명) 들판; 분야; 현장; 경기장

The kids had a great time in the **field**. 교과서
그 아이들은 **들판**에서 멋진 시간을 보냈다.

0242 station
[stéiʃən]

(명) 역, 정거장; (관공)서; 방송국

The park is next to the train **station**. 교과서
공원은 기차**역** 옆에 있다.

0243 factory
[fǽktəri]

(명) 공장

These robots were produced in a **factory**.
교과서 이 로봇들은 **공장**에서 생산되었다.

» **run[manage] a factory** 공장을 운영하다

How Different

0244 site
[sait]

(명) 장소; 현장; (인터넷) 사이트

Jane visited historical **sites**. 교과서
Jane은 역사적인 **장소**[유적지]를 방문했다.

🔁 **scene** (명) 현장

0245 spot
[spɑt]

(명) 장소; 반점

He found a good **spot** to take a break. 교과서
그는 휴식을 취할 좋은 **장소**를 찾았다.

🔁 **place** (명) 장소

• **site** 건물, 도시 등이 있(었)거나 들어설 장소, 또는 건물 등의 건설 현장[부지]를 나타냄
• **spot** 특정한 일이 일어나거나 특별한 특징이 있는 장소를 나타냄

0246 downtown
[dàuntáun]

(형) 도심의 (부) 도심에 (명) 번화가

They got lost in **downtown** Rome. 교과서
그들은 로마 **도심**에서 길을 잃어버렸다.

» **go[live] downtown** 도심에 가다[살다]

내신빈출

0247 indoor
[índɔ̀ːr]

(형) 실내의

I'll go **indoor** rock climbing. 교과서
나는 **실내** 암벽 등반을 하러 갈 것이다.

➕ indoors (부) 실내에(서)
🔄 outdoor (형) 야외의

indoor(실내의)와 indoors(실내에서)는 철자가 비슷해서 헷갈려요. 품사에 맞는 단어를 쓸 수 있는지 묻는 문제가 출제되므로 의미와 철자를 잘 기억하세요.

Q 괄호 안에서 알맞은 것을 고르시오.

If the weather is bad, choose an [**indoor** / indoors] activity.

답 indoor

0248 lawn
[lɔːn]

(명) 잔디(밭)

The dog dug up the **lawn**. 학평
그 개는 **잔디밭**을 파헤쳤다.

0249 yard
[jɑːrd]

(명) 마당, 뜰

There's a small pond in her **yard**.
그녀의 **마당**에는 작은 연못이 있다.

➕ backyard (명) 뒷마당, 뒤뜰

0250 pasture
[pǽstʃər]

(명) 초원, 목초지

Look at the horses in the **pasture**.
초원에 있는 말들을 봐.

0251 orchard
[ɔ́ːrtʃərd]

(명) 과수원

I'd like to introduce a fall harvest event in our
apple **orchard**. 학평
저는 우리 사과 **과수원**에서 열리는 가을 수확 행사를 소개하고
싶습니다.

0252 port
[pɔːrt]

(명) 항구, 항만

He waited for us at the **port**.
그는 **항구**에서 우리를 기다렸다.

🟰 harbor (명) 항구

0253 **drugstore**
[drʌ́gstɔ̀:r]

명 약국

Is there a **drugstore** near here?
이 근처에 **약국**이 있나요?

➕ drug 명 약품, 약
🟰 pharmacy 명 약국

VOCA TIP
미국의 drugstore에서는 약품뿐만
아니라 화장품, 잡지 등의 잡화와
간단한 음식도 취급해요.

0254 **cafeteria**
[kæfətíəriə]

명 구내식당

My aunt works at the school **cafeteria**. 교과서
나의 이모는 학교 **구내식당**에서 일한다.

0255 **shelter**
[ʃéltər]

명 피난처; 보호 시설

She adopted a cat from the animal **shelter**.
그녀는 동물 **보호소**에서 고양이를 입양했다.

▶ provide[give] shelter to ~에게 피난처를 제공하다

0256 **booth**
[bu:θ]

명 작은 공간, 부스

You can look around the **booths** over there.
교과서 너는 저쪽에 있는 **부스**들을 둘러볼 수 있다.

VOCA TIP
* ticket booth 매표소
* phone booth (공중)전화 부스
* voting booth 기표소

0257 **fountain**
[fáuntən]

명 분수

There is a beautiful **fountain** in front of the
building. 성취도
그 건물 앞에 아름다운 **분수**가 있다.

0258 **castle**
[kǽsl]

명 성(城), 성곽

He expected to see some old **castles** in France.
그는 프랑스에서 오래된 **성**들을 볼 수 있길 기대했다.

VOCA TIP
castle은 성 모양으로 지은 큰 저택
을 나타내기도 해요.

05 → **09** 10 15 20

0259 **address**
ⓝ [ǽdres]
ⓥ [ədrés]

ⓝ 주소 ⓥ 연설하다

Please write the **address** on the top. 교과서
맨 위에 **주소**를 써주세요.

VOCA TIP
* e-mail address 이메일 주소
* address the crowd
  군중에게 연설하다

0260 **structure**
[strʌ́ktʃər]

ⓝ 구조; 건축물

Our new school is designed to have an open **structure**. 교과서
우리의 새 학교는 개방적인 **구조**를 가지도록 설계되었다.

➕ structural ⓐ 구조의, 구조적인

 내신민출

0261 **roof**
[ru(:)f]

ⓝ 지붕

The **roof** was covered with grass.
교과서 그 **지붕**은 풀로 덮여 있었다.

▶ **live under the same roof** 한 지붕 아래에[한 집에] 살다

roof는 -f로 끝나는 명사지만 복수형을 만들 때 끝에 -s만 붙여요. f를 v로 고치고 -es를 붙이지 않는다는 점을 기억하세요.

Q 괄호 안에서 알맞은 것을 고르시오.

There are many old buildings with blue [roofs / rooves].

답 roofs

0262 **stair**
[stɛər]

ⓝ 계단

I'll go up the **stairs**. 듣기
나는 **계단**으로 올라갈 거야.

➕ upstairs ⓐ 위층으로 ⓝ 위층
  downstairs ⓐ 아래층으로 ⓝ 아래층

0263 **elevator**
[éləvèitər]

ⓝ 승강기, 엘리베이터

We got stuck in the **elevator** yesterday. 교과서
우리는 어제 **승강기**에 갇혔다.

VOCA TIP
'승강기'를 말할 때 미국에서는 주로 elevator로 표현하고, 영국에서는 lift로 표현해요.

0264 **chimney**
[tʃímni]

ⓝ 굴뚝

Black smoke rises from the factory **chimney**.
공장 **굴뚝**에서 검은 연기가 나온다.

0265 entrance
[éntrəns]

(명) 입구; 입장; 입학

There are some chairs near the **entrance**.
교과서 **입구** 근처에 몇 개의 의자가 있다.

➕ enter (동) 입장하다, 들어가다
↔ exit (명) 출구

VOCA TIP
* main entrance 중앙 출입구, 정문
* entrance fee 입장료, 입회비
* entrance exam 입학 시험

0266 ceiling
[síːliŋ]

(명) 천장

This house has a high **ceiling**.
이 집은 **천장**이 높다.

▶ from ceiling to floor 천장에서 바닥까지

0267 basement
[béismənt]

(명) 지하실, 지하(층)

Our cafeteria is located in the **basement**. 듣기
우리 구내식당은 **지하**에 위치해 있다.

0268 garage
[gərάːʤ]

(명) 차고

We're supposed to clean our **garage** today.
우리는 오늘 **차고**를 청소해야 한다.

VOCA TIP
garage sale은 자기 집 차고에서 하는, 중고 가구나 의류 등의 염가 판매를 말해요.

0269 brick
[brik]

(명) 벽돌

The people of ancient Egypt built mud-**brick** homes in village. 함평
고대 이집트 사람들은 마을에 진흙으로 만든 **벽돌** 집을 지었다.

0270 construct
[kənstrʌ́kt]

(동) 건설하다

It took a year to **construct** the bridge.
그 다리를 **건설하는** 데 1년이 걸렸다.

➕ construction (명) 건설, 공사 constructive (형) 건설적인
↔ destroy (동) 파괴하다

01 a _____ trip 현장 학습 — field _field_

02 next to the train _____ 기차역 옆에 — station

03 be produced in a _____ 공장에서 생산되다 — factory

04 a historical _____ 역사적인 장소 — site

05 a good _____ to take a break
휴식을 취할 좋은 장소 — spot

06 get lost in _____ Rome
로마 도심에서 길을 잃다 — downtown

07 _____ rock climbing 실내 암벽 등반 — indoor

08 dig up the _____ 잔디밭을 파헤치다 — lawn

09 a small pond in her _____
그녀의 마당에 있는 작은 연못 — yard

10 the horses in the _____ 초원에 있는 말들 — pasture

11 in our apple _____ 우리 사과 과수원에서 — orchard

12 at the _____ 항구에서 — port

13 a _____ near here 이 근처에 있는 약국 — drugstore

14 the school _____ 학교 구내식당 — cafeteria

15 the animal _____ 동물 보호소 — shelter

16 look around the _____s 부스들을 둘러보다

booth

17 a beautiful _____ 아름다운 분수

fountain

18 see the old _____ 오래된 성을 보다

castle

19 an e-mail _____ 이메일 주소

address

20 an open _____ 개방적인 구조

structure

21 the buildings with the blue _____s
파란 지붕의 건물들

roof

22 go up the _____s 계단으로 올라가다

stair

23 get stuck in the _____ 승강기에 갇히다

elevator

24 the factory _____ 공장 굴뚝

chimney

25 near the _____ 입구 근처에

entrance

26 from _____ to floor 천장에서 바닥까지

ceiling

27 a cafeteria in the _____ 지하에 있는 구내식당

basement

28 clean our _____ 우리의 차고를 청소하다

garage

29 build mud-_____ homes 진흙 벽돌 집을 짓다

brick

30 _____ the bridge 다리를 건설하다

construct

		Check
0241 **field**	똉 들판; 분야; 현장; 경기장	☐
0242 **station**	똉 역; 정거장; (관공)서; 방송국	☐
0243 **factory**	똉 공장	☐
0244 **site**	똉 장소; 현장; (인터넷) 사이트	☐
0245 **spot**	똉 장소; 반점	☐
0246 **downtown**	똉 도심의 뫼 도심에 똉 번화가	☐
0247 **indoor**	똉 실내의	☐
0248 **lawn**	똉 잔디(밭)	☐
0249 **yard**	똉 마당, 뜰	☐
0250 **pasture**	똉 초원, 목초지	☐
0251 **orchard**	똉 과수원	☐
0252 **port**	똉 항구, 항만	☐
0253 **drugstore**	똉 약국	☐
0254 **cafeteria**	똉 구내식당	☐
0255 **shelter**	똉 피난처; 보호 시설	☐

		Check
0256 **booth**	똉 작은 공간, 부스	☐
0257 **fountain**	똉 분수	☐
0258 **castle**	똉 성(城), 성곽	☐
0259 **address**	똉 주소 똉 연설하다	☐
0260 **structure**	똉 구조; 건축물	☐
0261 **roof**	똉 지붕	☐
0262 **stair**	똉 계단	☐
0263 **elevator**	똉 승강기, 엘리베이터	☐
0264 **chimney**	똉 굴뚝	☐
0265 **entrance**	똉 입구; 입장; 입학	☐
0266 **ceiling**	똉 천장	☐
0267 **basement**	똉 지하실, 지하(층)	☐
0268 **garage**	똉 차고	☐
0269 **brick**	똉 벽돌	☐
0270 **construct**	똉 건설하다	☐

외우지 않은 단어가 있으면 미니 단어장에서 다시 한번 정리해 보세요.

음식, 요리, 식당

📖 오늘 학습할 단어를 공부하고, 가리개를 사용해서 암기해 보세요.

0271 **noodle**
[núːdl] □□

명 국수, 면

We use chopsticks to eat **noodles**.
우리는 **국수**를 먹기 위해 젓가락을 사용한다.

0272 **seafood**
[síːfùːd] □□

명 해산물

We had **seafood** fried rice for dinner. 교과서
우리는 저녁식사로 **해산물** 볶음밥을 먹었다.

0273 **pepper**
[pépər] □□

명 후추; 고추

My sister put some **pepper** on the turkey.
내 여동생은 칠면조에 **후추**를 약간 뿌렸다.

> **VOCA TIP**
> pepper는 후추류나 고추류를 모두 말하지만 보통 '후추'로 쓰이고, '고추'는 chilli (pepper), red[hot] pepper 등으로 많이 표현해요.

How Different

0274 **meal**
[miːl] □□

명 식사, 끼니

How about turning off your phone during **meals**? 교과서
식사 시간 동안 전화기를 끄는 것은 어떠니?
➡ **skip meals** 끼니를 거르다

0275 **diet**
[dáiət] □□

명 식사; 식단; 식습관

A balanced **diet** will keep you healthy. 교과서
균형 잡힌 **식단**은 여러분을 건강하게 유지시켜줄 것이다.
➡ **go on a diet** 식이요법[다이어트]을 하다

• meal 아침, 점심, 저녁의 식사 시간에 먹는 끼니를 나타냄
• diet 일상적으로 먹는 음식이나, 체중 감량 등을 위한 식단(다이어트) 및 식이요법을 나타냄

> **VOCA TIP**
> 영국에서는 주로 flavour라고 써요.

0276 **flavor**
[fléivər] □□

명 맛, 풍미

Smells can affect **flavors** of food. 학평
냄새는 음식의 **맛**에 영향을 줄 수 있다.
🟰 **taste** 명 맛

0277 appetizer
[ǽpitàizər]

명 애피타이저, 식욕을 돋우는 것

We usually eat a salad as an **appetizer**. 교과서

우리는 주로 **애피타이저**로 샐러드를 먹는다.

0278 dessert
[dizə́:rt]

명 디저트, 후식

Robin made various Italian dishes and **desserts**. 교과서

Robin은 다양한 이탈리아 요리와 **디저트**를 만들었다.

> **VOCA TIP**
> 디저트는 식사의 마지막 코스에 제공되는 음식으로, 미국에서는 파이, 푸딩, 과자류, 아이스크림 등이 나와요.

0279 chew
[tʃuː]

동 씹다

Why is **chewing** ice bad for your teeth? 교과서

얼음을 **씹는** 것은 왜 치아에 해로울까?

0280 swallow
[swálou]

동 삼키다

He **swallowed** the tablet with water.

그는 물과 함께 알약을 **삼켰다**.

>> **swallow one's word** 말을 취소하다

> **VOCA TIP**
> swallow는 '제비'를 뜻하기도 하는데요, One swallow doesn't make a summer.(제비 한 마리가 왔다고 여름이 온 것은 아니다.)가 대표적인 격언이에요.

0281 bite
[bait]

명 한 입; 물린 상처 동 물다

I took a **bite** of the bread.

나는 빵을 **한 입** 베어 먹었다.

>> **take a bite of** ~을 한 입 먹다

> **VOCA TIP**
> * an insect bite 벌레 물린 상처
> * bite an apple 사과를 베어 물다

0282 recipe
[résəpì:]

명 요리법, 레시피

Let me share my **recipe** for pumpkin pie. 교과서

제 호박 파이의 **요리법**을 공유해 드릴게요.

0283 plate
[pleit]

(명) 접시

I finish all of the food on my **plate**. 교과서
나는 내 **접시**에 있는 음식을 다 먹는다.

>> **a plate of** 한 접시의 ~

0284 ingredient
[ingríːdiənt]

(명) 재료, 성분

This food is made with healthy **ingredients**.
교과서 이 음식은 건강에 좋은 **재료**로 만들어진다.

= **element** (명) 요소, 성분

내신 빈출

0285 slice
[slais]

(명) (얇게 썬) 조각 (동) (얇게) 썰다

Add the apple **slices** and nuts in yogurt. 교과서
사과 **조각**과 견과류를 요거트에 추가하세요.

물질명사인 bread, cheese 등은 단위명사 slice를 이용해 a slice of(~ 한 조각), two slices of(~ 두 조각) 등으로 수량을 나타내요. 복수인 경우 slice에 s를 붙인다는 것을 기억하세요.

Q 우리말과 일치하도록 빈칸에 알맞은 말을 쓰시오.

| She placed the meat between _____ _____ _____ bread. |
| (그녀는 두 조각의 빵 사이에 고기를 넣었다.) |

답 two slices of

0286 fry
[frai]

(동) 튀기다

I will **fry** some chicken for our dinner. 듣기
나는 우리 저녁으로 닭을 **튀길** 거야.

+ **fried** (형) 기름에 튀긴

0287 pot
[pɑt]

(명) (깊은) 냄비; 단지

She put a **pot** with a glass lid on the stove.
학평 그녀는 유리 뚜껑이 있는 **냄비**를 스토브 위에 올렸다.

0288 pan
[pæn]

(명) (얇은) 냄비, 팬

The oil in the **pan** caught on fire. 교과서
팬에 있는 기름에 불이 붙었다.

0289 chef
[ʃef]

몡 요리사, 주방장

This dish was created by our head **chef**.
이 요리는 저희 수석 **주방장**이 만들었습니다.

➤ chef's special 주방장 특선[추천] 요리

VOCA TIP
chef는 특히 식당, 호텔 등에서 전문적으로 요리를 하는 사람을 가리키고, cook은 요리를 하는 모든 사람을 칭하는 말이에요.

0290 mix
[miks]

통 섞다, 혼합하다 몡 혼합(물)

Mix sugar and water to make syrup. 교과서
설탕과 물을 **섞어서** 시럽을 만드세요.

➤ mix A and[with] B A와 B를 섞다

➕ mixture 몡 혼합(물)

0291 boil
[bɔil]

통 끓다, 끓이다

The soup is **boiling** in the pot.
냄비에서 국이 **끓고** 있다.

➤ boiling 혱 (날씨가) 몹시 더운, 푹푹 찌는

0292 pour
[pɔːr]

통 붓다, 따르다; (비가) 쏟아지다

He **poured** cold water in the cup. 교과서
그는 컵에 찬 물을 **따랐다**.

VOCA TIP
* pour the sauce 소스를 붓다
* rain pours down 비가 쏟아지다

0293 peel
[piːl]

통 (껍질을) 벗기다 몡 껍질

I **peeled** the kiwis and sliced them.
학평 나는 키위의 **껍질을 벗기고** 잘게 썰었다.

0294 bowl
[boul]

몡 (우묵한) 그릇

Laura ate a **bowl** of chicken soup. 교과서
Laura는 닭고기 수프 한 **그릇**을 먹었다.

➤ a bowl of 한 그릇[사발]의 ~

0295 jar
[dʒɑːr]

명 병; 단지

He's taking a jam **jar** from the shelf.
그는 선반에서 잼 **병**을 꺼내고 있다.

VOCA TIP
jar는 입구가 넓고 뚜껑이 있는, 유리나 질그릇으로 된 저장용 용기를 가리켜요.

0296 flour
[fláuər]

명 밀가루, (곡물) 가루

Slowly add the **flour** to the bowl and mix well.
교과서 그릇에 **밀가루**를 추가로 천천히 넣고 잘 섞으세요.

0297 spoonful
[spúːnfùl]

명 한 숟가락

I put a **spoonful** of honey in the tea.
나는 차에 한 **숟가락**의 꿀을 넣었다.

» **a spoonful of** 한 숟가락의 ~

VOCA TIP
spoonful은 형용사인 cheerful, beautiful처럼 -ful로 끝나지만 spoonful의 품사는 '명사'예요.

0298 wipe
[waip]

동 닦다

She **wiped** the table with a dish cloth.
그녀는 행주로 식탁을 **닦았다**.

» **wipe tears from the eyes** 눈에서 눈물을 닦다
🟰 clean 동 닦다. 청소하다

0299 serve
[səːrv]

동 (음식을) 제공하다, (식사) 시중을 들다

Your dessert will be **served** soon. 교과서
디저트가 곧 **제공될** 겁니다.

➕ service 명 서비스; 봉사
   server 명 (식사) 시중드는 사람; (컴퓨터) 서버
🟰 provide 동 제공하다, 주다

VOCA TIP
serve에는 '봉사하다; (군인 등으로서) 복무하다; (테니스 등의) 서브를 넣다' 등의 다양한 의미가 있어요.

내신 빈출

0300 straw
[strɔː]

명 빨대; 짚

I decided not to use plastic **straws**. 교과서
나는 플라스틱 **빨대**를 사용하지 않기로 결심했다.

straw는 우리가 흔히 알고 있는 '빨대'의 의미도 있지만, '짚'이라는 의미도 있어요. 문맥에 맞게 해석할 수 있도록 의미들을 익혀두세요.

Q 밑줄 친 부분의 뜻으로 알맞은 것을 〈보기〉에서 고르시오.

┌─ 보기 ─┐
ⓐ 빨대 ⓑ 짚
└────────┘

1. She had a straw hat on. (   )
2. He drank juice with a straw. (   )

답 1. ⓑ 2. ⓐ

01 use chopsticks to eat _____s   noodle   noodle
국수를 먹기 위해 젓가락을 사용하다

02 _____ fried rice 해산물 볶음밥   seafood

03 put some _____ 후추를 약간 뿌리다   pepper

04 skip _____s 끼니를 거르다   meal

05 a balanced _____ 균형 잡힌 식단   diet

06 affect _____s of food 음식의 맛에 영향을 주다   flavor

07 a salad as an _____ 애피타이저로의 샐러드   appetizer

08 make various _____s 다양한 후식을 만들다   dessert

09 _____ ice 얼음을 씹다   chew

10 _____ the tablet 알약을 삼키다   swallow

11 take a _____ of the bread 빵을 한 입 베어 먹다   bite

12 a _____ for pumpkin pie 호박 파이 요리법   recipe

13 the food on my _____ 내 접시에 있는 음식   plate

14 healthy _____s 건강에 좋은 재료   ingredient

15 add the apple _____s 사과 조각을 추가하다   slice

16 _____ some chicken 닭을 튀기다

fry

17 put a _____ on the stove

냄비를 스토브 위에 올리다

pot

18 the oil in the _____ 팬에 있는 기름

pan

19 _____'s special 주방장 특선 요리

chef

20 _____ sugar and water 설탕과 물을 섞다

mix

21 _____ soup in the pot 냄비에서 수프를 끓이다

boil

22 _____ cold water 찬 물을 붓다

pour

23 _____ the kiwis 키위의 껍질을 벗기다

peel

24 a _____ of chicken soup 닭고기 수프 한 그릇

bowl

25 take a jam _____ from the shelf

선반에서 잼 병을 꺼내다

jar

26 add the _____ 밀가루를 추가하다

flour

27 a _____ of honey 꿀 한 숟가락

spoonful

28 _____ the table 식탁을 닦다

wipe

29 _____ dessert 디저트를 제공하다

serve

30 use plastic _____s 플라스틱 빨대를 사용하다

straw

오늘 학습한 단어와 뜻을
최종적으로 암기했는지 확인하세요!

		Check
0271 **noodle**	명 국수, 면	
0272 **seafood**	명 해산물	
0273 **pepper**	명 후추; 고추	
0274 **meal**	명 식사, 끼니	
0275 **diet**	명 식사; 식단; 식습관	
0276 **flavor**	명 맛, 풍미	
0277 **appetizer**	명 애피타이저, 식욕을 돋우는 것	
0278 **dessert**	명 디저트, 후식	
0279 **chew**	동 씹다	
0280 **swallow**	동 삼키다	
0281 **bite**	명 한 입; 물린 상처 동 물다	
0282 **recipe**	명 요리법, 레시피	
0283 **plate**	명 접시	
0284 **ingredient**	명 재료, 성분	
0285 **slice**	명 (얇게 썬) 조각 동 (얇게) 썰다	

		Check
0286 **fry**	동 튀기다	
0287 **pot**	명 (깊은) 냄비; 단지	
0288 **pan**	명 (얕은) 냄비, 팬	
0289 **chef**	명 요리사, 주방장	
0290 **mix**	동 섞다, 혼합하다 명 혼합(물)	
0291 **boil**	동 끓다, 끓이다	
0292 **pour**	동 붓다, 따르다; (비가) 쏟아지다	
0293 **peel**	동 (껍질을) 벗기다 명 껍질	
0294 **bowl**	명 (우묵한) 그릇	
0295 **jar**	명 병; 단지	
0296 **flour**	명 밀가루, (곡물) 가루	
0297 **spoonful**	명 한 숟가락	
0298 **wipe**	동 닦다	
0299 **serve**	동 (음식을) 제공하다, (식사) 시중을 들다	
0300 **straw**	명 빨대; 짚	

외우지 않은 단어가 있으면 미니 단어장에서 다시 한번 정리해 보세요.

Wrap Up

DAY 06 ~ 10

☑ANSWERS p. 396

A 영어는 우리말로, 우리말은 영어로 쓰시오.

01 emotion _____

02 deny _____

03 conversation _____

04 cafeteria _____

05 recipe _____

06 chef _____

07 gesture _____

08 hesitate _____

09 concentrate _____

10 bother _____

11 동정(심); 공감 _____

12 추측하다, 가정하다 _____

13 소개하다; 도입하다 _____

14 국수, 면 _____

15 끓다, 끓이다 _____

16 사과하다 _____

17 반응하다 _____

18 실내의 _____

19 과수원 _____

20 빨대; 짚 _____

B 〈보기〉에서 알맞은 단어를 골라 문장을 완성하시오.

> ┌─보기─
> respect   regret   disagree   construct   chat
> └─

01 I _____ that I didn't tell him the truth.

02 They _____ with my opinion.

03 You should _____ others' opinions.

04 They sat down to _____ after lunch.

05 It took a year to _____ the bridge.

C 우리말과 일치하도록 빈칸에 알맞은 말을 쓰시오.

01 내 여동생은 칠면조에 후추를 약간 뿌렸다.
   ⇨ My sister put some _____ on the turkey.

02 나는 그 음식의 질에 실망했다.
   ⇨ I'm _____ with the quality of the food.

03 그녀는 동물 보호소에서 고양이를 입양했다.
   ⇨ She adopted a cat from the animal _____.

04 당신은 각 단계를 여러 번 반복할 수 있다.
   ⇨ You can _____ each step many times.

05 그녀는 자신의 고향에 대한 감정을 표현하고 싶었다.
   ⇨ She wanted to _____ her feelings about her hometown.

D 영영풀이에 해당하는 단어를 〈보기〉에서 골라 쓰시오.

〈보기〉

| drugstore | pot | seafood | orchard | roof |

01 sea creatures that you can eat: _____

02 the structure that covers the top of a building: _____

03 a container used for cooking which is round and deep: _____

04 a shop where you can buy medicines: _____

05 a place where fruit trees are grown: _____

교과서 필수 단어 확인하기

01 사람의 외모를 나타내는 단어가 <u>아닌</u> 것은? 🔗 DAY 02. 03

① blonde   ② bald   ③ skinny

④ confident   ⑤ slim

02 우리말과 일치하도록 할 때, 빈칸에 알맞은 것은? 🔗 DAY 01

> 그는 어린 시절에 체육을 가장 좋아했다.
> = He loved P.E. the most in his _____.

① senior   ② adult

③ neighbor   ④ childhood

⑤ friendship

03 짝지어진 단어의 관계가 나머지와 <u>다른</u> 것은? 🔗 DAY 01. 08

① float – sink   ② reply – answer

③ appear – disappear   ④ push – pull

⑤ negative – positive

04 빈칸에 알맞은 단어를 〈보기〉에서 골라 쓰시오. 🔗 DAY 07. 08. 09. 10

┌ 보기 ┐

fry   quickly   object   address   compare

(1) I will _____ some chicken for our dinner.

(2) Many people _____ to animal testing.

(3) Please write the _____ on the top.

(4) They wanted to think and move more _____.

(5) Don't _____ yourself to others.

[05-06] 빈칸에 공통으로 알맞은 것을 고르시오. DAY 01, 06

05

• I would never _____ to you.

• Don't _____ down on the green grass.

① pull　　　　　　② lie　　　　　　③ push

④ touch　　　　　⑤ fold

06

• I _____ all of you a lot.

• If you don't leave now, you'll _____ the plane.

① bother　　　　　② regret　　　　　③ miss

④ taste　　　　　　⑤ stare

07 (A)와 (B)에서 알맞은 말을 각각 골라 쓰시오. DAY 05

I like (A) (detect / detective) stories, and I want to (B) (become / approach) a writer.

(A) _____　(B) _____

08 우리말과 일치하도록 주어진 단어를 배열하여 문장을 완성하시오. DAY 04

나는 취업할 것이 정말 걱정된다.

(pretty, a job, I'm, about, getting, anxious)

➔ _____

의복, 패션

📖 오늘 학습할 단어를 공부하고, 가리개를 사용해서 암기해 보세요.

0301 fashion
[fǽʃən]

명 패션

You don't have to follow **fashion** trends to look stylish. 성취도

세련되게 보이기 위해 **패션** 트렌드를 따라갈 필요는 없다.

내신빈출

0302 clothes
[klouðz]

명 옷, 의복

The shoes didn't match his new **clothes**. 교과서

그 신발은 그의 새 **옷**과 어울리지 않았다.

➕ cloth 명 옷감, 천   clothing 명 (집합적) 옷, 의류

clothes는 항상 복수 취급해요. 의미가 '옷, 의복'이라서 단수로 착각하기 쉬워서 학교 시험에 자주 출제되니 유의하세요.

Q 괄호 안에서 알맞은 것을 고르시오.

Her clothes [is / are] out of style.

답 are

0303 special
[spéʃəl]

형 특별한

He only wears the coat on **special** days. 교과서

그는 그 코트를 **특별한** 날에만 입는다.

↔ ordinary 형 평범한, 보통의

VOCA TIP

special은 특별한 특이성을, unique는 유일무이한 고유성을 강조해요.

0304 unique
[juːníːk]

형 독특한, 고유의

Her dress is **unique** and beautiful. 교과서

그의 재킷은 독특하고 **아름답다**.

↔ common 형 흔한, 일반적인

VOCA TIP

* space suit 우주복
* wet suit 잠수복
* ski suit 스키복

0305 suit
[suːt]

명 정장; ~옷[복] 동 ~에 어울리다

My uncle was wearing a **suit** for an interview.
교과서 나의 삼촌은 면접을 위해 **정장**을 입고 있었다.

➕ suitable 형 적합한, 어울리는

0306 swimsuit
[swímsùːt]

명 수영복

A small boy had on an old **swimsuit**. 학평

한 어린 소년이 낡은 **수영복**을 입고 있었다.

0307
image
[ímidʒ]

(명) 이미지, 인상

I want them to build a positive body **image**.
(교과서) 나는 그들이 긍정적인 신체 **이미지**를 형성하기를 바란다.
➕ imagery (명) 형상화

0308
simple
[símpl]

(형) 단순한; 간단한

The design of the bag is **simple** and cool. (교과서)
그 가방의 디자인은 **단순하고** 멋지다.
↔ fancy (형) 화려한   complex (형) 복잡한

0309
plain
[plein]

(형) 무늬가 없는, 수수한

She prefers the **plain** boots more.
그녀는 **무늬가 없는** 부츠를 더 선호한다.
= simple (형) 단순한

0310
pattern
[pǽtərn]

(명) 무늬; 양식, 패턴

His sweater has a star **pattern**. (교과서)
그의 스웨터에는 별**무늬**가 있다.

0311
loose
[luːs]

(형) 헐렁한; 느슨한

On long flights, wear **loose** clothes and comfortable shoes.
긴 비행에서는 **헐렁한** 옷과 편안한 신발을 신어라.

0312
tight
[tait]

(형) 꽉 조이는

The jeans are too **tight** for me. (교과서)
그 청바지는 나에게 너무 **꽉 낀다**.
➕ tighten (동) 조이다
↔ loose (형) 헐렁한, 느슨한

0313 strange
[streindʒ]

형 이상한; 낯선

She put on a **strange** dress to get herself noticed.
그녀는 주목을 받으려고 **이상한** 드레스를 입었다.

➕ stranger 명 낯선 사람, 이방인

0314 normal
[nɔ́ːrməl]

형 평범한, 정상적인; 표준의

She looks totally different in her **normal** clothes.
그녀가 **평범한** 옷[사복]을 입으니 완전히 달라 보인다.

➕ norm 명 표준, 기준　normally 부 보통
↔ abnormal 형 비정상적인

VOCA TIP
* normal blood pressure
　정상 혈압
* normal rainfall 표준 강우량

0315 costume
[kástjuːm]

명 복장, 의상

He wore a king's **costume** in the play.
그는 연극에서 왕의 **복장**을 했다.

VOCA TIP
costume은 특정 지역, 시대, 계급 등의 특유한 옷차림이나, 연극, 무도회 등에서 입는 의상을 나타내요.

0316 mask
[mæsk]

명 마스크; 가면

To avoid yellow dust, wear a fine dust **mask**.
황사를 피하려면 미세먼지 **마스크**를 쓰세요.

How Different

0317 wallet
[wálit]

명 지갑

He carried a family photo in his **wallet**. 교과서
그는 자신의 **지갑**에 가족사진을 가지고 다녔다.

0318 purse
[pəːrs]

명 지갑, 핸드백

I left my **purse** at the bus stop. 학평
나는 **지갑**을 버스 정류장에 두고 왔다.

• wallet 일반적으로 지폐를 넣는 지갑을 나타냄
• purse 영국에서 주로 여성용 지갑을 나타내며, 미국에서는 주로 여성들이 들고 다니는 핸드백을 나타냄

05 — 11 15 20

0319 tie
[tai]

명 넥타이; 끈 동 매다, 묶다

The man was wearing a **tie** in the dress room.
성취도 그 남자는 분장실에서 **넥타이**를 매고 있었다.

🔄 untie 동 (묶은 것 등을) 풀다

0320 jewelry
[dʒúːəlri]

명 장신구, 보석류

She wears a lot of gold **jewelry**.
그녀는 금으로 된 **장신구**를 많이 걸치고 다닌다.

➕ jewel 명 보석

> **VOCA TIP**
> 영국에서는 jewellery가 더 흔히 쓰여요. jewelry는 집합적인 보석류를 나타내고, 개인이 가지고 있는 보석은 jewel로 써요.

0321 powder
[páudər]

명 (화장품) 파우더; 가루

She put on **powder** all over her face.
그녀는 얼굴 전체에 **파우더**를 발랐다.

0322 fabric
[fǽbrik]

명 천, 직물

They sewed small pieces of **fabric** together.
교과서 그들은 작은 **천** 조각들을 꿰매 붙였다.

🟰 material 명 천, 직물; 재료

> **VOCA TIP**
> fabric은 보통 커튼이나 소파 재료 등으로 쓰이는 짜임이 튼튼한 직물을 뜻하고, cloth는 비교적 가벼운 직물로 인공적인 처리가 안 된 것을 의미해요.

0323 cotton
[kátn]

명 면직물; 목화, 솜

I'm looking for a long **cotton** scarf. 교과서
저는 길이가 긴 **면** 스카프를 찾고 있어요.

0324 fur
[fəːr]

명 (동물의) 털, 모피

They decided not to buy the **fur** coat.
그들은 그 **털** 코트를 사지 않기로 결정했다.

➕ furry 형 털로 덮인, 털 같은

0325 **bare**
[bɛər]

(형) 맨-, 벌거벗은

Her **bare** face is so pretty.
그녀의 **맨**얼굴은 정말 예쁘다.

➕ barefoot (형) 맨발의 (부) 맨발로
🟰 naked (형) 벌거벗은

내신빈출

0326 **fit**
[fit]

(동) 맞다, 적합하다   (형) 알맞은, 건강한

This shirt **fit**s me well! 성취도
이 셔츠는 나에게 잘 **맞아요**!

'(옷 등이) 꼭 맞다'라는 의미로 쓰이는 fit은 진행형으로 쓸 수 없어요. 이런 fit의 쓰임을 묻는 문제가 자주 출제 되고 있어요.

Q 괄호 안에서 알맞은 것을 고르시오.

The blouse [**fits** / is fitting] her perfectly.

답 fits

> **VOCA TIP**
> fit은 보통 체형에 맞는다는 의미이고, '옷, 색깔 등이 사람에게 맞다, 어울리다'라는 의미는 become이나 suit을 써요. 또한 '색깔 등이 옷에 맞다, 어울리다'라는 의미는 match를 써요.

0327 **item**
[áitem]

(명) 물품, 품목

The store has many interesting fashion **items**.
교과서 그 가게에는 흥미로운 패션 **물품**들이 많이 있다.

0328 **useful**
[júːsfəl]

(형) 유용한, 쓸모 있는

Can I get more **useful** information about the designer? 교과서
그 디자이너에 대해 좀 더 **유용한** 정보를 얻을 수 있을까요?

🟰 helpful (형) 유용한

0329 **valuable**
[væljuəbl]

(형) 귀중한, 가치가 큰

I received a **valuable** ring from her. 교과서
나는 그녀에게서 **귀중한** 반지를 받았다.

➕ value (명) 가치
↔ worthless, valueless (형) 가치 없는

> **VOCA TIP**
> valuable은 유용성, 효과 등의 면에서 가치가 있거나, 금전적 가치가 큰 것을 나타내요.

0330 **precious**
[préʃəs]

(형) 귀중한, 값비싼

He broke the **precious** vase by mistake. 교과서
그는 실수로 그 **귀중한** 꽃병을 깼다.

🟰 valuable (형) 귀중한, 가치가 큰

> **VOCA TIP**
> precious는 희귀해서 금전적 가치를 지닌 것이나, 금전으로 환산할 수 없을 만큼 귀중한 것을 나타내요.
> * precious memories 귀중한 추억
> * precious child
>   사랑하는[귀여운] 아이

Use Words

빈칸을 채우며 단어를 외우고, 쓰면서 한 번 더 익히세요.

01 follow _____ trends 패션 트렌드를 따르다   fashion   fashion

02 match his new _____ 그의 새 옷과 어울리다   clothes

03 on _____ days 특별한 날에   special

04 _____ and beautiful 독특하고 아름다운   unique

05 wear a _____ 정장을 입다   suit

06 an old _____ 낡은 수영복   swimsuit

07 a positive body _____ 긍정적인 신체 이미지   image

08 _____ and cool 단순하고 멋진   simple

09 the _____ boots 무늬가 없는 부츠   plain

10 a star _____ 별무늬   pattern

11 wear _____ clothes 헐렁한 옷을 입다   loose

12 too _____ for me 나에게 너무 꽉 끼는   tight

13 a _____ dress 이상한 드레스   strange

14 in _____ clothes 평범한 옷을 입고   normal

15 wear a king's _____ 왕의 복장을 하다   costume

16 a fine dust _____ 미세먼지 마스크

mask _____

17 carry a family photo in his _____
그의 지갑에 가족사진을 가지고 다니다

wallet _____

18 leave my _____ at the bus stop
내 지갑을 버스 정류장에 두고 오다

purse _____

19 wear a _____ 넥타이를 매다

tie _____

20 a lot of gold _____ 금으로 된 많은 장신구

jewelry _____

21 put on _____ all over the face
얼굴 전체에 파우더를 바르다

powder _____

22 small pieces of _____ 작은 천 조각들

fabric _____

23 a long _____ scarf 긴 면 스카프

cotton _____

24 a _____ coat 털 코트

fur _____

25 her _____ face 그녀의 맨얼굴

bare _____

26 _____ me well 나에게 잘 맞다

fit _____

27 fashion _____s 패션 물품들

item _____

28 get _____ information 유용한 정보를 얻다

useful _____

29 receive a _____ ring 귀중한 반지를 받다

valuable _____

30 break the _____ vase 귀중한 꽃병을 깨다

precious _____

		Check				Check
0301 **fashion**	몡 패션	☐	0316 **mask**	몡 마스크; 가면		☐
0302 **clothes**	몡 옷, 의복	☐	0317 **wallet**	몡 지갑		☐
0303 **special**	혱 특별한	☐	0318 **purse**	몡 지갑, 핸드백		☐
0304 **unique**	혱 독특한, 고유의	☐	0319 **tie**	몡 넥타이; 끈 동 매다, 묶다		☐
0305 **suit**	몡 정장; ~옷[복] 동 ~에 어울리다	☐	0320 **jewelry**	몡 장신구, 보석류		☐
0306 **swimsuit**	몡 수영복	☐	0321 **powder**	몡 (화장품) 파우더; 가루		☐
0307 **image**	몡 이미지, 인상	☐	0322 **fabric**	몡 천, 직물		☐
0308 **simple**	혱 단순한; 간단한	☐	0323 **cotton**	몡 면직물; 목화, 솜		☐
0309 **plain**	혱 무늬가 없는, 수수한	☐	0324 **fur**	몡 (동물의) 털, 모피		☐
0310 **pattern**	몡 무늬; 양식, 패턴	☐	0325 **bare**	혱 맨-, 벌거벗은		☐
0311 **loose**	혱 헐렁한; 느슨한	☐	0326 **fit**	동 맞다, 적합하다 혱 알맞은; 건강한		☐
0312 **tight**	혱 꽉 조이는	☐	0327 **item**	몡 물품, 품목		☐
0313 **strange**	혱 이상한; 낯선	☐	0328 **useful**	혱 유용한, 쓸모 있는		☐
0314 **normal**	혱 평범한, 정상적 인; 표준의	☐	0329 **valuable**	혱 귀중한, 가치가 큰		☐
0315 **costume**	몡 복장, 의상	☐	0330 **precious**	혱 귀중한, 값비싼		☐

외우지 않은 단어가 있으면 미니 단어장에서 다시 한번 정리해 보세요.

DAY 12

쇼핑, 소비

듣고 발음을 익혀보자!

오늘 학습할 단어를 공부하고, 가리개를 사용해서 암기해 보세요.

내신빈출

0331 □□ **spend** [spend]

[동] (돈·시간·에너지 등을) 쓰다

I **spent** all of my money on shopping. [교과서]
나는 쇼핑에 모든 돈을 **써버렸다**.

[+] **spending** [명] 소비, 지출

<spend+돈/시간+(on/in) -ing>는 '~하면서 (돈/시간)을 쓰다/보내다'라는 의미를 나타내요. 이때 <동명사 + -ing> 형태를 알맞게 쓸 수 있는지 묻는 문제가 자주 출제 되고 있어요.

[Q] 괄호 안에서 알맞은 것을 고르시오.

He spent her whole life **[to look / looking]** after the poor.

[답] looking

0332 □□ **consume** [kənsúːm]

[동] 소비하다

Koreans **consume** a great amount of pork.
한국 사람들은 많은 양의 돼지고기를 **소비한다**.

[+] **consumption** [명] 소비 **consumer** [명] 소비자
[↔] **produce** [동] 생산하다

0333 □□ **purchase** [pə́ːrtʃəs]

[명] 구매 [동] 구매하다

We really appreciate your **purchase**. [학평]
귀하의 **구매**에 정말 감사드립니다.

[+] **purchaser** [명] 구매자

VOCA TIP
purchase는 buy보다 격식 있는 말로, 생활용품 구입에는 보통 buy를 많이 사용해요.

0334 □□ **sell** [sel]

[동] 판매하다, 팔다

They'll **sell** the necklaces at the flea market.
그들은 벼룩시장에서 목걸이를 **팔** 것이다.

[+] **seller** [명] 판매자
[↔] **buy, purchase** [동] 사다, 구매하다

VOCA TIP
sell의 과거형인 sold와 out이 합쳐진 sold out은 특정 상품이나 티켓 등이 '다 팔린[매진된, 품절의]'의 의미를 나타내요.

0335 □□ **customer** [kʌ́stəmər]

[명] 고객, 손님

Many **customers** were unhappy with the services. [교과서]
많은 **고객들**이 서비스에 대해 불만족스러워했다.

VOCA TIP
* customer service 고객 서비스
* customer satisfaction 고객 만족
* attract customers 손님을 끌다

0336 □□ **cart** [kaːrt]

[명] 수레, 카트

The market was busy with many **carts**. [교과서]
그 시장은 많은 **수레**들로 붐볐다.

0337
prefer
[prifɔ́ːr]

(동) 더 좋아하다, 선호하다

I **prefer** white shoes to black ones. 교과서
나는 검정색 신발보다 흰색 신발을 **더 좋아한다**.

» **prefer A to B** B보다 A를 더 좋아하다
➕ **preference** (명) 선호

prefer를 사용하여 'B보다 A를 더 좋아하다'라는 의미를 나타낼 때는 than이 아닌 전치사 to를 사용하여 <prefer A to B>로 표현해요.

Q 우리말과 일치하도록 밑줄 친 부분을 바르게 고치시오.

> She prefers seafood than meat.
> (그녀는 고기보다 해산물을 더 좋아한다.)

답 to

0338
pick
[pik]

(동) 고르다; (과일·꽃 등을) 따다

She **picked** out a dress for tonight.
그녀는 오늘 밤에 입을 드레스를 **골랐다**.

» **pick up** ~을 집다; ~을 태우러 가다; ~을 찾아오다

0339
choice
[tʃɔis]

(명) 선택(권)

He sometimes makes some foolish spending **choices**. 학평
그는 때때로 바보 같은 소비 **선택**을 한다.

» **have no choice but to** ~할 수밖에 없다
➕ **choose** (동) 선택하다

0340
option
[ápʃən]

(명) 선택, 옵션

We have two **options**, a full-day ticket and a half-day ticket. 학평
우리에게는 두 가지 **선택지**가 있는데, 하나는 전일권이고 다른 하나는 반일권이다.

➕ **optional** (형) 선택의, 임의의
➖ **choice** (명) 선택, 선택권

VOCA TIP
option은 선택할 수 있는 자유와 특권을 강조하고, choice는 선택 행위를 강조하는 것으로 선택할 기회를 암시해요.

0341
pay
[pei]

(동) 지불하다 (명) 급료

I'd like to **pay** by credit card. 듣기
신용 카드로 **지불할게요**.

» **pay for** ~에 대해 대가를 지불하다
➕ **payment** (명) 지불, 지급

0342
check
[tʃek]

(동) 확인[점검]하다 (명) 점검; 수표

You can **check** the prices on this website. 학평
너는 이 웹사이트에서 가격을 **확인할 수 있다**.

» **check out** ~을 확인[조사]하다; ~을 대출받다

VOCA TIP
* traveler's check 여행자 수표
* blank check 백지 수표; 자유재량
* check-in[out]
  (호텔의) 체크인[아웃]
* check-up 건강 검진

0343 change
[tʃeindʒ]

명 거스름돈; 변화 동 바꾸다

My father let me keep the **change**.
아빠는 내가 **거스름돈**을 가지게 해주셨다.

➕ changeable 형 변하기 쉬운, 변덕이 심한

0344 bill
[bil]

명 계산서; 청구서, 고지서

Can I have the **bill**, please? 교과서
계산서 좀 갖다 주시겠어요?

≫ the electricity[gas] bill 전기[가스] 요금 고지서

0345 receipt
[risíːt]

명 영수증

You can't get a refund without a **receipt**. 학평
영수증이 없으면 환불을 받을 수 없습니다.

0346 expensive
[ikspénsiv]

형 (값이) 비싼

We had dinner in an **expensive** restaurant.
교과서 우리는 **비싼** 식당에서 저녁을 먹었다.

↔ cheap 형 (값이) 싼   inexpensive 형 비싸지 않은

0347 lower
[lóuər]

형 더 낮은 동 낮추다, 줄이다

The **lower** prices led to the rise of online bookstores. 학평
더 낮은 가격은 온라인 서점의 상승으로 이어졌다.

0348 discount
[dískaunt]

명 할인 동 할인하다

They're selling TVs at a 25 percent **discount**.
교과서 그들은 25퍼센트 **할인**하여 TV를 팔고 있다.

≫ get a discount 할인을 받다

05 12 15 20

0349
own
[oun]

(동) 소유하다 (형) 자기 자신의

He **owns** a flower shop. (교과서)
그는 꽃 가게를 소유하고 있다.

➕ owner (명) 주인, 소유자

0350
wrap
[ræp]

(동) (포장지 등으로) 포장하다, 싸다

Don't forget to **wrap** the present in blue.
그 선물을 파란색으로 **포장하는** 것을 잊지 마세요.

0351
pack
[pæk]

(동) (짐을) 싸다, 포장하다 (명) 꾸러미, 짐

You should **pack** your bag the night before.
당신은 전날 밤에 가방을 **싸야** 한다.

↔ unpack (동) (짐을) 풀다

VOCA TIP
우유나 주스 등을 담는 종이로 된 용기를 말할 때 '팩(pack)'이라고 하는데, 영어에서 이러한 의미로는 carton을 사용해요.

0352
package
[pǽkidʒ]

(명) 소포, 꾸러미

She got a **package** from her grandmother.
(교과서) 그녀는 할머니에게서 온 **소포**를 받았다.

VOCA TIP
package는 특히 우편 소포나 선물 등의 작은 꾸러미를 나타내요. 주로 미국에서 사용하며 영국에서는 보통 parcel을 사용해요.

0353
bundle
[bʌ́ndl]

(명) 다발, 묶음

Her mother bought a **bundle** of roses for her.
(수능) 그녀의 엄마는 그녀를 위해 장미 한 **다발**을 샀다.

➡ bunch (명) 다발

VOCA TIP
bundle은 여러 개를 크기, 모양에 상관없이 비교적 느슨하게 다발지어 묶은 것으로, 같은 종류뿐만 아니라 여러 종류를 모은 경우에도 사용해요.
cf. bunch: 같은 종류의 여러 개를 가지런히 다발지어 묶은 것

0354
refund
(명) [rí:fʌnd]
(동) [rifʌ́nd]

(명) 환불 (동) 환불하다

Can I get a **refund** on this umbrella? (학평)
이 우산을 **환불**받을 수 있을까요?

0355 **exchange**
[ikstʃéindʒ]

동 교환하다; 환전하다 명 교환

She **exchanged** the brown cap for a different color. 교과서

그녀는 갈색 모자를 다른 색으로 **교환했다**.

VOCA TIP
* exchange market 외환 시장
* exchange rate 환율
* stock exchange
주식[증권] 거래소

How Different

0356 **goods**
[gudz]

명 상품, 물품

The market sells **goods** from different countries. 교과서

그 시장은 다른 나라의 **상품**을 판매한다.

0357 **product**
[prɑ́dʌkt]

명 제품, 상품, 생산물

His company produces helmets and other safety **products**. 교과서

그의 회사는 헬멧과 다른 안전 **제품**을 생산한다.

➕ produce 동 생산하다   productive 형 생산적인

• goods 판매용으로 제조한 물품을 나타냄
• product 판매용으로 생산된 물품뿐만 아니라 노동, 노력 등을 통해 생산되는 결과물을 모두 나타냄

0358 **brand**
[brænd]

명 상표, 브랜드

I'll start my own **brand** next year. 교과서

나는 내년에 내 자신의 **브랜드**를 시작할 것이다.

0359 **tag**
[tæg]

명 꼬리표

I'll check the price **tag**.

가격**표** 좀 확인해 볼게요.

0360 **junk**
[dʒʌŋk]

명 잡동사니, 쓸모없는 물건

His backyard is filled with **junk**.

그의 뒷마당은 **잡동사니**로 가득 차 있다.

VOCA TIP
* junk food 정크 푸드, 패스트푸드
* junk mail 광고 우편물
* junk shop 고물상, 중고품 가게

쇼핑, 소비
Use Words

빈칸을 채우며 단어를 외우고, 쓰면서 한 번 더 익히세요.

01 _____ all of the money 모든 돈을 써버리다   spend   spend

02 _____ a great amount of pork   consume
많은 양의 돼지고기를 소비하다

03 appreciate your _____   purchase
당신의 구매에 감사하다

04 _____ the necklaces 목걸이를 팔다   sell

05 _____ service 고객 서비스   customer

06 be busy with many _____s   cart
많은 수레들로 붐비다

07 _____ white shoes to black ones   prefer
검정색 신발보다 흰색 신발을 더 좋아하다

08 _____ out a dress 드레스를 고르다   pick

09 spending _____s 소비 선택   choice

10 have two _____s 두 가지 선택지가 있다   option

11 _____ by credit card 신용 카드로 지불하다   pay

12 _____ the prices 가격을 확인하다   check

13 keep the _____ 거스름돈을 가지다   change

14 have the _____ 계산서를 갖다   bill

15 without a _____ 영수증 없이   receipt

16 an _____ restaurant 비싼 식당   expensive

17 the _____ price   더 낮은 가격

lower

18 at a 25 percent _____   25퍼센트 할인하여

discount

19 _____ a flower shop   꽃 가게를 소유하다

own

20 _____ the present   선물을 포장하다

wrap

21 _____ your back   네 가방을 싸다

pack

22 get a _____   소포를 받다

package

23 a _____ of roses   장미 한 다발

bundle

24 get a _____   환불받다

refund

25 _____ the brown cap   갈색 모자를 교환하다

exchange

26 sell _____ from different countries

다른 나라의 상품을 판매하다

goods

27 safety _____s   안전 제품

product

28 start my own _____

나 자신의 브랜드를 시작하다

brand

29 the price _____   가격표

tag

30 be filled with _____   잡동사니로 가득 차다

junk

		Check				Check
0331 **spend**	용 (돈·시간·에너지 등을) 쓰다	☐	0346 **expensive**	형 (값이) 비싼		☐
0332 **consume**	용 소비하다	☐	0347 **lower**	형 더 낮은 용 낮추다, 줄이다		☐
0333 **purchase**	명 구매 용 구매하다	☐	0348 **discount**	명 할인 용 할인하다		☐
0334 **sell**	용 판매하다, 팔다	☐	0349 **own**	용 소유하다 형 자기 자신의		☐
0335 **customer**	명 고객, 손님	☐	0350 **wrap**	용 (포장지 등으로) 포장하다, 싸다		☐
0336 **cart**	명 수레, 카트	☐	0351 **pack**	용 (짐을) 싸다, 포장하다 명 꾸러미, 짐		☐
0337 **prefer**	용 더 좋아하다, 선호하다	☐	0352 **package**	명 소포, 꾸러미		☐
0338 **pick**	용 고르다; (과일·꽃 등을) 따다	☐	0353 **bundle**	명 다발, 묶음		☐
0339 **choice**	명 선택(권)	☐	0354 **refund**	명 환불 용 환불하다		☐
0340 **option**	명 선택, 옵션	☐	0355 **exchange**	용 교환하다; 환전하다 명 교환		☐
0341 **pay**	용 지불하다 명 급료	☐	0356 **goods**	명 상품, 물품		☐
0342 **check**	용 확인[점검]하다 명 점검; 수표	☐	0357 **product**	명 제품, 상품, 생산물		☐
0343 **change**	명 거스름돈; 변화 용 바꾸다	☐	0358 **brand**	명 상표, 브랜드		☐
0344 **bill**	명 계산서; 청구서, 고지서	☐	0359 **tag**	명 꼬리표		☐
0345 **receipt**	명 영수증	☐	0360 **junk**	명 잡동사니, 쓸모없는 물건		☐

외우지 않은 단어가 있으면 미니 단어장에서 다시 한번 정리해 보세요.

DAY 13

학교, 교육

📖 오늘 학습할 단어를 공부하고, 가리개를 사용해서 암기해 보세요.

0361 education
[èdʒukéiʃən]

(명) 교육

I hope my children will get a good **education**.
나는 나의 아이들이 좋은 **교육**을 받기를 바란다.

➕ **educate** (동) 교육하다 **educational** (형) 교육적인

> 🔆 VOCA TIP
> * education system 교육 시스템
> * public education
>   공교육, 학교 교육
> * private education 사교육

0362 elementary
[èləméntəri]

(형) 초등학교의; 초급의

She played the violin in **elementary** school.
[교과서] 그녀는 **초등학교** 때 바이올린을 연주했다.

How Different

0363 college
[kálidʒ]

(명) 대학, 단과 대학

Being poor, I couldn't go to **college**. [학평]
나는 가난해서 **대학**에 다닐 수 없었다.

0364 university
[jùːnəvɚ́ːrsəti]

(명) 대학교

I majored in history in **university**. [성취도]
그녀는 **대학교**에서 역사를 전공했다.

• **college** 일반적으로 중등교육을 마치고 들어가는 대학을 의미하는 말로, 미국에서는 학사 학위를 받기 위해 공부하는 곳을 나타냄
• **university** 단과 대학, 일반 교양 대학, 대학원을 갖추고 있어서 학사 학위 과정뿐만 아니라 그 이상 단계의 학위 과정도 제공하는 곳을 나타냄

0365 attend
[əténd]

(동) (학교에) 다니다; 참석하다

She **attended** a famous design school in Paris. [교과서]
그녀는 파리에 있는 유명한 디자인 학교에 **다녔다**.

➕ **attendance** (명) 출석, 참석

> 🔆 VOCA TIP
> attend는 go to(~에 가다[다니다])보다 어감이 딱딱하고, 의무적인 느낌을 나타내요.

0366 absent
[ǽbsənt]

(형) 결석한, 부재의

He was **absent** from school yesterday. [듣기]
그는 어제 학교에 **결석했다**.

▶ **be absent from** ~에 결석[불참]하다
🔄 **present** (형) 출석한, 있는

---

05 10 — **13** 15 20

0367 **classmate**
[klǽsmèit]

명 반 친구, 급우

All my **classmates** are very friendly. 교과서
나의 **반 친구**들은 모두 매우 친절하다.

VOCA TIP
-mate는 '친구, 동료, 단짝'이라는 의미가 있어요.
* roommate 방 친구
* teammate 팀 동료

0368 **lesson**
[lésn]

명 수업; 과; 교훈

I take writing **lessons** twice a week. 교과서
나는 일주일에 두 번 글쓰기 **수업**을 받는다.

0369 **textbook**
[tékstbùk]

명 교과서

She tried to memorize the information in the **textbook**. 성취도
그녀는 **교과서**에 있는 정보를 외우려고 노력했다.

VOCA TIP
* book review 서평
* the reviews (page) in the papers 신문의 논평란

0370 **review**
[rivjú:]

명 복습; 비평 동 복습하다; 비평하다

They're **reviewing** for the math test tomorrow.
그들은 내일 수학 시험을 위해 **복습하고 있다**.

내신 민출

0371 **explain**
[ikspléin]

동 설명하다

He **explained** the meaning of new words. 학평
그는 새 단어들의 뜻을 **설명했다**.

➕ explanation 명 설명

'A에게 B를 설명하다'라고 할 때 explain의 쓰임이 자주 출제돼요. <explain B to A>의 형태로 쓴다는 것을 기억하세요.

Q 괄호 안에서 알맞은 것을 고르시오.

I explained [the rules to him / him the rules].

답 the rules to him

0372 **knowledge**
[nálidʒ]

명 지식

The main source of **knowledge** is experience.
교과서 **지식**의 주요 원천은 경험이다.

0373 **grade**
[greid]

(명) 성적; 등급; 학년

I got a good **grade** in science. 교과서
나는 과학에서 좋은 **성적**을 받았다.

0374 **mark**
[mɑːrk]

(명) 점수; 표시 (동) 채점하다; 표시하다

He passed the exam with a high **mark**.
그는 높은 **점수**로 시험을 통과했다.

VOCA TIP
'(학업) 성적, 점수'의 의미로 영국에서는 mark를, 미국에서는 grade를 사용해요.

0375 **effort**
[éfərt]

(명) 노력, 수고

After a lot of **effort**, he became an astronaut.
교과서 많은 **노력** 후에, 그는 우주 비행사가 되었다.

VOCA TIP
effort는 어떤 뚜렷한 목적을 달성하기 위한 육체적, 정신적 노력을 나타내요.

0376 **fail**
[feil]

(동) (시험에) 떨어지다; 실패하다

I **failed** the singing audition again. 듣기
나는 노래 오디션에서 또 **떨어졌다**.

➕ failure (명) 실패
↔ pass (동) (시험에) 통과하다   succeed (동) 성공하다

0377 **mistake**
[mistéik]

(명) 실수, 잘못 (동) 실수하다

She made a big **mistake** in the soccer game.
교과서 그녀는 축구 경기에서 큰 **실수**를 했다.

➡ make a mistake 실수하다

VOCA TIP
mistake는 판단상의 잘못을 나타내는 반면, error는 기준이나 옳은 것에서 벗어난 것을 나타내요.

0378 **achieve**
[ətʃíːv]

(동) 달성하다, 성취하다

He **achieved** his goal of becoming a teacher.
그는 교사가 되겠다는 목표를 **달성했다**.

➕ achievement (명) 성취, 업적

0379 **award**
[əwɔ́ːrd]

명 상 동 수여하다

I'm very happy to receive the **award**. 교과서
저는 **상**을 받게 되어 정말 기쁩니다.

0380 **acknowledge**
[əknάlidʒ]

동 인정하다

We **acknowledge** our own limitations. 학평
우리는 우리만의 한계를 **인정한다**.

➕ acknowledgement 명 인정, 인식
🔄 deny 동 부정하다, 부인하다

0381 **master**
[mǽstər]

명 거장; 주인; 석사 동 숙달하다

The artist was so talented that people called her a **master**. 성취도
그 예술가는 매우 재능이 있어서 사람들은 그녀를 **거장**이라고 불렀다.

> 💡VOCA TIP
> master는 '(~에) 정통한 사람, 달인'이라는 의미와 '영국의 사립 초중등학교의 남자 교사'를 가리키는 말로도 사용해요.

내신(빈출)

0382 **graduate**
동 [grǽdʒuèit]
명 [grǽdʒuət]

동 졸업하다 명 졸업생

I can't believe you're **graduating** next month.
교과서 나는 네가 다음 달에 **졸업한다는** 게 믿기지가 않는다.

➡️ graduate from ~을 졸업하다
➕ graduation 명 졸업

> 💡VOCA TIP
> graduate는 보통 미국에서는 각종 학교의 졸업생을, 영국에서는 학사 학위를 딴 대학 졸업생을 나타내요.

'~을 졸업하다'라는 의미는 graduate from으로 나타낼 수 있어요. 전치사 from을 알맞게 쓰는지 묻는 문제가 자주 출제되고 있어요.

Q 괄호 안에서 알맞은 것을 고르시오.

He graduated [for / with / from] high school two years ago.

답 from

0383 **academy**
[əkǽdəmi]

명 학원, 전문 학교; 학회

Many students attend **academies** for extra studies. 많은 학생들이 추가 공부를 위해 **학원**에 다닌다.

➕ academic 형 학원의, 학문적인

0384 **principal**
[prínsəpəl]

명 교장, (단체의) 장 형 주요한

The **principal** introduced new teachers to students. **교장 선생님**이 학생들에게 새로 부임한 선생님들을 소개했다.

> 💡VOCA TIP
> principal은 미국에서는 '교장', 영국에서는 '학장, 총장'의 의미로 쓰여요.

0385 consult
[kənsʌ́lt]

(동) 조언을 구하다, 상담하다

A farmer went to the nearest city to **consult** a judge. (학평)
농부는 재판관에게 **조언을 구하기** 위해 가장 가까운 도시로 갔다.

➕ consultant (명) 상담가, 고문

0386 counsel
[káunsəl]

(동) 상담하다, 조언하다　(명) 상담; 조언

I **counsel** people who have emotional problems.
나는 감정적인 문제가 있는 사람들을 **상담한다**.

➕ counselor (명) 상담자, 고문
➖ advise (동) 충고하다

VOCA TIP
consult는 특정 분야의 전문가에게 의견, 조언, 정보 등을 구하는 것을 나타내고, counsel은 전문적인 입장에서 상담을 해 주거나 조언[충고] 하는 것을 나타내요.

0387 locker
[lákər]

(명) 사물함

You can leave your stuff in the **locker**. (교과서)
너는 **사물함**에 네 물건을 넣어둘 수 있다.

➕ lock (동) (자물쇠로) 잠그다 (명) 자물쇠

0388 auditorium
[ɔ̀ːditɔ́ːriəm]

(명) 강당; 객석

The graduation ceremony was held in the **auditorium**. 졸업식이 **강당**에서 열렸다.

VOCA TIP
영국에서는 극장의 관객[관람]석에 한정하여 사용하고, 미국에서는 강당, 대강의실, 회당 등 폭넓은 의미로 사용해요.

0389 category
[kǽtəgɔ̀ːri]

(명) 부문, 범주

The prize for each **category** will be 100 dollars.
(학평) 각 **부문**별 상금은 100달러가 될 것이다.

➕ categorize (동) 범주화하다

VOCA TIP
* pie chart 원 그래프, 파이 도표
* flow chart 순서도

0390 chart
[tʃɑːrt]

(명) 도표

This **chart** shows who Korean teens go to for advice. (성취도)
이 **도표**는 한국의 십 대들이 조언을 구하러 가는 사람을 보여준다.

01 _____ system 교육 시스템   education   education

02 in _____ school 초등학교에서   elementary

03 go to _____ 대학에 다니다   college

04 major in history in _____   university
대학교에서 역사를 전공하다

05 _____ a design school 디자인 학교에 다니다   attend

06 be _____ from school 학교에 결석하다   absent

07 all my _____s 나의 반 친구들 모두   classmate

08 take a writing _____ 글쓰기 수업을 받다   lesson

09 the information in the _____   textbook
교과서에 있는 정보

10 _____ for the test 시험을 위해 복습하다   review

11 _____ the meaning of new words   explain
새 단어들의 뜻을 설명하다

12 the main source of _____ 지식의 주요 원천   knowledge

13 get a good _____ 좋은 성적을 받다   grade

14 with a high _____ 높은 점수로   mark

15 after a lot of _____ 많은 노력 후에   effort

16 _____ the audition   오디션에서 떨어지다   fail

17 make a _____   실수를 하다   mistake

18 _____ his goal   그의 목표를 달성하다   achieve

19 receive the _____   상을 받다   award

20 _____ our limitations   우리의 한계를 인정하다   acknowledge

21 call her a _____   그녀를 거장이라고 부르다   master

22 _____ from high school   고등학교를 졸업하다   graduate

23 attend an _____   학원에 다니다   academy

24 our school _____   우리 학교 교장 선생님   principal

25 _____ to a judge   재판관에게 조언을 구하다   consult

26 _____ people who have emotional problems   counsel
감정적인 문제가 있는 사람들을 상담하다

27 leave your stuff in the _____   locker
사물함에 네 물건을 넣어두다

28 be held in the _____   강당에서 열리다   auditorium

29 the prize for each _____   각 부문별 상금   category

30 a pie _____   파이[원형] 도표   chart

		Check
0361 **education**	몡 교육	☐
0362 **elementary**	혱 초등학교의; 초급의	☐
0363 **college**	몡 대학, 단과 대학	☐
0364 **university**	몡 대학교	☐
0365 **attend**	통 (학교에) 다니다; 참석하다	☐
0366 **absent**	혱 결석한, 부재의	☐
0367 **classmate**	몡 반 친구, 급우	☐
0368 **lesson**	몡 수업; 과; 교훈	☐
0369 **textbook**	몡 교과서	☐
0370 **review**	통 복습하다; 비평하다 몡 복습; 비평	☐
0371 **explain**	통 설명하다	☐
0372 **knowledge**	몡 지식	☐
0373 **grade**	몡 성적; 등급; 학년	☐
0374 **mark**	몡 점수; 표시 통 채점하다; 표시하다	☐
0375 **effort**	몡 노력, 수고	☐

		Check
0376 **fail**	통 (시험에) 떨어지다; 실패하다	☐
0377 **mistake**	몡 실수, 잘못 통 실수하다	☐
0378 **achieve**	통 달성하다, 성취하다	☐
0379 **award**	몡 상 통 수여하다	☐
0380 **acknowledge**	통 인정하다	☐
0381 **master**	몡 거장; 주인; 석사 통 숙달하다	☐
0382 **graduate**	통 졸업하다 몡 졸업생	☐
0383 **academy**	몡 학원, 전문학교; 학회	☐
0384 **principal**	몡 교장, (단체의) 장 혱 주요한	☐
0385 **consult**	통 조언을 구하다, 상담하다	☐
0386 **counsel**	통 상담하다, 조언하다 몡 상담; 조언	☐
0387 **locker**	몡 사물함	☐
0388 **auditorium**	몡 강당; 객석	☐
0389 **category**	몡 부문, 범주	☐
0390 **chart**	몡 도표	☐

외우지 않은 단어가 있으면 미니 단어장에서 다시 한번 정리해 보세요.

회사, 일

📖 오늘 학습할 단어를 공부하고, 가리개를 사용해서 암기해 보세요.

0391 company
[kʌ́mpəni]

명 회사; 동료; 동반

My mom works at a software **company**. 교과서
우리 엄마는 소프트웨어 **회사**에서 일한다.

🔁 firm 명 회사

0392 task
[tæsk]

명 일, 과업

Each person is responsible for a different **task**. 교과서
각자 다른 **일**을 담당한다.

> 💡 VOCA TIP
> task는 일정 기간 내에 해야 하는, 특히 힘든 일을 나타내요.

0393 duty
[djúːti]

명 근무, 임무; 의무

The guard was blamed for being asleep on **duty**. 학평
그 경비원은 **근무** 중에 졸았다고 비난받았다.

➡ **on duty** 근무 중에, 일하고 있는

0394 career
[kəríər]

명 직업; 경력

She chose a **career** in education. 학평
그녀는 교육 분야의 **직업**을 선택했다.

> 💡 VOCA TIP
> career는 일생의 일이라고 할 직업으로, 보통 전문적이면서 시간이 흐를수록 책임도 커지는 직종을 나타내요.

0395 business
[bíznis]

명 사업, 일; 기업

She didn't succeed in her **business** at first. 교과서 그녀는 처음에 자신의 **사업**에 성공하지 못했다. .

➕ businessman 명 사업가

> 💡 VOCA TIP
> * business school 경영 대학원
> * business card 명함
> * business hours 영업[업무] 시간

0396 skill
[skil]

명 기술; 솜씨

You need to practice the basic **skills**. 학평
너는 기본적인 **기술**을 연습할 필요가 있다.

➕ skillful 형 숙련된

0397 lead
[liːd]

(동) 이끌다; ~의 선두에 서다

She **leads** the team by example. 교과서
그녀는 모범을 보이며 그 팀을 **이끈다**.

» **lead to** ~로 이어지다, ~을 초래하다
+ **leader** (명) 지도자, 선도자, 선두

lead to는 '~로 이어지다.' 즉 '~을 초래하다'라는 의미를 나타내요. lead to를 알맞은 의미로 사용할 수 있는지 묻는 문제가 자주 출제되고 있어요.

Q 우리말과 일치하도록 주어진 단어를 이용하여 빈칸에 알맞은 말을 쓰시오.

The heavy rain has _____ _____ serious flooding. (lead)
(폭우가 심각한 홍수를 초래했다.)

답 **led to**

0398 prepare
[pripέər]

(동) 준비하다

She has to **prepare** for a business trip with her customer. 수능
그녀는 고객과의 출장을 **준비해야** 한다.

» **prepare for** ~을 준비하다, 대비하다
+ **preparation** (명) 준비, 대비

0399 client
[kláiənt]

(명) 의뢰인, 고객

We offer only the best to our **clients**.
우리는 **고객**에게 오직 최선을 다한다.

= **customer** (명) 고객

> VOCA TIP
> client는 고객 중에서도 특히 변호사, 회계사, 건축가 등 전문가의 서비스를 받는 고객을 나타낼 때 쓰여요.

0400 appointment
[əpɔ́intmənt]

(명) 약속, 예약; 임명

I make an **appointment** with my lawyer at 3 p.m. 교과서
나는 오후 3시에 내 변호사와 **약속**이 있다.

+ **appoint** (동) (시간 등을) 정하다; 임명하다

> VOCA TIP
> appointment는 특히 업무와 관련하여 만날 약속을 말하며, 의사, 미용사 등 사람과의 약속[예약]을 말할 때 사용해요.
> cf. reservation: 호텔, 식당, 교통기관(비행기, 열차 등)의 시설 이용 예약

0401 interview
[íntərvjùː]

(명) 면접, 인터뷰 (동) 면접하다

I have a job **interview** this afternoon.
나는 오늘 오후에 취업 **면접**이 있다.

0402 detail
[ditéil]

(명) 상세, 세부 사항

They will talk about each idea in **detail**. 교과서
그들은 **상세**하게 각 아이디어에 대해 이야기할 것이다.

» **in detail** 상세하게, 자세히

0403 **employ**
[implɔ́i]

(동) 고용하다; (수단·기술 등을) 이용하다

Our company **employed** him as an adviser.
우리 회사는 그를 고문으로 **고용했다**.

➕ employment (명) 고용, 취업   employer (명) 고용주
employee (명) 피고용인, 종업원

0404 **fire**
[fáiər]

(동) 해고하다; 불을 붙이다 (명) 화재

She was **fired** from the bank. 교과서
그녀는 은행에서 **해고되었다**.

↔ employ (동) 고용하다

내신빈출

0405 **quit**
[kwit]

(동) 그만두다, 중지하다

I **quit** my job and decided to travel around the world. 교과서
나는 일을 **그만두고** 전 세계를 여행하기로 결심했다.

quit은 목적어로 동명사를 사용해요. quit의 목적어로 동사가 왔을 때 동명사로 쓸 수 있는지 묻는 문제가 자주 출제되고 있으니까 잘 알아두세요.

Q 괄호 안에서 알맞은 것을 고르시오.

I can't quit [**repeating** / to repeat] this song.

답 repeating

0406 **process**
[práses]

(명) 과정, 절차 (동) 처리하다

The whole **process** was completed in less than 12 hours.
전체 **과정**은 12시간 내에 완료되었다.

0407 **operate**
[ápərèit]

(동) 작동[조종]하다; 운영하다

I tried to explain how to **operate** the machine.
학평 나는 그 기계를 **작동하는** 법을 설명하려고 노력했다.

➕ operation (명) (기계 등의) 운전, 작동

0408 **manage**
[mǽnidʒ]

(동) 관리하다, 운영하다

I'd like to **manage** my time more wisely. 교과서
나는 내 시간을 더 현명하게 **관리하고** 싶다.

➕ management (명) 경영, 관리   manager (명) 경영자

0409 document
[dákjumənt]

(명) 서류, 문서

I attached an important **document** to the email. (학평)
나는 이메일에 중요한 **서류**를 첨부했다.

0410 report
[ripɔ́:rt]

(명) 보고(서); 보도 (동) 알리다; 보고하다

He wrote a **report** for hours. (교과서)
그는 몇 시간 동안 **보고서**를 썼다.

➕ reporter (명) 기자, 리포터

VOCA TIP
* weather report 일기 예보
* news report 뉴스 보도
* report card 성적표

0411 record
(동) [rikɔ́:rd]
(명) [rékərd]

(동) 기록하다; 녹음하다 (명) 기록; 음반

Be sure to **record** all the data.
모든 데이터를 꼭 **기록하세요**.

➕ recorder (명) 녹음기

VOCA TIP
* medical record 의료 기록
* world record 세계 기록
* record company 음반 회사
* play a record 음반을 틀다

0412 print
[print]

(동) 인쇄하다; 출판하다 (명) 인쇄(물)

They **printed** a new logo on the bags.
그들은 가방에 새 로고를 **인쇄했다**.

» **print out** (프린터로) ~을 출력하다
➕ **printer** (명) 인쇄기, 프린터; 인쇄업자

0413 copy
[kápi]

(동) 복사하다, 베끼다 (명) 복사본

Can I **copy** some pages from the textbook?
(교과서) 그 교과서의 몇 페이지를 **복사해도** 될까요?

0414 photocopy
[fóutəkàpi]

(명) 사진 복사 (동) 사진 복사하다

Please send a **photocopy** of your passport.
당신의 여권을 **사진 복사**해서 보내 주세요.

VOCA TIP
photocopy는 주로 복사기로 복사하는 경우를 말해요. 이에 비해 copy는 손으로 베끼거나 복사기로 복사하는 등의 더 넓은 의미를 나타내요.

VOCA TIP
launch에는 '(로켓, 우주선 등을) 발사하다', '(배를) 진수시키다[물에 띄우다]'라는 의미도 있어요.

0415 **launch**
[lɔ:ntʃ]

(동) 시작하다; 출시하다

They **launched** a new business.
그들은 새로운 사업을 **시작했다**.

How Different

0416 **boss**
[bɔ:s]

(명) 상사; 우두머리, 사장

Her **boss** thought that she was honest. (교과서)
그녀의 **상사**는 그녀가 정직하다고 생각했다.

➕ bossy (형) 으스대는

0417 **chief**
[tʃi:f]

(명) (단체의) 장, 우두머리 (형) 최고의; 주된

He became the **Chief** of Education Officer.
그는 교육청**장**이 되었다.

➕ chiefly (부) 주로

• boss 사장 같은 단체의 우두머리뿐만 아니라 직속 상사도 나타냄
• chief 조직이나 단체의 가장 위에 있는 직급 및 계급의 사람을 나타냄

0418 **envelope**
[énvəlòup]

(명) 봉투

Inside the package, she found an **envelope**.
(교과서) 그녀는 소포 안에서 **봉투**를 하나 발견했다.

➕ envelop (동) 봉하다, 싸다

VOCA TIP
pay는 모든 종류의 급료로 쓰이는 말이고, salary는 특히 사무직, 전문직 종사들이 받는 급여로, 보통 월급의 개념이에요.

0419 **salary**
[sǽləri]

(명) 급여

The company pays him a high **salary**.
그 회사는 그에게 **급여**을 많이 준다.

➖ pay (명) 급료

0420 **stationery**
[stéiʃənèri]

(명) 필기도구; 문방구

The ordered **stationery** arrived yesterday.
주문한 **필기도구**가 어제 도착했다.

Use Words

회사, 일

빈칸을 채우며 단어를 외우고, 쓰면서 한 번 더 익히세요.

01 a software _____ 소프트웨어 회사   company   company

02 be responsible for a _____ 일을 담당하다   task

03 be asleep on _____ 근무 중에 졸다   duty

04 choose a _____ 직업을 선택하다   career

05 succeed in her _____ 그녀의 사업에 성공하다   business

06 the basic _____s 기본적인 기술   skill

07 _____ the team 팀을 이끌다   lead

08 _____ for a business trip 출장을 준비하다   prepare

09 offer the best to our _____s
우리의 고객에게 최선을 다하다   client

10 make an _____ 약속을 잡다   appointment

11 a job _____ 취업 면접   interview

12 in _____ 상세하게   detail

13 _____ him as an adviser
그를 고문으로 고용하다   employ

14 be _____d from the bank
은행에서 해고되다   fire

15 _____ my job 내 일을 그만두다   quit

16 the whole _____ 전체 과정   process

17 _____ the machine 기계를 작동하다   operate

18 _____ my time 내 시간을 관리하다   manage

19 an important _____ 중요한 서류   document

20 write a _____ 보고서를 쓰다   report

21 _____ all the data 모든 데이터를 기록하다   record

22 _____ a new logo 새 로고를 인쇄하다   print

23 _____ some pages 몇 페이지를 복사하다   copy

24 send a _____ 사진 복사를 보내다   photocopy

25 _____ a business 사업을 시작하다   launch

26 her honest _____ 그녀의 정직한 상사   boss

27 the _____ of Education Officer 교육청장   Chief

28 find an _____ 봉투 하나를 발견하다   envelope

29 a high _____ 높은 급여   salary

30 order _____ 필기도구를 주문하다   stationery

DAY 14

회사, 일

3-Minute Check

오늘 학습한 단어와 뜻을 최종적으로 암기했는지 확인하세요!

			Check
0391	company	[명] 회사; 동료; 동반	☐
0392	task	[명] 일, 과업	☐
0393	duty	[명] 근무, 임무; 의무	☐
0394	career	[명] 직업; 경력	☐
0395	business	[명] 사업, 일; 기업	☐
0396	skill	[명] 기술; 솜씨	☐
0397	lead	[동] 이끌다; ~의 선두에 서다	☐
0398	prepare	[동] 준비하다	☐
0399	client	[명] 의뢰인, 고객	☐
0400	appointment	[명] 약속, 예약; 임명	☐
0401	interview	[명] 면접, 인터뷰 [동] 면접하다	☐
0402	detail	[명] 상세, 세부 사항	☐
0403	employ	[동] 고용하다; (수단·기술 등을) 이용하다	☐
0404	fire	[동] 해고하다; 불을 붙이다 [명] 화재	☐
0405	quit	[동] 그만두다, 중지하다	☐
0406	process	[명] 과정, 절차 [동] 처리하다	☐
0407	operate	[동] 작동[조종]하다; 운영하다	☐
0408	manage	[동] 관리하다, 운영하다	☐
0409	document	[명] 서류, 문서	☐
0410	report	[명] 보고(서); 보도 [동] 알리다; 보고하다	☐
0411	record	[동] 기록하다; 녹음하다 [명] 기록; 음반	☐
0412	print	[동] 인쇄하다; 출판하다 [명] 인쇄(물)	☐
0413	copy	[동] 복사하다, 베끼다 [명] 복사본	☐
0414	photocopy	[명] 사진 복사 [동] 사진 복사하다	☐
0415	launch	[동] 시작하다, 출시하다	☐
0416	boss	[명] 상사; 우두머리, 사장	☐
0417	chief	[명] (단체의) 장, 우두머리 [형] 최고의; 주된	☐
0418	envelope	[명] 봉투	☐
0419	salary	[명] 급여	☐
0420	stationery	[명] 필기도구; 문방구	☐

외우지 않은 단어가 있으면 **미니 단어장**에서 다시 한번 정리해 보세요.

교통, 도로

📖 오늘 학습할 단어를 공부하고, 가리개를 사용해서 암기해 보세요.

0421 **traffic**
[trǽfik]

몡 교통(량), 차량

They're stuck in a heavy **traffic** jam. 교과서
그들은 심한 **교통** 체증에 갇혔다.

0422 **signal**
[sígnəl]

몡 신호 동 신호를 보내다

The police officer gave them the **signal** to stop. 그 경찰관은 그들에게 멈추라는 **신호**를 보냈다.

0423 **sign**
[sain]

몡 표지판, 신호; 기호 동 서명하다

We'll put up a road **sign** in front of the park.
교과서 우리는 공원 앞에 도로 **표지판**을 세울 것이다.

▶▶ **sign up for** ~을 신청하다, ~에 등록하다
➕ **signature** 몡 서명

우리가 보통 말하는 '사인, 서명'은 signature이고, sign은 명사로 '표지(판), 신호; 기호'라는 뜻이에요. 두 의미 차이를 잘 기억하세요.

Q 괄호 안에서 알맞은 것을 고르시오.

The man wrote his [sign / signature] on the letter.

답 signature

0424 **speed**
[spi:d]

몡 속도, 속력

You should lower your **speed** when driving at night. 밤에 운전할 때는 **속도**를 줄여야 한다.

➕ **speedy** 혱 빠른

0425 **block**
[blɑk]

몡 (도시의) 블록, 구역; 장애물 동 막다

Go straight two **blocks** and turn left. 성취도
곧장 두 **블록**을 가서 왼쪽으로 도세요.

0426 **cross**
[krɔ(:)s]

동 건너다; 가로지르다 몡 X표; 십자가

I **cross** the street at a green light. 교과서
나는 녹색불에 길을 **건넌다**.

How Different

0427 **path**
[pæθ]

® (작은) 길, 오솔길, 경로

They blocked her **path** to home. 학평

그들이 집으로 가는 그녀의 **길**을 막았다.

0428 **route**
[ru:t]

® 길, 경로, 항로

These robots clear **routes** so that people can escape to safety. 교과서

이 로봇들은 사람들이 안전한 곳으로 대피할 수 있도록 **길**을 확보한다.

0429 **avenue**
[ǽvənjùː]

® ~가(街), 대로, 가로수 길

They bought an old house on Fifth **Avenue**.

학평 그들은 5번**가**에 있는 오래된 집을 구입했다.

> **VOCA TIP**
> 영국에서는 양쪽에 나무가 우거진 대저택의 진입 도로를 나타내기도 해요.

- path 사람들이 지나다니며 밟아서 생긴 작은 길[오솔길, 산책로]이나 차가 다닐 수 없을 정도의 좁은 길을 나타냄
- route 한 곳에서 다른 곳으로 가기 위해 따라가는 길을 나타냄
- avenue 나무나 큰 건물이 양쪽에 늘어서 있는 도시의 큰 길을 나타냄

0430 **deliver**
[dilívər]

® 배달하다, 전하다

I want to **deliver** meals to the elderly. 교과서

나는 어르신들께 식사를 **배달하고** 싶다.

➕ delivery ® 배달

0431 **convenient**
[kənvíːnjənt]

® 편리한

A driverless car is **convenient** but dangerous.

무인 자동차는 **편리하지만** 위험하다.

➕ convenience ® 편리, 편의

> **VOCA TIP**
> convenient는 물건이 편리하고 사용하기 쉽다는 의미를 나타내므로 사람을 주어로 쓰지 않아요.

0432 **careful**
[kέərfəl]

® 조심하는, 주의 깊은

Be **careful** of slippery roads on rainy days.

비오는 날에 미끄러운 도로를 **조심해라**.

➕ carefully ® 주의 깊게, 신중히
🔄 careless ® 부주의한, 조심성 없는

0433 **transport**
[동] [trænspɔ́ːrt]
[명] [trǽnspɔːrt]

[동] 수송[운송]하다 [명] 교통(수단), 수송 (기관)

Students will be **transported** by school bus.
[학평] 그 학생들은 학교 버스로 **수송될** 예정입니다.

0434 **transportation**
[trӕnspərtéiʃən]

[명] 교통(수단), 수송 (기관)

We should use public **transportation** to reduce air pollution. [교과서]
우리는 대기 오염을 줄이기 위해 대중**교통**을 이용해야 한다.

VOCA TIP
'수송[운송] 기관, 교통수단'은 영국에서는 보통 transport로, 미국에서는 transportation으로 나타내요.

0435 **transfer**
[동] [trænsfə́ːr]
[명] [trǽnsfər]

[동] 갈아타다 [명] 환승, 이동

I'll tell you where you should **transfer** to. [학평]
난 네가 어디서 **갈아타야** 하는지 말해줄게.

0436 **fare**
[fɛər]

[명] (교통) 요금, 운임

He gave me enough money for bus **fare**. [학평]
그는 나에게 버스 **요금**으로 충분한 돈을 주었다.

내신빈출

0437 **fee**
[fiː]

[명] 요금; 수수료; 수업료

The entrance **fee** is 5 dollars and children under 7 enter for free. [학평]
입장 **요금**은 5달러이고 7세 미만 아이들은 무료로 입장한다.

VOCA TIP
* service fee 서비스 요금, 수수료
* transfer fee 이적료
* cancellation fee 해약금

열차 요금과 같은 교통 요금을 말할 때는 fare를 사용하고, 수업료, 입장료, 공공요금, 수수료 등의 요금은 fee를 사용해요. 두 단어의 쓰임을 구별하세요.

Q 괄호 안에서 알맞은 것을 고르시오.

Rail [fares / fees] have increased by more than 50 percent.

[답] fares

0438 **passenger**
[pǽsəndʒər]

[명] 승객

The bus stopped to pick up **passengers**. [학평]
버스가 **승객**들을 태우기 위해 정차했다.

05   10   — 15   20

0439 **wheel**
[hwiːl]

명 바퀴; 핸들

The vehicle has two **wheels** and can go forward. 성취도
그 차량은 두 개의 **바퀴**를 가지고 앞으로 갈 수 있다.

0440 **curve**
[kəːrv]

명 커브, 곡선 동 구부러지다

There is a sharp **curve** in the road ahead.
앞 도로에 급격한 **커브**가 있다.

0441 **sidewalk**
[sáidwɔ̀ːk]

명 인도, 보도

A taxi suddenly jumped up on the **sidewalk**.
택시 한 대가 갑자기 **인도**로 뛰어들었다.

> **VOCA TIP**
> sidewalk는 보통 미국에서 사용하고, 영국에서는 pavement를 사용해요.

0442 **bump**
[bʌmp]

동 부딪치다 명 충돌

At the corner, I **bumped** into someone. 교과서
모퉁이에서 나는 누군가와 **부딪쳤다**.

» **bump into** ~에 부딪치다

> **VOCA TIP**
> bump는 도로에 과속 방지 등을 위해 설치해 놓은 요철 부분이나 충돌로 인한 멍, 혹, 타박상 등을 나타내요.
> * speed bump 과속 방지턱
> * heat bump 화상 물집

0443 **rough**
[rʌf]

형 거친, 힘든; 대강의

They traveled over **rough** dirt roads.
그들은 **울퉁불퉁한** 비포장도로를 다녔다.

↔ **smooth** 형 매끄러운, 평탄한

0444 **cycle**
[sáikl]

동 자전거를 타다 명 자전거; 주기

We **cycle** along side by side on a sunny day.
날씨 좋은 날에 우리는 나란히 **자전거를 탄다**.

> **VOCA TIP**
> * bicycle 자전거
> * motorcycle 오토바이
> * life cycle 생활 주기

0445 fasten
[fǽsn]

(동) 매다, 잠그다

You have to **fasten** your seat belt. 교과서

너는 안전벨트를 **매야** 한다.

0446 rail
[reil]

(명) (철도의) 레일; 기차

Train has many wheels and only runs on **rails**.

듣기 기차는 바퀴가 많고 **레일** 위로만 달린다.

0447 fence
[fens]

(명) 울타리, 담

The truck hit the safety **fence**.

트럭이 안전 **울타리**를 들이박았다.

0448 broad
[brɔːd]

(형) 넓은, 광대한

We walked along the **broad** avenue.

우리는 **넓은** 가로수 길을 따라 걸었다.

➕ broaden (동) 넓어지다, 퍼지다
↔ narrow (형) (폭이) 좁은

> VOCA TIP
> 철자가 비슷한 board(판자; 게시판)과 혼동하지 마세요.

0449 connect
[kənékt]

(동) 연결하다, 잇다

Subway lines aren't **connected** to the station near my house. 학평

지하철 노선들은 우리 집 근처의 역과 **연결되어** 있지 않다.

➕ connection (명) 연결, 관계

0450 row
[rou]

(명) 열, 줄; 노젓기 (동) 배를 젓다

The cars are parked in a **row**.

자동차들이 한 **줄**로 주차되어 있다.

» in a row 일렬로; 연달아, 계속해서

> VOCA TIP
> row는 보통 가로로 늘어선 사람이나 사물의 열을 나타내요.

01	a heavy _____ jam 극심한 교통 체증	traffic	traffic
02	the _____ to stop 멈추라는 신호	signal	
03	put up a road _____ 도로 표지판을 세우다	sign	
04	lower your _____ 당신의 속도를 낮추다	speed	
05	go straight two _____s 곧장 두 블록을 가다	block	
06	_____ the street 길을 건너다	cross	
07	block her _____ 그녀의 길을 막다	path	
08	clear _____s 길을 확보하다	route	
09	on Fifth _____ 5번가에	Avenue	
10	_____ meals 식사를 배달하다	deliver	
11	_____ but dangerous 편리하지만 위험한	convenient	
12	be _____ of slippery road 미끄러운 도로를 조심하다	careful	
13	be _____ed by school bus 학교 버스로 수송되다	transport	
14	use public _____ 대중교통을 이용하다	transportation	
15	_____ to another plane 다른 비행기로 갈아타다	transfer	

16 enough money for bus _____   fare
버스 요금으로 충분한 돈

17 the entrance _____   입장 요금   fee

18 pick up _____s   승객들을 태우다   passenger

19 have two _____s   바퀴가 두 개 있다   wheel

20 a sharp _____   급격한 커브   curve

21 jump up on the _____   인도로 뛰어들다   sidewalk

22 _____ into someone   누군가와 부딪치다   bump

23 _____ dirt roads   울퉁불퉁한 비포장도로   rough

24 _____ along side by side   나란히 자전거를 타다   cycle

25 _____ your seat belt   너의 안전벨트를 매다   fasten

26 run on _____s   레일 위로 달리다   rail

27 hit the safety _____   안전 울타리를 늘이박다   fence

28 along the _____ avenue   broad
넓은 가로수 길을 따라

29 be _____ed to the station   역과 연결되다   connect

30 park in a _____   한 줄로 주차하다   row

		Check				Check
0421 **traffic**	명 교통(량), 차량	☐	0436 **fare**	명 (교통) 요금, 운임	☐
0422 **signal**	명 신호 동 신호를 보내다	☐	0437 **fee**	명 요금; 수수료; 수업료	☐
0423 **sign**	명 표지판, 신호; 기호 동 서명하다	☐	0438 **passenger**	명 승객	☐
0424 **speed**	명 속도, 속력	☐	0439 **wheel**	명 바퀴; 핸들	☐
0425 **block**	명 (도시의) 블록, 구역; 장애물 동 막다	☐	0440 **curve**	명 커브, 곡선 동 구부러지다	☐
0426 **cross**	동 건너다, 가로지르다 명 X표; 십자가	☐	0441 **sidewalk**	명 인도, 보도	☐
0427 **path**	명 (작은) 길, 오솔길, 경로	☐	0442 **bump**	동 부딪치다 명 충돌	☐
0428 **route**	명 길, 경로, 항로	☐	0443 **rough**	형 거친, 힘든; 대강의	☐
0429 **avenue**	명 ~가(街), 대로, 가로수 길	☐	0444 **cycle**	동 자전거를 타다 명 자전거; 주기	☐
0430 **deliver**	동 배달하다, 전하다	☐	0445 **fasten**	동 매다, 잠그다	☐
0431 **convenient**	형 편리한	☐	0446 **rail**	명 (철도의) 레일; 기차	☐
0432 **careful**	형 조심하는, 주의 깊은	☐	0447 **fence**	명 울타리, 담	☐
0433 **transport**	동 수송[운송]하다 명 교통(수단), 수송 (기관)	☐	0448 **broad**	형 넓은, 광대한	☐
0434 **transportation**	명 교통(수단), 수송 (기관)	☐	0449 **connect**	동 연결하다, 잇다	☐
0435 **transfer**	동 갈아타다 명 환승, 이동	☐	0450 **row**	명 열, 줄; 노 젓기 동 배를 젓다	☐

외우지 않은 단어가 있으면 미니 단어장에서 다시 한번 정리해 보세요.

Wrap Up

A 영어는 우리말로, 우리말은 영어로 쓰시오.

01	purchase	_____	11 지식	_____
02	appointment	_____	12 할인; 할인하다	_____
03	transportation	_____	13 준비하다	_____
04	passenger	_____	14 환불; 환불하다	_____
05	graduate	_____	15 독특한, 고유의	_____
06	process	_____	16 교육	_____
07	valuable	_____	17 복장, 의상	_____
08	sidewalk	_____	18 회사; 동료; 동반	_____
09	quit	_____	19 상세, 세부 사항	_____
10	attend	_____	20 배달하다, 전하다	_____

B 〈보기〉에서 알맞은 단어를 골라 문장을 완성하시오.

┌─〈보기〉
│ consult   prefer   acknowledge   operate   fasten
└─

01 A farmer went to the nearest city to _____ a judge.

02 I _____ white shoes to black ones.

03 I tried to explain how to _____ the machine.

04 We _____ our own limitations.

05 You have to _____ your seat belt.

C 우리말과 일치하도록 빈칸에 알맞은 말을 쓰시오.

01 그 청바지는 나에게 너무 꽉 낀다.
⇨ The jeans are too _____ for me.

02 그녀는 초등학교 때 바이올린을 연주했다.
⇨ She played the violin in _____ school.

03 모든 데이터를 꼭 기록하세요.
⇨ Be sure to _____ all the data.

04 그들은 심한 교통 체증에 갇혔다.
⇨ They're stuck in a heavy _____ jam.

05 영수증이 없으면 환불을 받을 수 없습니다.
⇨ You can't get a refund without a _____.

D 영영풀이 해당하는 단어를 〈보기〉에서 골라 쓰시오.

〈보기〉

| wallet | skill | jewelry | wheel | pay |

01 to give someone money for something you buy: _____

02 a small case for holding paper money: _____

03 small things that you wear for decoration: _____

04 the ability to do something well: _____

05 the round thing under a car that allows something to move: _____

DAY 16

상태, 상황, 사물 묘사

오늘 학습할 단어를 공부하고, 가리개를 사용해서 암기해 보세요.

0451 **possible** [pásəbl]

[형] 가능한

Drinking water from a cup isn't **possible** in space. [교과서]
컵으로 물을 마시는 것은 우주에서 **가능하지** 않다.

[+] **possibility** [명] 가능성
[↔] **impossible** [형] 불가능한

> **VOCA TIP**
> as soon as possible은 '가능한 빨리'란 뜻으로 ASAP로 줄여서 사용하기도 해요.

0452 **asleep** [əslíːp]

[형] 잠이 든

She went to bed and fell **asleep** soon. [교과서]
그녀는 잠자리에 들어서 곧 **잠들었다**.

[»] **fall asleep** 잠이 들다

0453 **satisfy** [sǽtisfài]

[동] 만족시키다

The program won't **satisfy** the customers.
그 프로그램은 고객들을 **만족시키지** 못할 것이다.

[+] **satisfaction** [명] 만족(감)

0454 **complete** [kəmplíːt]

[형] 완전한 [동] 완료하다

The rumor turned out to be a **complete** lie.
[교과서] 그 소문은 **완전한** 거짓말로 판명되었다.

[+] **completely** [부] 완전히, 완벽하게
[↔] **incomplete** [형] 불완전한

0455 **empty** [émpti]

[형] 비어 있는 [동] 비우다

The cafe was **empty** except for two men. [학평]
그 카페는 두 명의 남자를 제외하고는 **텅 비어** 있었다.

[↔] **full** [형] 가득한

> **VOCA TIP**
> * empty promise 공허한 약속
> * empty belly[stomach] 공복
> * empty lot 공터
> * empty street 사람의 왕래가 없는 거리

0456 **fortunately** [fɔ́ːrtʃənətli]

[부] 다행스럽게도

Fortunately for me, he let me use his laptop.
[교과서] 나로서는 **다행스럽게도**, 그는 내가 그의 노트북을 사용하게 해주었다.

[+] **fortune** [명] 행운; 재산
[↔] **unfortunately** [부] 불행하게도, 안타깝게도

0457 **able**
[éibl]

(형) ~할 수 있는

He was **able** to find his cat three days later.
교과서 그는 3일 후에 그의 고양이를 찾을 **수 있었다**.

» be able to ~할 수 있다
⊕ ability (명) 능력 enable (동) ~할 수 있게 하다

be able to는 '~할 수 있다'는 의미로, 조동사 can과 바꿔 쓸 수 있어요. 이때 주어와 시제에 알맞은 be동사를 사용하고, to 다음에 동사원형을 써야 한다는 것을 기억하세요.

Q 두 문장의 의미가 같도록 빈칸에 알맞은 말을 쓰시오.

She can speak three different languages.
= She _____ _____ _____ speak three different languages.

目 is able to

0458 **certain**
[sɔ́ːrtən]

(형) 확실한, 확신하는; 특정한

We felt **certain** of winning.
우리는 승리를 **확신했다**.

⊕ certainty (명) 확실, 확신 certainly (부) 분명히, 틀림없이
目 sure (형) 확신하는

VOCA TIP
certain과 sure 모두 의심의 여지가 없음을 나타내지만, certain은 객관적이고 확고한 근거가 있는 경우에 사용하는 반면, sure는 바람과 신념을 나타낼 때도 사용해요.

0459 **exist**
[igzíst]

(동) 존재하다, (~에) 있다

Ghosts **exist** only in our imagination. 교과서
유령은 우리의 상상에만 **존재한다**.

⊕ existing (형) 현존하는, 기존의

0460 **appropriate**
[əpróupriət]

(형) 적절한, 적당한

Select clothing **appropriate** for the temperature.
학평 기온에 **적절한** 옷을 선택해라.

↔ inappropriate (형) 부적절한

0461 **alike**
[əláik]

(형) 비슷한 (부) 비슷하게

The kids all look very **alike**.
그 아이들은 모두 매우 **비슷해** 보인다.

VOCA TIP
접두사 un-은 부정의 의미를 나타내요.

0462 **unlike**
[ʌnláik]

(전) ~와 다른, ~와는 달리

Unlike my sister, I'm not a great dancer.
나의 언니**와 달리**, 나는 춤을 잘 못 춘다.

⊕ unlikely (부) 있을 것 같지 않은, 가망이 없는

0463 alive
[əláiv]

(형) 살아 있는

We eat food to stay **alive**. 성취도

우리는 **살아 있기** 위해 음식을 먹는다.

↔ dead (형) 죽은

'살아 있는'이라는 뜻을 나타낼 때 alive는 서술적 용법으로만 쓰여요. 따라서 alive는 명사 앞에는 쓰지 않고, 같은 의미로 명사 앞에서는 living이나 live를 사용해요.

Q 괄호 안에서 알맞은 것을 고르시오.

I have never seen a real [**alive** / **living**] snake.

답 living

VOCA TIP

상태를 나타내는 접두사 a-로 시작하는 형용사(alive, alike, asleep 등)는 명사 앞에 쓰지 않고, 서술적 용법으로만 쓰이는 경우가 많아요.

0464 immediate
[imíːdiət]

(형) 즉각적인

I got an **immediate** response from Jake. 학평

나는 Jake로부터 **즉각적인** 답장을 받았다.

+ immediately (부) 즉시, 바로
= instant (형) 즉시[즉각]의

0465 gradually
[grǽdʒuəli]

(부) 점차적으로, 서서히

The weather **gradually** got worse.

날씨가 **점차** 나빠졌다.

+ gradual (형) 점진적인

0466 basic
[béisik]

(형) 기본적인, 기초의

He reminded me of a **basic** rule. 교과서

그는 나에게 **기본** 규칙을 상기시켜 주었다.

+ base (명) 토대, 기초　basically (부) 기본적으로

0467 brief
[briːf]

(형) 짧은, 간단한

His answer was **brief** and to the point.

그의 대답은 **간단하고** 명료했다.

= short (형) 짧은

VOCA TIP

* in brief 간단히 말해서
* brief life 짧은 생애
* brief message 간단한 메시지
* brief description 간결한 묘사

0468 overweight
[òuvərwéit]

(형) 과체중의, 중량 초과의

She was tall and slightly **overweight**.

그녀는 키가 크고 약간 **과체중이었다**.

VOCA TIP

접두사 over-는 '정상보다 많은, 지나치게 많은'의 의미를 나타내요.

How Different

0469 state
[steit]

VOCA TIP
* state university 주립 대학
* mental state 정신 상태
* state one's opinions
자신의 의견을 말하다

(명) 상태; 주(州) (동) 진술하다

He was in a **state** of shock.
그는 충격을 받은 **상태**였다.

➕ statement (명) 진술, 성명(서)

0470 situation
[sìtʃuéiʃən]

(명) 상황, 상태; 위치

Lucy never gave up in difficult **situations**.
교과서 Lucy는 어려운 **상황**에서 결코 포기하지 않았다.

• state 상태를 나타내는 일반적인 말로, 특정 시기의 상태에 대해 사용함
• situation 사람이나 사물이 처한 환경을 나타냄

0471 colorful
[kʌ́lərfəl]

VOCA TIP
영국에서는 주로 colourful로 써요.

(형) 다채로운, 형형색색의

The cover of this book is very unique and
colorful. 교과서
이 책의 표지는 아주 독특하고 **알록달록하다**.

➖ vivid (형) 화려한

0472 wooden
[wúdən]

(형) 나무로 된, 목재의

They live in a beautiful **wooden** house. 교과서
그들은 아름다운 **목조** 가옥에서 산다.

➕ wood (명) 목재, 나무

0473 artificial
[àːrtəfíʃəl]

VOCA TIP
AI는 artificial intelligence(인공지능)의 약어예요.

(형) 인공의

The company makes **artificial** body parts.
교과서 그 회사는 **인공** 신체 부위를 만든다.

↔ natural (형) 자연적인

0474 intelligent
[intélidʒənt]

(형) 지능이 있는, 총명한

He was very **intelligent**, so we called him a
genius. 교과서
그는 매우 **총명해서** 우리는 그를 천재라고 불렀다.

➕ intelligence (명) 지능

0475 describe
[diskráib]

(동) 묘사하다

She **described** the painting in detail.
그녀는 그 그림을 상세하게 **묘사했다.**

➕ description (명) 묘사

VOCA TIP
describe는 사람이나 사물의 특징 [인상], 어떤 일이 진행되는 상황, 경치 등을 그림으로 묘사하듯 상세하게 말로 설명하거나 글로 기술하는 것을 나타내요.

0476 pile
[pail]

(명) 더미 (동) 쌓아 올리다

The artists shaped huge **piles** of snow into flowers. 교과서
예술가들이 거대한 눈 **더미**를 꽃 모양으로 만들었다.

➡️ pile up ~을 쌓다, 쌓이다

0477 giant
[dʒáiənt]

(형) 거대한 (명) 거인

The library looks like a **giant** bookshelf. 교과서
그 도서관은 **거대한** 책장처럼 보인다.

0478 smooth
[smu:ð]

(형) 매끄러운

The baby's skin is as **smooth** as silk.
그 아기의 피부는 비단처럼 **매끄럽다.**

➕ smoothly (부) 부드럽게, 순조롭게
↔️ rough (형) 거친

0479 firm
[fə:rm]

(형) 굳은, 단단한 (명) 회사

I prefer a **firm** mattress.
나는 **단단한** 매트리스를 선호한다.

➕ firmly (부) 견고하게, 확고히

VOCA TIP
* firm belief 확고한 믿음
* firm attitude 단호한 태도
* firm body 탄탄한 몸
* law firm 법률 사무소

0480 attractive
[ətrǽktiv]

(형) 마음을 끄는, 매력적인

They made me a very **attractive** offer.
그들이 나에게 매우 **매력적인** 제안을 했다.

➕ attract (동) (마음을) 끌다; 끌어당기다

01 _____ in space 우주에서 가능한   possible   possible

02 fell _____ soon 곧 잠들다   asleep

03 _____ the customers 고객들을 만족시키다   satisfy

04 a _____ lie 완전한 거짓말   complete

05 _____ except for two men   empty
두 명의 남자를 제외하고 텅 빈

06 _____ for me 나로서는 다행스럽게도   fortunately

07 be _____ to find his cat   able
그의 고양이를 찾을 수 있다

08 feel _____ of winning 승리를 확신하다   certain

09 _____ in our imagination   exist
우리의 상상에서 존재하다

10 _____ for the temperature 기온에 적절한   appropriate

11 look very _____ 매우 비슷해 보이다   alike

12 _____ my sister 나의 언니와 달리   unlike

13 eat food to stay _____   alive
살아 있기 위해 음식을 먹다

14 get an _____ response 즉각적인 답장을 받다 immediate

15 _____ get worse 점차 나빠지다   gradually

16 a _____ rule 기본 규칙   basic

17 _____ and to the point 간단하고 명료한   brief

18 slightly _____ 약간 과체중인   overweight

19 in a _____ of shock 충격을 받은 상태에서   state

20 in difficult _____s 어려운 상황에서   situation

21 unique and _____ 독특하고 알록달록한   colorful

22 live in a _____ house 목조 가옥에 살다   wooden

23 _____ body parts 인공 신체 부위   artificial

24 be very _____ 매우 총명하다   intelligent

25 _____ the painting 그림을 묘사하다   describe

26 huge _____s of snow 거대한 눈 더미   pile

27 look like a _____ bookshelf   giant
    거대한 책장처럼 보이다

28 as _____ as silk 비단처럼 매끄러운   smooth

29 a _____ mattress 단단한 매트리스   firm

30 a very _____ offer 매우 매력적인 제안   attractive

			Check					Check
0451	**possible**	혱 가능한	☐	0466	**basic**	혱 기본적인, 기초의		☐
0452	**asleep**	혱 잠이 든	☐	0467	**brief**	혱 짧은, 간단한		☐
0453	**satisfy**	동 만족시키다	☐	0468	**overweight**	혱 과체중의, 중량 초과의		☐
0454	**complete**	혱 완전한 동 완료하다	☐	0469	**state**	명 상태; 주(州) 동 진술하다		☐
0455	**empty**	혱 비어 있는 동 비우다	☐	0470	**situation**	명 상황, 상태; 위치		☐
0456	**fortunately**	부 다행스럽게도	☐	0471	**colorful**	혱 다채로운, 형형색색의		☐
0457	**able**	혱 ~할 수 있는	☐	0472	**wooden**	혱 나무로 된, 목재의		☐
0458	**certain**	혱 확실한, 확신하는; 특정한	☐	0473	**artificial**	혱 인공의		☐
0459	**exist**	동 존재하다, (~에) 있다	☐	0474	**intelligent**	혱 지능이 있는, 총명한		☐
0460	**appropriate**	혱 적절한, 적당한	☐	0475	**describe**	동 묘사하다		☐
0461	**alike**	혱 비슷한 부 비슷하게	☐	0476	**pile**	명 더미 동 쌓아 올리다		☐
0462	**unlike**	전 ~와 다른, ~와는 달리	☐	0477	**giant**	혱 거대한 명 거인		☐
0463	**alive**	혱 살아 있는	☐	0478	**smooth**	혱 매끄러운		☐
0464	**immediate**	혱 즉각적인	☐	0479	**firm**	혱 굳은, 단단한 명 회사		☐
0465	**gradually**	부 점차적으로, 서서히	☐	0480	**attractive**	혱 마음을 끄는, 매력적인		☐

외우지 않은 단어가 있으면 미니 단어장에서 다시 한번 정리해 보세요.

DAY 17 수, 양, 빈도

📖 오늘 학습할 단어를 공부하고, 가리개를 사용해서 암기해 보세요.

내신 빈출

0481 **enough**
[ɪnʌ́f]

(형) 충분한 (부) 충분히

I can't find **enough** information. 교과서
나는 **충분한** 정보를 찾을 수 없다.

enough가 형용사로 쓰이면 명사를 앞에서 수식하지만, 부사로 쓰이면 형용사나 부사를 뒤에서 수식해요.
그래서 <형용사[부사] + enough + to부정사(~하기에 충분히 …한[하게])>의 형태로 쓰여요.

Q 괄호 안에 주어진 단어들을 바르게 배열하시오.

He is [enough, lift, strong, to] the box.

답 strong enough to lift

0482 **piece**
[piːs]

(명) 조각, 한 부분

Cut a **piece** of paper into two **pieces**. 성취도
종이 한 **장**을 두 **조각**으로 자르세요.

» cut[break] ~ into pieces ~을 조각으로 자르다[부수다]

0483 **several**
[sévərəl]

(형) 몇몇의, 여러 가지의

I've read the novel **several** times. 학평
나는 그 소설을 **여러** 번 읽었다.

> **VOCA TIP**
> several은 수가 셋 이상인 경우에 쓰며, a few보다는 많고 many보다는 적은 수를 나타내요.

0484 **plenty**
[plénti]

(명) 많음, 충분

You should get **plenty** of sleep to stay healthy. 교과서
건강을 유지하기 위해서 잠을 **충분히** 자야 한다.

» **plenty of** 많은, 풍부한, 충분한
➕ **plentiful** (형) 많은, 풍부한

> **VOCA TIP**
> plenty는 수, 양 모두에 쓰이며, '충분히 많은'이라는 의미로 '매우 많은'이라는 의미는 아니에요.

0485 **average**
[ǽvəridʒ]

(형) 평균의; 보통의 (명) 평균

The **average** price of pork went up.
돼지고기의 **평균** 가격이 올랐다.

» **on average** 평균적으로, 대체로

0486 **count**
[kaunt]

(동) 세다, 계산하다

Whenever she eats something, she **counts** calories. 그녀는 뭔가 먹을 때마다 칼로리를 **계산한다**.

➕ **countless** (형) 셀 수 없이 많은

내신빈출

0487 **half**
[hæf]

명 반, 절반 형 절반의

Mars is about **half** the size of Earth. 교과서
화성은 지구 크기의 **절반** 정도이다.

주어가 <부분을 나타내는 말(half, most, 분수 등)+of+명사>의 형태로 되어 있는 경우 동사는 of 다음의
명사에 수를 일치시켜요. 시험에 자주 나오니까 기억하세요.

Q 괄호 안에서 알맞은 것을 고르시오.

Half of the students [has / have] smartphones.

답 have

0488 **single**
[síŋgl]

형 단 하나의

I think **single** food diet is unhealthy. 교과서
나는 **한 가지** 음식만 먹는 다이어트는 건강에 안 좋다고 생각한다.

VOCA TIP
single은 '혼자의, 독신의', '독신자,
1인용의'라는 의미로도 쓰여요.

0489 **per**
[pər]

전 ~당, ~마다

It's 50 dollars **per** hour. 학평
시간**당** 50달러입니다.

VOCA TIP
일상 영어에서는 per 대신 a(an)
이 많이 쓰여요.

0490 **equal**
[íːkwəl]

형 같은, 동일한 동 ~와 같다

There is an **equal** number of boys and girls in
the class.
학급에는 **같은** 수의 남학생과 여학생이 있다.

➕ equally 부 똑같이, 마찬가지로, 평등하게

0491 **volume**
[váljuːm]

명 양; (책의) 권; 음량

It isn't easy to manage the large **volumes** of
e-mail.
다**량**의 이메일을 관리하는 것은 쉽지 않다.

VOCA TIP
* sales volume 판매량
* turn up the volume
  소리를 크게 하다
* the first volume of the
  series 시리즈의 첫 번째 권

0492 **quality**
[kwáləti]

명 질; 양질; 자질

The sound **quality** of the speaker is good.
교과서 스피커의 음**질**이 좋다.

↔ quantity 명 양, 수량

0493 divide
[diváid]

(동) 나누다, 분리하다

I **divided** the pie into four equal pieces. 교과서
나는 그 파이를 똑같은 네 조각으로 **나눴다.**

>> divide A into B A를 B로 나누다
+ division (명) 분할, 분배; 나눗셈

0494 multiply
[mʌ́ltəplài]

(동) 곱하다; 증가하다, 증가시키다

The number of volunteers **multiplied.** 교과서
자원봉사자들의 수가 **증가했다.**

>> multiply A by B A와 B를 곱하다
+ multiple (형) 많은, 다수의, 다양한
↔ divide (동) 나누다

VOCA TIP
multi-는 '복수의, 다수의, 다양한'
의 의미를 나타내요.

0495 balance
[bǽləns]

(명) 균형 (동) 균형을 잡다

I lost my **balance** and fell down.
나는 **균형**을 잃고 쓰러졌다.

VOCA TIP
balance는 '저울, 천칭', '(은행) 잔
고', '비교 평가하다', '(무게, 액수 등
이) 맞다' 등의 의미로도 쓰여요.

How Different

0496 total
[tóutl]

(형) 전체의, 총 ~ (명) 합계, 총액

The **total** price is 70 dollars. 교과서
총 가격이 70달러입니다.

>> in total 통틀어, 합쳐서
+ totally (부) 완전히, 전부

0497 whole
[houl]

(형) 전체의, 모든 (명) 전체, 전부

I gave a speech in front of the **whole** school.
교과서 나는 **전**교생 앞에서 연설을 했다.

• total 개개의 것을 합친 전체를 나타냄
• whole 결여된 부분 없이 완전히 주어진 전체를 나타냄

VOCA TIP
exactly는 yes의 대응으로 수긍하
는 대답으로 써 '맞아, 바로 그거
야'라는 의미도 나타내요.

0498 exactly
[igzǽktli]

(부) 정확히, 바로

The hotel has **exactly** 473 rooms.
그 호텔에는 **정확히** 473개의 객실이 있다.

+ exact (형) 정확한

0499 double
[dʌ́bl]

⟨형⟩ 두 배의 ⟨동⟩ 두 배로 되다

The cucumbers **doubled** in size in just a few days. 교과서
며칠 만에 오이 크기가 **두 배로 되었다**.

> VOCA TIP
> double은 '이중의', '2인용의', '두 배' 라는 의미로도 쓰여요.

0500 quite
[kwait]

⟨부⟩ 꽤, 상당히; 완전히

There is **quite** a lot of traffic.
교통량이 **상당히** 많다.
🔁 pretty, fairly ⟨부⟩ 꽤, 상당히

> VOCA TIP
> quite가 <a(an) + 형용사 + 명사> 와 함께 쓰일 때 부정관사 a(an) 앞에 와요.
> * He is quite a nice man.

0501 entire
[intáiər]

⟨형⟩ 전체의, 완전한

She lived her **entire** life in the same house.
학평 그녀는 **전체** 인생(**평생**)을 같은 집에서 살았다.
➕ entirely ⟨부⟩ 완전히, 전적으로
🔁 whole ⟨형⟩ 전체의

0502 major
[méidʒər]

⟨형⟩ 큰 쪽의, 주요한 ⟨명⟩ 전공

Sugar is a **major** cause of tooth decay. 교과서
설탕은 충치의 **주요** 원인이다.
➕ majority ⟨명⟩ 대다수, 과반수
↔ minor ⟨형⟩ (수량, 정도 등이) 작은 쪽의, 사소한

0503 weigh
[wei]

⟨동⟩ 무게가 ~이다, 무게를 달다

At age 13, he **weighed** about 200 pounds.
성취도 13세에 그는 약 200파운드의 **몸무게가 나갔다**.
➕ weight ⟨명⟩ 체중, 무게

0504 rate
[reit]

⟨명⟩ 비율; 요금; 속도 ⟨동⟩ 평가하다

Traffic death **rates** have been greatly reduced.
학평 교통사고 사망**률**이 크게 감소해 왔다.
➕ rating ⟨명⟩ 등급; 평가 overrate ⟨동⟩ 과대평가하다

> VOCA TIP
> * birth rate 출생률
> * growth rate 성장률
> * interest rate 금리, 이자율
> * advertising(ad) rate 광고료

0505 degree
[digríː]

(명) 정도, 등급; (온도의) 도; 학위

Keep the water temperature around 35 **degrees**. 듣기

물 온도를 35**도** 정도로 유지해라.

VOCA TIP
* to some degree 어느 정도까지
* bachelor's degree 학사 학위
* master's degree 석사 학위
* doctorate(doctor's) degree 박사 학위

0506 figure
[fígjər]

(명) 수치; 모양; 인물 (동) ~라고 생각하다

This month's sales **figures** are looking good.

이번 달 판매 **수치**가 좋아 보인다.

» **figure out** 계산하다; 이해하다, 생각해 내다

VOCA TIP
* sales figure 판매 수치
* skinny figure 가냘픈 몸매
* historical figure 역사적 인물

0507 extra
[ékstrə]

(형) 추가의, 여분의

Delivery will be provided at no **extra** charge.

배달은 **추가** 요금 없이 제공될 것입니다.

0508 tiny
[táini]

(형) 아주 작은

Most sand is made up of **tiny** bits of rock. 학평

대부분의 모래는 **아주 작은** 돌조각들로 구성된다.

0509 modest
[mádist]

(형) 그다지 크지 않은; 겸손한

The movie was made on a **modest** budget.

그 영화는 **그다지 많지 않은** 예산으로 제작되었다.

➕ **modesty** (명) 겸손; 소박함

0510 rarely
[réərli]

(부) 좀처럼 ~하지 않는

I **rarely** have time to read books. 성취도

나는 **좀처럼** 책을 읽을 시간을 가지지 **못한다**.

➕ **rare** (형) 드문, 희귀한
= **seldom, hardly** (부) 좀처럼[거의] ~하지 않는

VOCA TIP
빈도부사(always, often, sometimes, rarely 등)는 보통 be동사와 조동사 뒤에, 일반동사 앞에 위치해요.

01 find _____ information 충분한 정보를 찾다   enough   *enough*

02 cut a _____ of paper 종이 한 장을 자르다   piece

03 _____ times 여러 번   several

04 get _____ of sleep 충분한 잠을 자다   plenty

05 the _____ price of pork 돼지고기의 평균 가격   average

06 _____ calories 칼로리를 계산하다   count

07 _____ the size of Earth 지구의 절반 크기   half

08 _____ food diet 한 가지 음식만 먹는 다이어트   single

09 50 dollars _____ hour 시간당 50달러   per

10 an _____ number 같은 수   equal

11 the large _____s of e-mail 다량의 이메일   volume

12 the sound _____ 음질   quality

13 _____ the pie into four equal pieces   divide
파이를 똑같은 네 조각으로 나누다

14 _____ 3 by 7 3과 7을 곱하다   multiply

15 lose one's _____ 균형을 잃다   balance

16 the _____ price 총 가격 | total

17 in front of the _____ school 전교생 앞에서 | whole

18 have _____ 473 rooms | exactly
정확히 473개의 객실을 가지고 있다

19 _____ in size 크기가 두 배로 되다 | double

20 _____ a lot of traffic 교통량이 상당히 많은 | quite

21 her _____ life 그녀의 전체 인생〔평생〕 | entire

22 a _____ cause 주요 원인 | major

23 _____ about 200 pounds | weigh
약 200파운드의 몸무게가 나가다

24 traffic death _____s 교통사고 사망률 | rate

25 around 35 _____s 35도 정도 | degree

26 this month's sales _____s 이번 달 판매 수치 | figure

27 at no _____ charge 추가 요금 없이 | extra

28 _____ bits of rock 아주 작은 돌조각들 | tiny

29 on a _____ budget 그다지 많지 않은 예산으로 | modest

30 _____ have time 좀처럼 시간을 가지지 못하다 | rarely

		Check				Check
0481 **enough**	형 충분한 부 충분히	☐	0496 **total**	형 전체의, 총 ~ 명 합계, 총액	☐
0482 **piece**	명 조각, 한 부분	☐	0497 **whole**	형 전체의, 모든 명 전체, 전부	☐
0483 **several**	형 몇몇의, 여러 가지의	☐	0498 **exactly**	부 정확히, 바로	☐
0484 **plenty**	명 많음, 충분	☐	0499 **double**	형 두 배의 동 두 배로 되다	☐
0485 **average**	형 평균의; 보통의 명 평균	☐	0500 **quite**	부 꽤, 상당히; 완전히	☐
0486 **count**	동 세다, 계산하다	☐	0501 **entire**	형 전체의, 완전한	☐
0487 **half**	명 반, 절반 형 절반의	☐	0502 **major**	형 큰 쪽의, 주요한 명 전공	☐
0488 **single**	형 단 하나의	☐	0503 **weigh**	동 무게가 ~이다, 무게를 달다	☐
0489 **per**	전 ~당, ~마다	☐	0504 **rate**	명 비율; 요금; 속도 동 평가하다	☐
0490 **equal**	형 같은, 동일한 동 ~와 같다	☐	0505 **degree**	명 정도, 등급; (온도 의) 도; 학위	☐
0491 **volume**	명 양; (책의) 권; 음량	☐	0506 **figure**	명 수치; 모양; 인물 동 ~라고 생각하다	☐
0492 **quality**	명 질; 양질; 자질	☐	0507 **extra**	형 추가의, 여분의	☐
0493 **divide**	동 나누다, 분리하다	☐	0508 **tiny**	형 아주 작은	☐
0494 **multiply**	동 곱하다; 증가하다, 증가시키다	☐	0509 **modest**	형 그다지 크지 않은; 겸손한	☐
0495 **balance**	명 균형 동 균형을 잡다	☐	0510 **rarely**	부 좀처럼 ~하지 않는	☐

외우지 않은 단어가 있으면 미니 단어장에서 다시 한번 정리해 보세요.

시간, 순서, 위치

📖 오늘 학습할 단어를 공부하고, 가리개를 사용해서 암기해 보세요.

0511 **moment**
[móumənt]

📖 순간; 잠깐

I can never forget the beautiful **moment**. 교과서
나는 그 아름다운 **순간**을 결코 잊을 수 없다.

➕ momentary 📖 순간적인, 잠깐의

0512 **someday**
[sʌ́mdèi]

📖 (미래의) 언젠가, 훗날

I want to be a painter **someday**. 교과서
나는 **언젠가** 화가가 되고 싶다.

0513 **anytime**
[énitàim]

📖 언제든지, 언제나

They can use the computer room **anytime**.
교과서 그들은 **언제든지** 컴퓨터실을 이용할 수 있다.

0514 **sometime**
[sʌ́mtàim]

📖 (미래의) 언젠가; (과거의) 어떤 때

I hope you can try Korean food **sometime**.
교과서 나는 네가 **언젠가** 한국 음식을 먹어볼 수 있길 바란다.

0515 **period**
[pí(:)əriəd]

📖 기간, 시기; 시대

During this **period**, you won't be able to check out or returns books. 학평
이 **기간** 동안, 책을 대출하거나 반납할 수 없습니다.

➕ periodic 📖 주기적인

0516 **dawn**
[dɔːn]

📖 새벽, 동틀 녘

I had to find the answer before **dawn**. 교과서
나는 **동트기** 전에 해답을 찾아야 했다.

▶ at dawn 동틀 녘에, 새벽에

0517 **daytime**
[déitàim]

(명) 낮, 주간

You hardly ever see **owls** in the daytime.
낮에는 올빼미를 거의 보지 못한다.

0518 **afterward**
[ǽftərwərd]

(부) 후에, 나중에

Let's eat first and go see a movie **afterward**.
먼저 밥을 먹고 **후에** 영화를 보러 가자.

🔲 later (부) 나중에, 후에

> VOCA TIP
> afterward와 afterwards 모두 같은 의미인데, 미국에서는 주로 afterward를, 영국에서는 afterwards를 사용해요.

0519 **within**
[wiðín]

(전) ~ 이내에

Upload the video to our website **within** 24 hours. 수능
24시간 **이내에** 우리 웹사이트에 동영상을 업로드 하십시오.

> VOCA TIP
> within은 특정 기간, 특정 거리, 장소, 한계, 범위 등에 쓰여요.

내신빈출

0520 **lately**
[léitli]

(부) 최근에, 요즈음

He has been feeling more anxious **lately**. 학평
그는 **최근에** 더 불안함을 느끼고 있다.

➕ late (형) 늦은; 최근의 (부) 늦게

late는 '늦은; 최근의'라는 의미의 형용사와 '늦게'라는 의미의 부사로 쓰이고, lately는 '최근에'라는 의미만을 나타내요. 이 둘을 구별하는 문제가 자주 출제되고 있어요.

Q 괄호 안에서 알맞은 것을 고르시오.

The concert started half an hour [**late** / lately].

🅰 late

0521 **lastly**
[lǽstli]

(부) 마지막으로

Lastly, add the lemon juice and mix some more. **마지막으로**, 레몬즙을 넣고 더 섞어라.

➕ last (형) 마지막의; 지난
🔲 finally (부) 마지막으로

> VOCA TIP
> lastly는 목록에서 또는 자기가 제기하는 요점들 중에서 맨 마지막 것을 나열하거나 소개할 때 주로 사용해요.

0522 **follow**
[fálou]

(동) 따라가다; 따르다

He **followed** me into the garage.
그는 나를 **따라** 차고로 들어왔다.

➕ following (형) 그 다음의

How Different

0523
□□ **bottom**
[bátəm]

(명) 맨 아랫부분, 바닥; 기초

Do you see the cat on the **bottom** of the picture?

(모평) 사진의 **아랫부분**에 있는 고양이가 보이니?

↔ top (명) 상단, 꼭대기

0524
□□ **base**
[beis]

(명) 가장 밑 부분; 토대, 기초

The switch is located on the **base** of the lamp.

스위치는 램프의 **밑 부분**에 달려 있다.

➕ basic (형) 기본적인, 기초적인

> **VOCA TIP**
> base는 이밖에 '(지지, 권력 등의) 기반', '근거지, 본부', '(야구의) 베이스[~루]' 등의 의미도 나타내요.

• bottom 물건의 맨 아랫부분, 나무 밑동, 용기의 바닥, 강·호수·바다의 바닥 등을 나타냄
• base 놓여 있거나 서 있는 물건의 가장 밑 부분이나 받침대, 또는 이론·조직·제도 등의 근거[기초]
를 나타냄

0525
□□ **straight**
[streit]

(부) 똑바로; 곧장 (형) 곧은, 똑바른

I came **straight** home after school. (성취도)

나는 방과 후에 **곧장** 집으로 왔다.

➕ straighten (동) 똑바르게 하다[되다]

> **VOCA TIP**
> * straight face (웃음을 참은) 무표정한 얼굴, 정색
> * straight hair 직모
> * straight line 직선

0526
□□ **beside**
[bisáid]

(전) ~의 옆에

I put my glasses on the seat **beside** me. (학평)

나는 내 **옆의** 좌석 위에 내 안경을 놓았다.

0527
□□ **opposite**
[ápəzit]

(전) ~의 맞은편에 (형) 맞은편의; 정반대의

The bank is **opposite** the post office.

은행은 우체국 **맞은편에** 있다.

➕ oppose (동) 반대하다 opposition (명) 반대

> **VOCA TIP**
> opposite는 위치, 방향, 성질, 결과, 의미, 행동 등이 대조적이고 정반대임을 나타낼 때 사용해요.

0528
□□ **below**
[bilóu]

(전) ~보다 아래에 (부) 아래에

About a third of the Netherlands sits **below** sea level. (교과서)

네덜란드의 약 3분의 1이 해수면**보다 아래에** 있다.

↔ above (전) ~보다 위에 (부) 위에

0529 **position**
[pəzíʃən]

(명) 위치; 입장; 지위

The store has a good **position** in the mall.
그 가게는 쇼핑몰에서 좋은 **위치**에 있다.

0530 **distance**
[dístəns]

(명) 거리, 간격

The girl walked a long **distance** to get clean water. 교과서
그 여자아이는 깨끗한 물을 얻기 위해 먼 **거리**를 걸었다.

➕ **distant** (형) 먼, (멀리) 떨어져 있는

VOCA TIP
distance는 거리(공간)상·시간상으로 떨어진 거리뿐만 아니라 사람 사이의 정신적인 거리감도 나타내요.

0531 **toward**
[təwɔ́ːd]

(전) ~ 쪽으로, ~을 향하여

He ran **toward** the chair. 교과서
그는 그 의자 **쪽으로** 달려갔다.

VOCA TIP
toward는 to와는 달리, 반드시 목적지에의 도착을 의미하지 않아요. 미국에서는 toward, 영국에서는 towards를 주로 사용해요.

내신(빈출)

0532 **forward**
[fɔ́ːrwərd]

(부) 앞으로

Would you mind moving **forward** a little bit?
학평 조금만 더 **앞으로** 가주시겠어요?

▶▶ **look forward to** ~을 고대하다

look forward to에서 to는 전치사이므로 뒤에 명사나 동명사가 와야 해요. to부정사의 to라고 착각해서 틀리는 경우가 많으므로 꼭 기억하세요.

Q 괄호 안에서 알맞은 것을 고르시오.

We're looking forward to [**work / working**] with you soon.

답 working

0533 **backward**
[bǽkwərd]

(부) 뒤쪽으로; 거꾸로

They tried to walk **backward** on the ice. 학평
그들은 얼음 위에서 **뒤로** 걸으려고 노력했다.

↔ **forward** (부) 앞으로

VOCA TIP
미국에서는 forward, backward를, 영국에서는 forwards, backwards를 주로 사용해요.

0534 **apart**
[əpáːrt]

(부) 떨어져

Stand with your feet wide **apart**. 교과서
발을 넓게 **벌리고[떨어뜨리고]** 서세요.

↔ **together** (부) 함께, 함께 붙도록

0535 location
[loukéiʃən]

(명) 위치, 장소

What is the exact **location** of the tower?
그 타워의 정확한 **위치**는 어디인가요?

➕ locate (동) (특정 위치에) 두다; ~의 위치를 찾아내다

🔆 **VOCA TIP**
location은 '(영화의) 야외 촬영지,
로케이션'이라는 의미도 나타내요.

0536 compass
[kʌ́mpəs]

(명) 나침반

The **compass** needle is pointing north.
나침반 바늘이 북쪽을 가리키고 있다.

0537 eastern
[íːstərn]

(형) 동쪽의, 동양의

The **eastern** part of the country is mountainous.
그 나라의 **동쪽** 지역은 산이 많다.

➕ east (명) 동(쪽), 동부; 동양

🔆 **VOCA TIP**
* middle eastern 중동의
* far eastern 극동의

0538 western
[wéstərn]

(형) 서쪽의, 서양의

The **western** sky is covered with black clouds.
서쪽 하늘이 먹구름으로 덮여 있다.

➕ west (명) 서(쪽), 서부; 서양

0539 southern
[sʌ́ðərn]

(형) 남쪽의, 남부의

Spain is in **southern** Europe. 교과서
스페인은 **남부** 유럽에 있다.

➕ south (명) 남(쪽), 남부

0540 northern
[nɔ́ːrðərn]

(형) 북쪽의, 북부의

The Sahara covers most of **northern** Africa.
교과서 사하라 사막은 **북**아프리카 대부분에 펼쳐져 있다.

➕ north (명) 북(쪽), 북부

01 forget the _____ 그 순간을 잊다   moment   moment

02 be a painter _____ 언젠가 화가가 되다   someday

03 use the computer room _____   anytime
언제든지 컴퓨터실을 이용하다

04 try Korean food _____   sometime
언젠가 한국 음식을 먹어보다

05 during this _____ 이 기간 동안   period

06 before _____ 동트기 전에   dawn

07 see owls in the _____ 낮에 올빼미를 보다   daytime

08 go see a movie _____ 후에 영화를 보러 가다   afterward

09 _____ 24 hours 24시간 이내에   within

10 more anxious _____ 최근에 더 불안한   lately

11 _____. add the lemon juice   lastly
마지막으로, 레몬즙을 넣다

12 _____ me 나를 따라 오다   follow

13 on the _____ of the picture 사진의 아랫부분에   bottom

14 on the _____ of the lamp 램프의 밑 부분에   base

15 come _____ home 곧장 집으로 오다   straight

16 the seat _____ me 내 옆의 좌석 beside

17 be _____ the post office 우체국 맞은편에 있다 opposite

18 _____ sea level 해수면보다 아래에 below

19 a good _____ in the mall 쇼핑몰에서 좋은 위치 position

20 walk a long _____ 먼 거리를 걷다 distance

21 run _____ the chair 의자 쪽으로 달려가다 toward

22 move _____ 앞으로 가다 forward

23 walk _____ on the ice 얼음 위에서 뒤로 걷다 backward

24 stand with one's feet _____ 발을 벌리고 서다 apart

25 the _____ of the tower 타워의 위치 location

26 the _____ needle 나침반 바늘 compass

27 the _____ part 동쪽 지역 eastern

28 the _____ sky 서쪽 하늘 western

29 in _____ Europe 남부 유럽에 southern

30 most of _____ Africa 북아프리카 대부분 northern

		Check				Check
0511 **moment**	몡 순간; 잠깐		0526 **beside**	젠 ~의 옆에	
0512 **someday**	뮈 (미래의) 언젠가, 훗날		0527 **opposite**	젠 ~의 맞은편에 톙 맞은편의; 정반대의	
0513 **anytime**	뮈 언제든지, 언제나		0528 **below**	젠 ~보다 아래에 뮈 아래에	
0514 **sometime**	뮈 (미래의) 언젠가; (과거의) 어떤 때		0529 **position**	몡 위치; 입장; 지위	
0515 **period**	몡 기간, 시기; 시대		0530 **distance**	몡 거리, 간격	
0516 **dawn**	몡 새벽, 동틀 녘		0531 **toward**	젠 ~ 쪽으로, ~을 향하여	
0517 **daytime**	몡 낮, 주간		0532 **forward**	뮈 앞으로	
0518 **afterward**	뮈 후에, 나중에		0533 **backward**	뮈 뒤쪽으로; 거꾸로	
0519 **within**	젠 ~ 이내에		0534 **apart**	뮈 떨어져	
0520 **lately**	뮈 최근에, 요즘음		0535 **location**	몡 위치, 장소	
0521 **lastly**	뮈 마지막으로		0536 **compass**	몡 나침반	
0522 **follow**	동 따라가다; 따르다		0537 **eastern**	톙 동쪽의, 동양의	
0523 **bottom**	몡 맨 아랫부분, 바닥; 기초		0538 **western**	톙 서쪽의, 서양의	
0524 **base**	몡 가장 밑 부분; 토대, 기초		0539 **southern**	톙 남쪽의, 남부의	
0525 **straight**	뮈 똑바로; 곧장 톙 곧은, 똑바른		0540 **northern**	톙 북쪽의, 북부의	

외우지 않은 단어가 있으면 미니 단어장에서 다시 한번 정리해 보세요.

DAY 19

여행

📖 오늘 학습할 단어를 공부하고, 가리개를 사용해서 암기해 보세요.

0541 **journey**
[dʒə́ːrni]

명 여행, 여정

He started a **journey** to cities in Canada. 교과서
그는 캐나다의 도시들로 **여행**을 시작했다.

■ trip 명 여행

> **VOCA TIP**
> journey는 보통 육로를 통한 비교적
> 긴 여행을 의미해요.

0542 **tourist**
[tú(ː)ərist]

명 관광객, 여행자

The street is always crowded with **tourists**.
교과서 그 거리는 항상 **관광객**들로 붐빈다.

➕ tour 명 여행, 관광 동 관광하다

0543 **recommend**
[rèkəménd]

동 추천하다, 권하다

Can you **recommend** a good hotel near here? 근처에 좋은 호텔 좀 **추천해** 주실래요?

➕ recommendation 명 추천, 권고

0544 **foreign**
[fɔ́ːrin]

형 외국의

It is fun to try new things in a **foreign** country.
교과서 **외국**에서 새로운 것을 시도해 보는 것은 재미있다.

➕ foreigner 명 외국인

> **VOCA TIP**
> * foreign policy 외교 정책
> * foreign language 외국어
> * foreign exchange rate 환율

0545 **memory**
[méməri]

명 기억, 추억; 기억력

I'll cherish the **memory** of those days in Rome.
나는 로마에서의 그 날들의 **기억**을 소중히 간직할 것이다.

➕ memorable 형 기억할 만한   memorize 동 암기하다

0546 **seat**
[siːt]

명 좌석, 자리 동 앉히다

I'd like to book a **seat** on your city tour bus.
듣기 시티 투어 버스 **좌석**을 예약하고 싶어요.

> **VOCA TIP**
> * have(take) a seat 자리에 앉다
> * window seat 창문 쪽 좌석
> * aisle seat 통로 쪽 좌석

DAY 19 • 165

0547 ticket
[tíkit]

(명) 표, 승차권, 입장권

Could you help me buy a train **ticket**? 교과서

제가 기차**표**를 사는 것을 도와주실래요?

VOCA TIP
* one-way ticket 편도표
* round-trip ticket 왕복표

0548 apply
[əplái]

(동) 신청하다, 지원하다; 적용하다

We **applied** for a half-day tour.

우리는 반나절 여행을 **신청했다**.

▶▶ **apply for** ~을 신청하다, ~에 지원하다

➕ **application** (명) 신청; 적용, 응용; 애플리케이션

How Different

0549 view
[vju:]

(명) 견해; 전망, 경관; 시야

I'd like a room with an ocean **view**. 교과서

바다 **전망**인 방을 부탁드립니다.

VOCA TIP
* night view 야경
* point of view 관점
* world view 세계관
* biased view 편견

0550 scenery
[síːnəri]

(명) 경치, 풍경

He took many pictures of the beautiful **scenery**. 교과서

그는 아름다운 **경치** 사진을 많이 찍었다.

0551 landscape
[lǽndskèip]

(명) 풍경, 경관; 풍경화

I looked down on the peaceful **landscape**.

나는 그 평화로운 **풍경**을 내려다보았다.

• view 특정 장소에서 보이는 경관(전망, 조망)으로, 특히 아름다운 자연 경관을 나타냄
• scenery 한 지방 전체의, 특히 전원의 아름다운 경치를 나타냄
• landscape 한눈에 보이는 그 지방의 풍경으로, 특히 넓은 내륙 지역의 경관을 나타냄

0552 adventure
[ədvéntʃər]

(명) 모험

We had exciting **adventures** in India.

우리는 인도에서 신나는 **모험**을 즐겼다.

➕ **adventurous** (형) 모험을 좋아하는, 대담한

0553 tip
[tip]

명 팁; 조언, 정보; 끝

The blog offers useful **tips**.
그 블로그는 유용한 여행 **정보**를 제공한다.

VOCA TIP
* leave a tip 팁을 놓아두다
* useful(handy) tip 유용한 정보
* tip of the iceberg 빙산의 일각
* tip of one's finger 손가락 끝

0554 outdoor
[áutdɔ̀ːr]

형 옥외의, 야외의

You can enjoy a lot of **outdoor** activities in our resort. [듣기]
여러분은 우리 리조트에서 많은 **야외** 활동을 즐기실 수 있습니다.

➕ **outdoors** 부 옥외에서, 야외에서
↔ **indoor** 형 실내의

VOCA TIP
* outdoor(옥외의, 야외의)는 형용사, outdoors(옥외에서, 야외에서)는 부사로 쓰여요.

내신(빈출)

0555 abroad
[əbrɔ́ːd]

부 해외에, 해외로

They learn English to travel **abroad**. [교과서]
그들은 **해외로** 여행하기 위해서 영어를 배운다.

abroad를 비슷한 철자의 aboard(~을 타고)와 혼동하지 않도록 유의하세요. 두 단어의 의미와 철자를 정확히 알아서 문맥에 맞게 쓸 수 있어야 해요.

Q 우리말과 일치하도록 괄호 안에서 알맞은 것을 고르시오.

He worked [**abroad** / aboard] for a year.
그는 일 년 동안 해외에서 근무했다.

답 abroad

0556 destination
[dèstənéiʃən]

명 목적지, 행선지

He found the quickest way to the **destination**.
[교과서] 그는 **목적지**에 가는 가장 빠른 방법을 찾았다.

0557 landmark
[lǽndmàːrk]

명 주요 지형지물, 랜드마크

The most famous **landmark** in Paris is the Eiffel Tower.
파리에서 가장 유명한 **랜드마크**는 에펠탑이다.

VOCA TIP
landmark는 어떤 지역을 대표하는 중요한 장소나 특별한 건물을 나타내요.

0558 impressive
[imprésiv]

형 인상적인, 감명 깊은

We need a more **impressive** travel plan. [학평]
우리는 더 **인상적인** 여행 계획이 필요하다.

➕ **impress** 동 깊은 인상을 주다, 감명을 주다

05 10 15 **19** 20

0559 **reservation**
[rèzərvéiʃən]

명 예약

I'd like to make a **reservation** for a rafting trip tomorrow. 학평

나는 내일 래프팅 여행을 **예약**하고 싶습니다.

▶▶ **make a reservation** 예약하다
➕ **reserve** 동 예약하다; 남겨 두다
🟰 **booking** 명 예약

0560 **available**
[əvéiləbl]

형 이용할 수 있는

There are no more seats **available**. 수능

더 이상 **이용하실 수 있는** 좌석이 없습니다.

0561 **cancel**
[kǽnsəl]

동 취소하다

We **canceled** our trip because of storm.

우리는 폭풍 때문에 여행을 **취소했다**.

➕ **cancellation** 명 취소
🟰 **call off** ~을 취소하다

0562 **passport**
[pǽspɔːrt]

명 여권

He lost his **passport** in London.

그는 런던에서 **여권**을 잃어버렸다.

0563 **flight**
[flait]

명 비행; 비행기 여행; 항공편

I'd like to change my **flight** time. 듣기

제 **비행기** 시간을 변경하고 싶습니다.

0564 **depart**
[dipáːrt]

동 출발하다, 떠나다

Your flight already **departed**. 수능

당신의 비행기는 이미 **출발했습니다**.

➕ **departure** 명 출발
↔ **arrive** 동 도착하다
🟰 **leave** 동 떠나다

내신빈출

0565 delay
[diléi]

(동) 미루다, 연기하다 (명) 지연, 지체

The train will be **delayed** by 30 minutes. **성취도**

기차가 30분 **연착될** 예정입니다.

■ **put off** ~을 미루다[연기하다]

'미루다, 연기하다'라는 의미의 delay와 put off는 동명사를 목적어로 취하는 동사예요. 목적어로 to부정사나 동사원형을 쓰지 않게 주의하세요.

Q 괄호 안에서 알맞은 것을 고르시오.

Emily delayed [tell / telling / to tell] him the truth.

답 telling

0566 baggage
[bǽɡidʒ]

(명) 수하물, 짐

She found that her **baggage** was missing.

성취도 그녀는 자신의 **짐**이 사라진 것을 알았다.

■ **luggage** (명) 수하물, 짐

VOCA TIP

미국에서는 보통 baggage를 쓰고, 영국에서는 보통 luggage를 쓰지만, 비행기나 배의 짐 가방에 대해서는 baggage를 쓰기도 해요.

0567 pleasure
[pléʒər]

(명) 즐거움, 기쁨

Shopping for souvenirs is one of the greatest **pleasures**. **학평**

기념품 쇼핑은 가장 큰 **즐거움** 중 하나이다.

➕ **pleasant** (형) 즐거운, 기분 좋은
■ **delight** (명) (큰) 기쁨, 즐거움 (동) 매우 기쁘게 하다

0568 parade
[pəréid]

(명) 행진, 퍼레이드 (동) 행진하다

I'm really looking forward to watching a **parade**. **교과서** 나는 **퍼레이드**를 보는 게 정말 기대된다.

0569 sightseeing
[sáitsì:iŋ]

(명) 관광, 유람

We went **sightseeing** in Madrid.

우리는 마드리드 **관광**을 갔다.

VOCA TIP

sightseeing은 보통 도시 내의 주요 명소나 관광지를 구경하는 관광을 말해요.
* go sightseeing 관광하러 가다
* sightseeing bus 관광버스
* sightseeing boat 유람선

0570 parasol
[pǽrəsɔ̀(:)l]

(명) 파라솔; 양산

I drank cool soda sitting under a **parasol**.

나는 **파라솔** 아래에 앉아 시원한 탄산음료를 마셨다.

01 start a _____ 여행을 시작하다 · journey · journey

02 be crowded with _____s 관광객들로 붐비다 · tourist

03 _____ a good hotel 좋은 호텔을 추천하다 · recommend

04 in a _____ country 외국에서 · foreign

05 the _____ of those days 그 날들의 기억 · memory

06 book a _____ 좌석을 예약하다 · seat

07 buy a train _____ 기차표를 구매하다 · ticket

08 _____ for a half-day tour
반나절 여행을 신청하다 · apply

09 a room with an ocean _____ 바다 전망인 방 · view

10 the beautiful _____ 아름다운 경치 · scenery

11 the peaceful _____ 평화로운 풍경 · landscape

12 have exciting _____s 신나는 모험을 즐기다 · adventure

13 useful travel _____s 유용한 여행 정보 · tip

14 a lot of _____ activities 많은 야외 활동 · outdoor

15 travel _____ 해외로 여행하다 · abroad

16 the quickest way to the _____   destination
목적지에 가는 가장 빠른 방법

17 the most famous _____   가장 유명한 랜드마크   landmark

18 an _____ travel plan   인상적인 여행 계획   impressive

19 make a _____   예약하다   reservation

20 no more seats _____   available
더 이상 이용할 수 있는 좌석이 없는

21 _____ our trip   우리의 여행을 취소하다   cancel

22 lose his _____   그의 여권을 잃어버리다   passport

23 change my _____ time   flight
나의 비행기 시간을 변경하다

24 _____ in 5 minutes   5분 후에 출발하다   depart

25 be _____ed by 30 minutes   30분 연착되다   delay

26 missing _____   분실한 짐   baggage

27 the greatest _____   가장 큰 즐거움   pleasure

28 watch a _____   퍼레이드를 보다   parade

29 go _____ in Madrid   마드리드 관광을 가다   sightseeing

30 sit under a _____   파라솔 아래에 앉다   parasol

		Check
0541 **journey**	몡 여행, 여정	☐
0542 **tourist**	몡 관광객, 여행자	☐
0543 **recommend**	통 추천하다, 권하다	☐
0544 **foreign**	혱 외국의	☐
0545 **memory**	몡 기억, 추억; 기억력	☐
0546 **seat**	몡 좌석, 자리 통 앉히다	☐
0547 **ticket**	몡 표, 승차권, 입장권	☐
0548 **apply**	통 신청하다, 지원하다; 적용하다	☐
0549 **view**	몡 견해; 전망, 경관; 시야	☐
0550 **scenery**	몡 경치, 풍경	☐
0551 **landscape**	몡 풍경, 경관; 풍경화	☐
0552 **adventure**	몡 모험	☐
0553 **tip**	몡 팁; 조언, 정보; 끝	☐
0554 **outdoor**	혱 옥외의, 야외의	☐
0555 **abroad**	뷔 해외에, 해외로	☐

		Check
0556 **destination**	몡 목적지, 행선지	☐
0557 **landmark**	몡 주요 지형지물, 랜드마크	☐
0558 **impressive**	혱 인상적인, 감명 깊은	☐
0559 **reservation**	몡 예약	☐
0560 **available**	혱 이용할 수 있는	☐
0561 **cancel**	통 취소하다	☐
0562 **passport**	몡 여권	☐
0563 **flight**	몡 비행; 비행기 여행; 항공편	☐
0564 **depart**	통 출발하다, 떠나다	☐
0565 **delay**	통 미루다, 연기하다 몡 지연, 지체	☐
0566 **baggage**	몡 수하물, 짐	☐
0567 **pleasure**	몡 즐거움, 기쁨	☐
0568 **parade**	몡 행진, 퍼레이드 통 행진하다	☐
0569 **sightseeing**	몡 관광, 유람	☐
0570 **parasol**	몡 파라솔; 양산	☐

외우지 않은 단어가 있으면 미니 단어장에서 다시 한번 정리해 보세요.

스포츠

📖 오늘 학습할 단어를 공부하고, 가리개를 사용해서 암기해 보세요.

0571
match
[mætʃ]

명 경기, 시합 동 어울리다

There is an important soccer **match** tonight.
교과서 오늘 밤에 중요한 축구 **경기**가 있다.

🟰 game 명 경기, 시합

VOCA TIP

영국에서는 match를, 미국에서는 game을 주로 사용해요. 예를 들어 close match는 '아슬아슬한 승부, 접전'이란 뜻이에요.

match는 명사로 '경기, 시합', 동사로 '어울리다, 조화되다'라는 의미를 나타내요. 품사에 따른 의미를 정확히 알고 있어야 문장 구조나 문맥을 바르게 파악할 수 있어요.

❓ 빈칸에 공통으로 알맞은 말을 주어진 철자로 시작하여 쓰시오.
- His pants do not m_____ his jacket.
- I heard your basketball team lost the m_____.

답 (m)atch

0572
race
[reis]

명 경주; 인종 동 경주하다

Last year, my elder brother won many **races**.
교과서 작년에 우리 오빠는 많은 **경주**에서 우승했다.

0573
track
[træk]

명 경주로, 트랙; 선로; 길

The boys are running on the **track**. 교과서
소년들이 **트랙**을 달리고 있다.

▶▶ keep track of ~을 기록하다

VOCA TIP
* track event 트랙 경기 (트랙에서 행해지는 종목의 경기)
* track and field 육상 경기

0574
relay
[ríːlèi]

명 계주, 릴레이 경주

Bill was chosen as the **relay** race runners. 모평
Bill은 **계주** 주자로 뽑혔다.

0575
cheer
[tʃiər]

동 환호하다; 응원하다 명 환호

They stood up and **cheered** for the team loudly. 교과서 그들은 일어나서 그 팀을 큰 소리로 **응원했다**.

▶▶ cheer for ~을 응원하다   cheer up ~을 격려하다
➕ cheerful 형 쾌활한

0576
throw
[θrou]

동 던지다

He **threw** the ball to first base.
그는 1루로 공을 **던졌다**.

VOCA TIP
* throw away ~을 버리다
* throw up ~을 토하다
* throw a party 파티를 열다

내신빈출

0577 **chance** [tʃæns]

[명] 기회; 가능성; 우연

Olivia missed too many **chances** for a three-pointer. [교과서]

Olivia는 3점 슛의 **기회를** 너무 많이 놓쳤다.

[=] opportunity [명] 기회

VOCA TIP
* second chance 다시 한 번의 기회
* slight chance 희박한 가능성
* have a [no] chance 가망이 있다[없다]

chance는 to부정사의 수식을 받아 '~할 기회'라는 의미를 나타낼 수 있어요. 이렇게 형용사적 용법으로 쓰이는 to부정사는 명사를 뒤에서 수식해요.

Q 괄호 안에 주어진 단어들을 바르게 배열하시오.

I'm really happy to [a chance, get, see, to] my favorite actor.

[답] get a chance to see

0578 **league** [liːg]

[명] (스포츠 경기의) 리그; 연맹

He won the **league**'s batting title three times.

[교과서] 그는 **리그** 타격왕을 세 번 차지했다.

0579 **competition** [kɑ̀mpitíʃən]

[명] 대회, 시합; 경쟁

I'm preparing for the swimming **competition**.

[교과서] 나는 수영 **대회**를 준비하고 있다.

[+] compete [동] 경쟁하다, 겨루다

[=] contest [명] 대회, 시합

0580 **fair** [fɛər]

[형] 공정한, 공평한 [명] 박람회

Both teams were admired for **fair** play.

두 팀 다 **공정한** 경기에 대해 칭찬을 받았다.

[+] fairly [부] 공정[공평]하게; 꽤, 상당히

[↔] unfair [형] 부당한, 불공정한, 불공평한

VOCA TIP
* fair competition 공정한 경쟁
* fair share 공평한 분배
* book fair 도서 박람회
* job fair 채용 박람회

0581 **gym** [dʒim]

[명] 체육관; 체육

I usually work out at a **gym** near my house.

나는 보통 집 근처의 **체육관**에서 운동을 한다.

VOCA TIP
gym은 gymnastics(체조, 체육), gymnasium(체육관)의 약어예요.

0582 **strength** [streŋkθ]

[명] 힘, 체력; 강점

The wrestler didn't use his full **strength**. [학평]

그 레슬링 선수는 자신의 **힘**을 다 쓰지 않았다.

[+] strong [형] 힘센, 강한 strengthen [동] 강화하다

[=] power [명] 힘

How Different

0583 beat
[biːt]

(동) 이기다; 두드리다　(명) 박동; 박자

Our team **beat** the Canadian team. 교과서
우리 팀이 캐나다 팀을 **이겼다**.

▤ **defeat** (동) 패배시키다, 이기다 (명) 패배

VOCA TIP
* heart beat 심장 박동
* beat box 비트 박스
* beat time 박자를 맞추다

0584 strike
[straik]

(동) 치다, 부딪치다; (공 등을) 차다　(명) 치기

The player **stuck** the ball into the net.
그 선수는 공을 골망에 **차** 넣었다.

▤ **hit** (동) 치다, 때리다 (명) 치기, 강타

VOCA TIP
strike는 '파업하다', '동맹 파업'의 의미도 나타내요. 또한 야구에서 '스트라이크'라고 할 때도 strike를 써요.

• beat　무엇을 손, 막대 등으로 계속해서 치는[두드리는, 때리는] 것을 나타냄
• strike　무엇을 빨리, 갑자기 세게 치는[때리는] 것을 나타냄

0585 medal
[médəl]

(명) 메달, 훈장

They won a gold **medal** in London. 교과서
그들은 런던에서 금**메달**을 땄다.

❯❯ **award a medal** 훈장을 수여하다

0586 coach
[koutʃ]

(명) 코치　(동) 지도하다

He is my new tennis **coach**. 교과서
그는 나의 새로운 테니스 **코치**이다.

❯❯ **coach baseball** 야구를 지도하다

0587 stretch
[stretʃ]

(동) (팔·다리를) 뻗다; 늘이다

Yoga is a helpful way to **stretch** safely. 학평
요가는 안전하게 **스트레칭을 하는** 데 도움이 되는 방법이다.

❯❯ **stretch one's trousers** 바지를 잡아 늘이다

0588 challenge
[tʃælindʒ]

(동) 도전하다　(명) 도전; 난제

He will **challenge** the world record again.
그는 다시 세계 기록에 **도전할** 것이다.

❯❯ **accept a challenge** 도전을 받아들이다

VOCA TIP
<challenge + 목적어 + to부정사(목적보어)>는 '~에게 …하도록 권유[촉구]하다'라는 의미를 나타내요.

0589 **defend**
[difénd]

동 방어하다, 수비하다

He **defended** well throughout the game.
그는 경기 내내 **수비를** 잘**했다.**

➕ defense[defence] 명 방어, 수비
↔ attack 동 공격하다 명 공격

> **VOCA TIP**
> 미국에서는 defense를, 영국에서는
> defence를 주로 사용해요.

0590 **uniform**
[júːnəfɔːrm]

명 제복, 유니폼

Nicole bought me a taekwondo **uniform**. 수능
Nicole은 내게 태권도 **도복**을 사주었다.

0591 **bet**
[bet]

동 돈을 걸다; 확신하다 명 내기

I **bet** 10 dollars on the game.
나는 그 경기에 10달러를 **걸었다.**

➡ **I bet that ~** 나는 ~할 거라고 확신하다

> **VOCA TIP**
> bet이 '확신하다'라는 의미로 쓰일
> 때 확신하는 내용인 (직접)목적어로
> that절(명사절)이 와요.

0592 **muscle**
[mʌ́sl]

명 근육

Lifting weights will make your **muscles**
stronger. 학평
역기 들기는 당신의 **근육**을 더 강하게 해 줄 것이다.

0593 **victory**
[víktəri]

명 승리

The match ended in **victory** for our team.
성취도 경기는 우리 팀의 **승리**로 끝났다.

↔ defeat 명 패배 동 패배시키다, 이기다
≡ triumph 명 승리, 성공

0594 **champion**
[tʃǽmpiən]

명 우승자, 챔피언

Think of yourself as a future **champion**. 성취도
네 자신이 미래의 **챔피언**이라고 생각하라.

0595 **rank**
[ræŋk]

[동] (순위 등을) 매기다 [명] 계급; 지위

He is **ranked** the world's No.1 golfer.
그는 골프 세계 1위에 **랭크되었다**.

[»] people of high social rank 사회적 지위가 높은 사람들

0596 **referee**
[rèfərí:]

[명] 심판

He argued with the **referee**.
그는 **심판**과 언쟁을 했다.

[=] judge [명] 심판; 심사위원

VOCA TIP
referee는 스포츠 경기 중에서 주로 농구, 축구, 하키, 럭비, 레슬링, 권투, 당구 등에서의 심판을 가리켜요.

0597 **captain**
[kǽptin]

[명] 주장; 선장; 기장

She was **captain** of the handball team.
그녀는 핸드볼 팀의 **주장**이었다.

VOCA TIP
captain은 단체나 팀을 통솔하는 우두머리를 나타내는 말로, 스포츠, 선박, 항공기, 공장, 군대, 경찰, 소방서 등 다양한 영역에서 두루 쓰이는 말이에요.

0598 **sweat**
[swet]

[동] 땀을 흘리다 [명] 땀

After the match, players were **sweating** a lot.
경기 후에 선수들이 **땀을** 많이 **흘리고** 있었다.

[+] sweaty [형] 땀투성이의

0599 **shot**
[ʃat]

[명] 슛; 발사

She has made 5 **shots** in a row.
그녀는 연이어 5개의 **슛**을 넣었다.

[+] shoot [동] 슛을 하다; (총 등을) 쏘다; 촬영하다

VOCA TIP
shot은 '촬영, 사진; 주사' 등의 의미도 나타내요.
* flu shot 독감 예방 접종
* give ~ a shot ~에게 주사를 놓다

0600 **surf**
[sə:rf]

[동] 파도타기를 하다; 인터넷을 검색하다

Emma goes **surfing** every weekend.
Emma는 주말마다 **파도타기 하러** 간다.

01 an important soccer _____ 중요한 축구 경기   match   match

02 win a _____ 경주에서 우승하다   race

03 run on the _____ 트랙을 달리다   track

04 a _____ race runner 계주 주자   relay

05 _____ for the team 그 팀을 응원하다   cheer

06 _____ the ball to first base 1루로 공을 던지다   throw

07 miss a _____ 기회를 놓치다   chance

08 win the _____'s batting title   league
리그 타격왕을 차지하다

09 the swimming _____ 수영 대회   competition

10 _____ play 공정한 경기   fair

11 at a _____ 체육관에서   gym

12 use his full _____ 그의 힘을 다 쓰다   strength

13 _____ the Canadian team 캐나다 팀을 이기다   beat

14 _____ the ball into the net   strike
공을 골망에 차 넣다

15 win a gold _____ 금메달을 따다   medal

16 my new tennis _____ 나의 새로운 테니스 코치 coach

17 _____ safely 안전하게 스트레칭을 하다 stretch

18 _____ the world record 세계 기록에 도전하다 challenge

19 _____ well 수비를 잘하다 defend

20 a taekwondo _____ 태권도 도복 uniform

21 _____ 10 dollars 10달러를 걸다 bet

22 make your _____s stronger muscle
당신의 근육을 더 강하게 만들다

23 end in _____ for our team victory
우리 팀의 승리로 끝나다

24 a future _____ 미래의 챔피언 champion

25 be _____ed the world's No.1 golfer rank
골프 세계 1위에 랭크되다

26 argue with the _____ 심판과 언쟁을 하다 referee

27 _____ of the handball team 핸드볼 팀의 주장 captain

28 _____ a lot 땀을 많이 흘리다 sweat

29 make 5 _____s 5개의 슛을 넣다 shot

30 go _____ing 파도타기를 하러 가다 surf

			Check					Check
0571	**match**	명 경기, 시합 동 어울리다	☐	0586	**coach**	명 코치 동 지도하다	☐
0572	**race**	명 경주; 인종 동 경주하다	☐	0587	**stretch**	동 (팔, 다리를) 뻗다; 늘이다	☐
0573	**track**	명 경주로, 트랙; 선로; 길	☐	0588	**challenge**	동 도전하다 명 도전; 난제	☐
0574	**relay**	명 계주, 릴레이 경주	☐	0589	**defend**	동 방어하다, 수비하다	☐
0575	**cheer**	동 환호하다; 응원 하다 명 환호	☐	0590	**uniform**	명 제복, 유니폼	☐
0576	**throw**	동 던지다	☐	0591	**bet**	동 돈을 걸다; 확신 하다 명 내기	☐
0577	**chance**	명 기회; 가능성; 우연	☐	0592	**muscle**	명 근육	☐
0578	**league**	명 (스포츠 경기의) 리그; 연맹	☐	0593	**victory**	명 승리	☐
0579	**competition**	명 대회, 시합; 경쟁	☐	0594	**champion**	명 우승자, 챔피언	☐
0580	**fair**	형 공정한, 공평한 명 박람회	☐	0595	**rank**	동 (순위 등을) 매기 다 명 계급; 지위	☐
0581	**gym**	명 체육관; 체육	☐	0596	**referee**	명 심판	☐
0582	**strength**	명 힘, 체력; 강점	☐	0597	**captain**	명 주장; 선장; 기장	☐
0583	**beat**	동 이기다; 두드리 다 명 박동; 박자	☐	0598	**sweat**	동 땀을 흘리다 명 땀	☐
0584	**strike**	동 치다, 부딪치다; (공 등을) 차다 명 치기	☐	0599	**shot**	명 슛; 발사	☐
0585	**medal**	명 메달, 훈장	☐	0600	**surf**	동 파도타기를 하다; 인터넷을 검색하다	☐

외우지 않은 단어가 있으면 미니 단어장에서 다시 한번 정리해 보세요.

Wrap Up

A 영어는 우리말로, 우리말은 영어로 쓰시오.

01 situation   _____

02 anytime   _____

03 recommend   _____

04 period   _____

05 rarely   _____

06 throw   _____

07 challenge   _____

08 lately   _____

09 baggage   _____

10 impressive   _____

11 인공의   _____

12 여권   _____

13 방어하다, 수비하다   _____

14 정확히, 바로   _____

15 세다, 계산하다   _____

16 매끄러운   _____

17 묘사하다   _____

18 ~ 이내에   _____

19 근육   _____

20 목적지, 행선지   _____

B 빈칸에 알맞은 단어 혹은 우리말을 쓰시오.

01 gradual : _____ = 점진적인 : 서서히

02 _____ : possibility = 가능한 : 가능성

03 east : _____ = 동쪽 : 동쪽의, 동양의

04 tour : tourist = 여행, 관광 : _____

05 _____ : full = 비어 있는 : 가득한

06 cancel : cancellation = _____ : 취소

07 compete : _____ = 경쟁하다 : 대회, 시합; 경쟁

08 divide : division = _____ : 분할, 분배

C 우리말과 일치하도록 빈칸에 알맞은 말을 쓰시오.

01 The rumor turned out to be a _____ lie.
   ⇨ 그 소문은 완전한 거짓말로 판명되었다.

02 The sound _____ of the speaker is good.
   ⇨ 스피커의 음질이 좋다.

03 We had exciting _____s in India.
   ⇨ 우리는 인도에서 신나는 모험을 즐겼다.

04 They stood up and _____ed for the team loudly.
   ⇨ 그들은 일어나서 그 팀을 큰 소리로 응원했다.

05 The girl walked a long _____ to get clean water.
   ⇨ 그 여자아이는 깨끗한 물을 얻기 위해 먼 거리를 걸었다.

D 밑줄 친 부분의 우리말 해석을 찾아 밑줄을 치시오.

01 I've read the novel several times.
   ⇨ 나는 그 소설을 여러 번 읽었다.

02 The compass needle is pointing north.
   ⇨ 나침반 바늘이 북쪽을 가리키고 있다.

03 They learn English to travel abroad.
   ⇨ 그들은 해외로 여행하기 위해서 영어를 배운다.

04 At age 13, he weighed about 200 pounds.
   ⇨ 13세에 그는 약 200파운드의 몸무게가 나갔다.

05 Our team beat the Canadian team.
   ⇨ 우리 팀이 캐나다 팀을 이겼다.

필수 단어 확인하기

01 짝지어진 단어의 관계가 나머지와 <u>다른</u> 것은? 🔗 DAY 11, 13, 17

① loose – tight ② fail – pass ③ multiply – divide

④ absent – present ⑤ useful – helpful

02 빈칸에 공통으로 알맞은 것은? 🔗 DAY 13

> • I got a good _____ in science.
>
> • I'm in sixth _____.

① record ② duty ③ grade

④ mark ⑤ award

03 우리말과 일치하도록 할 때, 빈칸에 알맞은 것은? 🔗 DAY 16

> 기온에 적절한 옷을 선택해라.
>
> = Select clothing _____ for the temperature.

① giant ② appropriate ③ brief

④ artificial ⑤ intelligent

04 빈칸에 알맞은 단어를 〈보기〉에서 골라 쓰시오. 🔗 DAY 14, 18, 19, 20

> ┌〈보기〉──────────────────────────────┐
> gym   memory   salary   reservation   period
> └─────────────────────────────────────┘

(1) The company pays him a high _____.

(2) I'll cherish the _____ of those days in Rome.

(3) I usually work out at a _____ near my house.

(4) I'd like to make a _____ for a rafting trip tomorrow.

(5) During this _____, you won't be able to check out or returns books.

☑ANSWERS p.397

[05-06] 밑줄 친 단어의 의미로 알맞지 않은 것을 고르시오. 🔗 DAY 11, 12, 15

05 ① I spent all of my money on shopping. (저축하다)

② Don't forget to wrap the present in blue. (포장하다)

③ Koreans consume a great amount of pork. (소비하다)

④ I want to deliver meals to the elderly. (배달하다)

⑤ I'll tell you where you should transfer to. (갈아타다)

06 ① We had dinner in an expensive restaurant. (값비싼)

② Her dress is unique and beautiful. (독특한)

③ A driverless car is convenient but dangerous. (편리한)

④ They traveled over rough dirt roads. (부드러운)

⑤ We walked along the broad avenue. (넓은)

07 우리말과 일치하도록 주어진 단어를 배열하여 문장을 완성하시오. 🔗 DAY 17

> 설탕은 충치의 주요 원인이다.
>
> (decay, cause, a, sugar, major, of, tooth, is)

→ _____

08 우리말과 일치하도록 〈조건〉에 맞게 문장을 완성하시오. 🔗 DAY 12

> ─[조건]─
> • sell, goods, country를 사용할 것
> • 필요한 경우, 주어진 말을 알맞은 형태로 바꿀 것

그 시장은 다른 나라들에서 온 상품들을 판매한다.

→ The market _____.

 확인하기

Shirley Chisholm에 관한 다음 글의 내용과 일치하지 <u>않는</u> 것은? (기출 변형)

| 세부 정보 파악하기 |

수능 26번 유형

특정 인물이나 등장인물에 대한 선택지의 설명이 글의 내용과 일치 또는 일치하지 않는지를 고르는 유형으로, 보통 선택지의 내용은 본문 순서대로 나오니 선택지를 먼저 읽어 본 다음 본문과 선택지를 대조하며 일치 여부를 확인하는 것이 좋아요!

Shirley Chisholm was born in Brooklyn, New York in 1924. Chisholm **spent** part of her **childhood** in Barbados with her grandmother. Shirley **attended** Brooklyn College and **majored** in sociology. After she **graduated** from Brooklyn College in 1946, she **became** a teacher and kept on studying. She received a **master**'s **degree** in **elementary education** from Columbia University. In 1968, Shirley Chisholm **became** the United States' first African-American *congresswoman. Shirley Chisholm was against the American involvement in the Vietnam War and the expansion of weapon developments.   *congresswoman: 여자 국회 의원

① 어린 시절에 할머니와 함께 지낸 적이 있다.
② Brooklyn 대학에서 사회학을 전공했다.
③ 대학 졸업 후 교사로 일하기 시작했다.
④ 미국 최초의 아프리카계 미국인 여성 하원 의원이었다.
⑤ 미국의 베트남 전쟁 개입을 지지했다.

☑ Word Check 윗글에서 그동안 학습한 단어를 확인하고 각각의 우리말 뜻을 쓰시오.

childhood _____   attend _____
major in _____   graduate _____
master _____   degree _____
elementary _____   education _____

New Words

sociology (명) 사회학   be against ~에 반대하다

expansion (명) 확대   involvement (명) 개입

ANSWERS p.397

| 글의 주장 찾기 |

수능 20번 유형

필자가 이야기하고자하는 바를 찾는 유형으로, 글의 도입부에서 글의 핵심 소재 및 주제를 파악하고, 중반부에서 필자의 관점을 파악해요. 마지막으로 후반부의 내용을 종합하여 필자가 무엇을 주장하고 있는지 판단해 봐요!

다음 글에서 필자가 주장하는 바로 가장 적절한 것은? [기출 변형]

Language play is good for children's **language** learning and development, and therefore we should strongly **encourage**, and even join in their **language** play. However, the play must be owned by the children. If it becomes another educational tool for adults to use to produce outcomes, it loses its very essence. Children need to be able to **delight** in **creative** and **immediate language** play, to say silly things and make themselves laugh, and to have control over the pace, timing, **direction**, and flow. When children are allowed to develop their **language** play, a range of benefits result from it.

① 아이들이 언어 놀이를 주도하게 하라.
② 아이들의 질문에 즉각적으로 반응하라.
③ 아이들에게 다양한 언어 자극을 제공하라.
④ 대화를 통해 아이들의 공감 능력을 키워라.
⑤ 언어 놀이를 통해 자녀와의 관계를 회복하라.

Word Check 윗글에서 그동안 학습한 단어를 확인하고 각각의 우리말 뜻을 쓰시오.

language	____________	encourage	____________
delight	____________	creative	____________
immediate	____________	direction	____________

New Words

development	[명] 발달	educational	[형] 교육적인
essence	[명] 본질	produce	[동] 생산하다
benefit	[명] 이점	control	[동] 통제하다

특별한 날

📖 오늘 학습할 단어를 공부하고, 가리개를 사용해서 암기해 보세요.

0601 event
[ivént]

⊛ 행사; 사건; 한 경기

The most popular **event** is a fountain show.
가장 인기 있는 **행사**는 분수쇼이다.

> 🔆 **VOCA TIP**
> event는 스포츠 대회 중에 진행되는 하나의 경기[종목]도 나타내는데, handball event(핸드볼 경기)처럼 쓰이죠.

내신 빈출

0602 crowded
[kráudid]

⊛ 붐비는, 혼잡한

Airports were **crowded** with people on Christmas.
공항은 크리스마스에 사람들로 **붐볐다**.

▸▸ **be crowded with** ~로 붐비다[혼잡하다]
➕ **crowd** ⊛ 군중 ⊛ 붐비다

특정 장소가 사람이나 물건으로 가득 차서 복잡한 상황을 나타낼 때는 be crowded with(~로 붐비다)로 표현할 수 있어요. 숙어의 형태로 알아두세요.

Q 우리말과 일치하도록 빈칸에 알맞은 말을 쓰시오.

The museum is _____ _____ many tourists.
(박물관이 많은 관광객들로 붐빈다.)

🔲 crowded with

0603 festival
[féstəvəl]

⊛ 축제

I can't wait for the rock **festival**. 교과서
나는 록 **축제**가 너무 기대가 된다.

➕ **festive** ⊛ 축제의

0604 contest
[kántest]

⊛ 대회, 시합

We're holding a cooking **contest** next week.
교과서 우리는 다음 주에 요리 **대회**를 개최합니다.

> 🔆 **VOCA TIP**
> contest는 특히 상, 승리, 우위, 주도권 등을 획득하기 위해 경쟁하는 대회를 나타내요.

0605 information
[ìnfərméiʃən]

⊛ 정보

For more **information** about the event, visit our website. 학평
행사에 대한 더 많은 **정보**를 얻으려면, 우리 웹사이트를 방문하세요.

➕ **inform** ⊛ 알리다, 통지하다

0606 flag
[flæg]

⊛ 깃발, 기

The players waved **flags** at the stadium.
선수들은 경기장에서 **깃발**을 흔들었다.

05   10   15   20

How Different

0607 congratulation
[kəngrætʃəléiʃən]

(명) (pl.) 축하해; 축하

Congratulations on winning the race. 교과서
경주에서 우승한 것을 **축하합니다**.

⊕ **congratulate** (동) 축하하다

0608 celebrate
[séləbrèit]

(동) 기념하다, 축하하다

In the US, people eat turkey to **celebrate** Thanksgiving. 교과서
미국에서는 추수감사절을 **기념하기** 위해 사람들이 칠면조 고기를 먹는다.

⊕ **celebration** (명) 기념[축하] 행사, 축하

• congratulation 사람이 노력하여 이룬 일들, 즉 수상, 취직, 졸업, 결혼 등을 축하할 때 사용함
• celebrate 특정한 날이나 사건을 축하할 때 사용함

0609 ceremony
[sérəmòuni]

(명) 의식, 식

The couple had a simple wedding **ceremony**.
그 커플은 결혼**식**을 간소하게 치렀다.

VOCA TIP
ceremony는 엄숙하고 격식을 갖춘 공식적인 의식을 나타내요.
* graduation ceremony 졸업식
* opening ceremony 개회식

0610 anniversary
[ænəvə́:rsəri]

(명) 기념일

Tomorrow is our school's 30th **anniversary**.
교과서 내일은 우리 학교의 30주년 개교**기념일**이다.

0611 present
(명)(형) [prézənt]
(동) [prizént]

(명) 선물; 현재 (형) 현재의; 참석한
(동) 주다; 나타내다

I wrapped a birthday **present** for Chris. 학평
나는 Chris에게 줄 생일 **선물**을 포장했다.

⊕ **presence** (명) 존재, 참석
⊗ **absent** (형) 결석한, 없는
= **gift** (명) 선물

VOCA TIP
present가 '있는, 참석[출석]한'이라는 의미의 형용사로 쓰일 때는 보통 서술적 용법으로 쓰여요.

0612 continue
[kəntínju(:)]

(동) 계속하다; 계속되다

The festival will **continue** until May 31.
그 축제는 5월 31일까지 **계속될** 것이다.

⊕ **continuous** (형) 지속적인, 계속하는

VOCA TIP
continue는 동명사와 to부정사를 모두 목적어로 사용해요.

0613 **project**
[prάdʒekt]

(명) 과제; 계획

My science **project** is due today. 교과서
나의 과학 **과제**는 오늘이 기한이다.

0614 **presentation**
[prìːzentéiʃən]

(명) 발표

He's preparing for tomorrow's **presentation**.
교과서 그는 내일 있을 **발표**를 준비하고 있다.

0615 **represent**
[rèprizént]

(동) 나타내다, 보여주다; 대표하다

The pink of our class flag **represents** our love.
교과서 우리 학급기의 분홍색은 우리의 사랑을 **나타낸다**.

VOCA TIP
* represent a scene
  장면을 보여주다
* represent one's country
  ~의 나라를 대표하다

0616 **wonder**
[wʌ́ndər]

(동) 궁금하다 (명) 경탄

I **wonder** when the school trip is. 교과서
나는 수학여행이 언제인지 **궁금하다**.

➕ wonderful (형) 놀라운, 멋진

0617 **trick**
[trik]

(명) 묘기; 속임수; 장난 (동) 속이다

He did a magic **trick** for children. 교과서
그는 아이들을 위해 마술 **묘기**를 부렸다.

➡ play a trick on ~에게 장난을 하다

VOCA TIP
trick or treat은 '과자를 안 주면
장난을 칠 거예요.'라는 뜻으로 핼러
윈 데이에 아이들이 집집마다 다니
며 하는 말이에요.

내신빈출
0618 **participate**
[paːrtísəpèit]

(동) 참가하다

Mark **participated** in the singing contest. 학평
Mark는 노래 대회에 **참가했다**.

➡ participate in ~에 참가[참여]하다
➕ participation (명) 참가, 참여   participant (명) 참가자

'~에 참여하다'의 의미로 쓰이는 participate in은 take part in과 같은 의미로 쓰이기 때문에 바꿔 쓸 수
있어요.

Q 두 문장의 의미가 같도록 빈칸에 알맞은 말을 쓰시오.

You need to take part in a group study.
= You need to _____ in a group study.

답 participate

0619 decorate
[dékərèit]

(동) 장식하다, 꾸미다

I'll **decorate** the classroom for the class party.
교과서 나는 학급 파티를 위해 교실을 **장식할** 것이다.

➕ decoration (명) 장식(품)

0620 board
[bɔːrd]

(명) 게시판; 판자 (동) 탑승하다; 하숙하다

They put up the concert poster on the **board**.
교과서 그들은 **게시판**에 콘서트 포스터를 붙였다.

➕ aboard (전) ~에 탄 (부) 탑승하여

VOCA TIP
* board game 보드게임
* bulletin board 게시판
* blackboard 칠판
* boarding school 기숙 학교

0621 attention
[əténʃən]

(명) 주목, 주의

Thank you for all the **attention**. 교과서
주목해 주셔서 감사합니다.

➤ pay attention to ~에 주의[주목]하다
➕ attend (동) 주의하다; 참석하다
attentive (형) 주의를 기울이는

0622 notice
[nóutis]

(명) 공고문; 주목 (동) 알아차리다

I post the **notice** about graduation on the bulletin board. 교과서
나는 게시판에 졸업식에 대한 **공고문**을 게시한다.

➤ take notice of ~을 주의[주목]하다
➕ noticeable (형) 눈에 띄는, 주목할 만한

VOCA TIP
* short notice 촉박한 통지
* advance notice 사전 통지
* tax notice 납세 고지서

0623 audition
[ɔːdíʃən]

(명) 오디션 (동) 오디션을 보다

I failed the **audition** for acting. 교과서
나는 연기 **오디션**에서 떨어졌다.

0624 firework
[fáiərwə̀ːrk]

(명) (pl.) 불꽃놀이; 폭죽

Enjoy the colorful **fireworks** display! 학평
화려한 **불꽃놀이**를 즐기세요!

0625 purpose
[pɔ́:rpəs]

(명) 목적; 의도

Some people go on trips for special **purposes**.
교과서 일부 사람들은 특별한 **목적**으로 여행을 간다.

▶▶ **on purpose** 고의로
aim (명) 목적, 목표

0626 schedule
[skédʒuːl]

(명) 일정, 스케줄

She has a busy **schedule** this week. 교과서
그녀는 이번 주에 **일정**이 바쁘다.

VOCA TIP
영국에서는 앞으로 할 일들을 나열한 일정[계획]표는 schedule로, 기차나 버스 등의 시간표는 timetable로 구분하여 사용하는 반면, 미국에서는 schedule이 둘 다의 의미로 쓰여요.

0627 invitation
[ìnvitéiʃən]

(명) 초대; 초대장

We accepted her **invitation** to dinner tonight.
우리는 오늘 밤 그녀의 저녁 식사 **초대**에 응했다.

invite (동) 초대하다

0628 host
[houst]

(동) 주최하다 (명) 주인, 진행자

The museum **hosts** many new exhibits. 학평
그 박물관은 많은 새로운 전시회를 **주최한다**.

↔ **guest** (명) 손님

VOCA TIP
host는 손님을 초대한 남자 주인을 가리키고, 여자 주인은 hostess라고 해요.

0629 message
[mésidʒ]

(명) 메시지

She wrote thank-you **messages** to them. 듣기
그녀는 그들에게 감사 **메시지**를 썼다.

0630 successful
[səksésfəl]

(형) 성공적인, 성공한

The surprise party was very **successful**. 성취도
그 깜짝 파티는 매우 **성공적이었다**.

success (명) 성공   **succeed** (동) 성공하다

01 the most popular _____ 가장 인기 있는 행사   event   event

02 be _____ with people 사람들로 붐비다   crowded

03 the rock _____ 록 축제   festival

04 hold a cooking _____ 요리 대회를 개최하다   contest

05 more _____ 더 많은 정보   information

06 wave a _____ 깃발을 흔들다   flag

07 _____s on winning the race   congratulation
   경주에서 우승한 것을 축하하다

08 _____ Thanksgiving 추수감사절을 기념하다   celebrate

09 a simple wedding _____ 간소한 결혼식   ceremony

10 our school's 30th _____   anniversary
   우리 학교의 30주년 개교기념일

11 wrap a birthday _____ 생일 선물을 포장하다   present

12 _____ until May 31 5월 31일까지 계속되다   continue

13 my science _____ 나의 과학 과제   project

14 prepare for tomorrow's _____   presentation
   내일 있을 발표를 준비하다

15 _____ our love 우리의 사랑을 나타내다   represent

16 _____ when the school trip is   wonder

수학여행이 언제인지 궁금하다

17 a magic _____ for children   trick

아이들을 위한 마술 묘기

18 _____ in the singing contest   participate

노래 대회에 참가하다

19 _____ the classroom 교실을 장식하다   decorate

20 on the _____ 게시판에   board

21 all the _____ 모든 주목   attention

22 post the _____ 공고문을 게시하다   notice

23 fail the _____ 오디션에 떨어지다   audition

24 the colorful _____s display 화려한 불꽃놀이   firework

25 a special _____ 특별한 목적   purpose

26 have a busy _____ 일정이 바쁘다   schedule

27 accept her _____ 그녀의 초대에 응하다   invitation

28 _____ new exhibits 새로운 전시회를 주최하다   host

29 wrote a thank-you _____ 감사 메시지를 쓰다   message

30 be very _____ 매우 성공적이다   successful

		Check
0601 **event**	명 행사; 사건; 한 경기	
0602 **crowded**	형 붐비는, 혼잡한	
0603 **festival**	명 축제	
0604 **contest**	명 대회, 시합	
0605 **information**	명 정보	
0606 **flag**	명 깃발, 기	
0607 **congratulation**	명 (pl.) 축하해; 축하	
0608 **celebrate**	동 기념하다, 축하하다	
0609 **ceremony**	명 의식, 식	
0610 **anniversary**	명 기념일	
0611 **present**	명 선물; 현재 형 현재의; 참석한 동 주다, 나타내다	
0612 **continue**	동 계속하다; 계속되다	
0613 **project**	명 과제; 계획	
0614 **presentation**	명 발표	
0615 **represent**	동 나타내다, 보여주다; 대표하다	

		Check
0616 **wonder**	동 궁금하다 명 경탄	
0617 **trick**	명 묘기; 속임수; 장난 동 속이다	
0618 **participate**	동 참가하다	
0619 **decorate**	동 장식하다, 꾸미다	
0620 **board**	명 게시판; 판자 동 탑승하다; 하숙하다	
0621 **attention**	명 주목, 주의	
0622 **notice**	명 공고문; 주목 동 알아차리다	
0623 **audition**	명 오디션 동 오디션을 보다	
0624 **firework**	명 (pl.) 불꽃놀이; 폭죽	
0625 **purpose**	명 목적; 의도	
0626 **schedule**	명 일정, 스케줄	
0627 **invitation**	명 초대; 초대장	
0628 **host**	동 주최하다 명 주인, 진행자	
0629 **message**	명 메시지	
0630 **successful**	형 성공적인, 성공한	

외우지 않은 단어가 있으면 미니 단어장에서 다시 한번 정리해 보세요.

취미, 여가

📖 오늘 학습할 단어를 공부하고, 가리개를 사용해서 암기해 보세요.

내신 빈출

0631 interest
(명) [íntərəst]
(동) [íntərèst]

(명) 흥미, 관심; 이자, 이익 (동) ~의 관심을 끌다

Cartoonists want to catch your **interest** and make you laugh with drawings. 교과서

만화가들은 당신의 **흥미**를 사로잡고 그림으로 당신을 웃게 만들고 싶어 한다.

» **be interested in** ~에 흥미가 있다
+ **interestingly** (부) 흥미롭게도

VOCA TIP
* interest rate 금리, 이자율
* interest income 이자 수익
* interest group 이익 단체

'나는 ~에 흥미가 있어.'라고 말할 때는 I'm interested in ~. / I have an interest in ~. 등으로 표현할 수 있고, in 다음에는 (동)명사가 와요.

Q 괄호 안에서 알맞은 것을 고르시오.

I'm interested [to / **in** / for] reading comic books.

답 in

0632 draw
[drɔː]

(동) 그리다; 끌어당기다

We often **draw** pictures in our free time. 교과서

우리는 종종 여가 시간에 그림을 **그린다**.

+ **drawing** (명) 그림

VOCA TIP
draw는 보통 색칠은 하지 않고 연필, 펜 등으로 선 따위를 그리는 것을 말하며, 물감이나 페인트로 색을 입히는 것은 paint로 나타내요.

0633 picture
[píktʃər]

(명) 사진; 그림

I took **pictures** of wild animals. 교과서

나는 야생동물의 **사진**을 찍었다.

0634 animation
[æ̀nəméiʃən]

(명) 애니메이션, 만화 영화

In **animation** movies, amazing things are possible. 교과서

애니메이션 영화에서는 놀라운 일들이 가능하다.

0635 comic
[kámik]

(형) 웃기는; 희극의 (명) 만화책

If I feel bored, I'll read **comic** books. 교과서

나는 지루하면 **만화책**을 읽을 것이다.

VOCA TIP
미국에서는 '만화책'을 comic이나 comic book으로 표현해요.

0636 magic
[mǽdʒik]

(명) 마술, 마법 (형) 마술의, 마법의

I'll join the **magic** club. 교과서

나는 **마술** 동아리에 가입할 것이다.

+ **magical** (형) 마술적인, 신비한 **magician** (명) 마술사

05   10   15   20

How Different

0637 **collect**
[kəlékt]

(동) 모으다, 수집하다

He would **collect** interesting items and make a museum. 교과서
그는 흥미로운 물건들을 **모아서** 박물관을 만들 것이다.

➕ collection (명) 수집품   collector (명) 수집가

VOCA TIP
여러 출처로부터 정보, 증거, 데이터 등을 모으는 것에 대해 말할 때에는 collect와 gather가 동일한 의미로 사용돼요.

0638 **gather**
[gǽðər]

(동) 모이다, 모으다

We **gathered** to practice for the concert. 교과서
우리는 콘서트 연습을 하기 위해 **모였다**.

➖ collect (동) 모으다

• collect 여러 곳에 있는 물건들을 주의 깊게, 조직적으로 모으거나, 취미로 무엇을 모으는 것을 나타냄
• gather 여기저기 흩어져 있던 사람 또는 물건들을 한 곳에 모으는 것을 나타냄

0639 **hike**
[haik]

(동) 하이킹하다 (명) 하이킹, 도보 여행

I'm planning to go **hiking** on Jirisan. 교과서
나는 지리산에 **하이킹하러** 갈 계획이다.

0640 **chess**
[tʃes]

(명) 체스

He learned a game called **chess**. 교과서
그는 **체스**라고 부르는 게임을 배웠다.

0641 **fix**
[fiks]

(동) 수리하다; 고정시키다

Let me help you **fix** your camera. 교과서
네가 카메라를 **고치는** 것을 도와줄게.

➖ repair (동) 수리하다, 고치다

VOCA TIP
* fix one's hair 머리를 정돈하다
* fix a price 가격을 결정하다
* fix one's gaze 응시하다(시선을 고정하다)

0642 **habit**
[hǽbit]

(명) 습관, 버릇

You should develop a reading **habit**.
너는 독서 **습관**을 길러야 한다.

➕ habitual (형) 습관적인

0643 **theater**
[θí(:)ətər]

(명) 극장

Let's meet in front of the movie **theater**. 교과서
극장 앞에서 만나자.

> VOCA TIP
> '영화관'의 경우 미국에서는 theater를, 영국에서는 cinema를 주로 사용하고, theater가 극장 이름에 사용될 때는 철자를 theatre 라고도 표현해요.

0644 **cinema**
[sínəmə]

(명) 영화관; 영화

I visited the **cinema** last month. 학평
나는 지난달에 그 **영화관**에 방문했다.

> VOCA TIP
> cinema는 주로 영국에서 쓰는 표현 이고, 미국에서 '영화'는 movie, '영 화관'은 (movie) theater로 표현 해요.

0645 **film**
[film]

(명) 영화; 필름 (동) 촬영하다

People go to cinemas for good **films**. 학평
사람들은 좋은 **영화**를 보려고 영화관에 간다.

» film a play 연극을 촬영하다[영화화하다]

> VOCA TIP
> 영국에서는 '영화'의 의미로 film을 주로 사용하고, 미국에서는 movie를 사용해요.

0646 **puzzle**
[pʌ́zl]

(명) 퍼즐; 수수께끼 (동) 당황하게 하다

She completed the **puzzle** in 10 minutes.
그녀는 10분 만에 **퍼즐**을 완성했다.

» be puzzled by ~(으)로 당황스럽다
目 embarrass (동) 당황하게 하다

0647 **riddle**
[rídl]

(명) 수수께끼

Books of **riddles** help us think creatively. 교과서
수수께끼 책은 우리가 창의적으로 생각하도록 도와준다.

目 mystery (명) 신비, 수수께끼   puzzle (명) 퍼즐; 수수께끼

> VOCA TIP
> riddle(수수께끼)은 풀기 어렵게 일 부러 불분명하게 만든 문제로, 주로 추측에 의해 해답을 찾아야 하는 것 을 나타내요.

0648 **amusement**
[əmjúːzmənt]

(명) 재미; 오락

We'll go to an **amusement** park tomorrow.
교과서 우리는 내일 놀이공원에 갈 것이다.

+ amuse (동) 즐겁게 하다

05   10   15   20

0649
☐☐ **anywhere**
[énihwὲər]

(부) 어디에서도; 어디든지

You can watch the movie **anywhere** on your phone. 교과서
여러분은 자신의 전화기로 **어디에서나** 영화를 볼 수 있다.

0650
☐☐ **sail**
[seil]

(동) 항해하다 (명) 돛; 항해

The boat **sailed** along the coast.
보트는 해안을 따라 **항해했다**.

» **go for a sail** 돛배로 뱃놀이 가다
➕ **sailor** (명) 선원

0651
☐☐ **shell**
[ʃel]

(명) 조개껍데기; 껍질

He collected **shells** on the beach.
그는 바닷가에서 **조개껍데기**를 모았다.

0652
☐☐ **knit**
[nit]

(동) (옷 등을) 뜨다, 뜨개질하다

It took me a long time to **knit** the gloves. 학평
내가 장갑을 **뜨는 데** 오랜 시간이 걸렸다.

» **hand-knit** 손으로 짜다

0653
☐☐ **blanket**
[blǽŋkit]

(명) 담요

She made a **blanket** for her baby.
그녀는 그녀의 아기를 위해 **담요**를 만들었다.

» **put on a blanket** 담요를 덮다

0654
☐☐ **pedal**
[pédl]

(동) 페달을 밟다 (명) 페달

He **pedaled** as fast as he could. 학평
그는 가능한 빨리 **페달을 밟았다**.

0655 relax
[riléks]

(동) 휴식을 취하다; 편하게 하다

I need some time to **relax**. 교과서
나는 **휴식을 취할** 시간이 좀 필요하다.

➕ **relaxation** (명) 휴식, 완화, 기분 전환

relax가 보어로 쓰일 때, 주어가 편안함을 느끼는 대상이면 과거분사 relaxed를, 주어가 편안함을 주는 주체이면 현재분사 relaxing을 사용해요.

Q 괄호 안에서 알맞은 것을 고르시오.

He feels [relaxing / **relaxed**] when he listens to classical music.

답 **relaxed**

0656 leisure
[líːʒər]

(명) 여가

Shopping has become a **leisure** activity. 학평
쇼핑은 **여가** 활동이 되었다.

➡ **leisure hour** 한가한 시간
↔ **work** (명) 일, 노동

0657 swing
[swiŋ]

(명) 그네 (동) 흔들리다

The kids were playing on the **swings**.
아이들은 **그네**를 타며 놀고 있었다.

VOCA TIP
swing은 한 점을 축으로 하여 좌우나 앞뒤로 흔들리는 것을 나타내요.

0658 slide
[slaid]

(명) 미끄럼틀 (동) 미끄러지다

It's fun to ride the water **slide**. 교과서
물 **미끄럼틀**을 타는 것은 재미있다.

➡ **slide down** 미끄러져 내려가다

0659 aquarium
[əkwɛ́əriəm]

(명) 수족관

We went to the **aquarium** last week.
우리는 지난주에 **수족관**에 갔다.

VOCA TIP
접두사 aqua-는 '물'의 의미를 나타내요. aquarium의 복수형은 aquariums와 aquaria 둘 다 사용돼요.

0660 circus
[sə́ːrkəs]

(명) 서커스

They wanted to see the **circus**.
그들은 그 **서커스**를 보고 싶어 했다.

01 catch your _____ 너의 흥미를 사로잡다 | interest | interest

02 _____ pictures in free time | draw
여가 시간에 그림을 그리다

03 take _____s of wild animals | picture
야생동물의 사진을 찍다

04 in _____ movies 애니메이션 영화에서 | animation

05 read _____ books 만화책을 읽다 | comic

06 the _____ club 마술 동아리 | magic

07 _____ interesting items | collect
흥미로운 물건들을 모으다

08 _____ to practice for the concert | gather
콘서트 연습을 하기 위해 모이다

09 go _____ 하이킹하러 가다 | hike

10 a game called _____ 체스라고 부르는 게임 | chess

11 _____ the camera 카메라를 고치다 | fix

12 a reading _____ 독서 습관 | habit

13 in front of the movie _____ 영화관 앞에서 | theater

14 visit the _____ 그 영화관을 방문하다 | cinema

15 go to cinemas for good _____s | film
좋은 영화를 보려고 영화관에 가다

16 complete the _____ 퍼즐을 완성하다   puzzle

17 books of _____s 수수께끼 책들   riddle

18 go to an _____ park 놀이공원에 가다   amusement

19 watch the movies _____
어디에서나 영화를 보다   anywhere

20 _____ along the coast 해변을 따라 항해하다   sail

21 collect _____s 조개껍데기를 모으다   shell

22 _____ gloves 장갑을 뜨다   knit

23 make a _____ 담요를 만들다   blanket

24 _____ as fast as he can
그가 가능한 빨리 페달을 밟다   pedal

25 time to _____ 휴식을 취할 시간   relax

26 become a _____ activity 여가 활동이 되다   leisure

27 play on the _____s 그네를 타며 놀다   swing

28 ride the water _____ 물 미끄럼틀을 타다   slide

29 go to the _____ 수족관에 가다   aquarium

30 see the _____ 서커스를 보다   circus

		Check				Check
0631 **interest**	몡 흥미, 관심; 이자, 이익 용 ~의 관심을 끌다	☐	0646 **puzzle**	몡 퍼즐; 수수께끼 용 당황하게 하다	☐
0632 **draw**	용 그리다; 끌어당기다	☐	0647 **riddle**	몡 수수께끼	☐
0633 **picture**	몡 사진; 그림	☐	0648 **amusement**	몡 재미; 오락	☐
0634 **animation**	몡 애니메이션, 만화 영화	☐	0649 **anywhere**	부 어디에서도; 어디든지	☐
0635 **comic**	혱 웃기는; 희극의 몡 만화책	☐	0650 **sail**	용 항해하다 몡 돛; 항해	☐
0636 **magic**	몡 마술, 마법 혱 마술의, 마법의	☐	0651 **shell**	몡 조개껍데기; 껍질	☐
0637 **collect**	용 모으다, 수집하다	☐	0652 **knit**	용 (옷 등을) 뜨다, 뜨개질하다	☐
0638 **gather**	용 모이다, 모으다	☐	0653 **blanket**	몡 담요	☐
0639 **hike**	용 하이킹하다 몡 하이킹, 도보 여행	☐	0654 **pedal**	용 페달을 밟다 몡 페달	☐
0640 **chess**	몡 체스	☐	0655 **relax**	용 휴식을 취하다; 편하게 하다	☐
0641 **fix**	용 수리하다; 고정시키다	☐	0656 **leisure**	몡 여가	☐
0642 **habit**	몡 습관, 버릇	☐	0657 **swing**	몡 그네 용 흔들리다	☐
0643 **theater**	몡 극장	☐	0658 **slide**	몡 미끄럼틀 용 미끄러지다	☐
0644 **cinema**	몡 영화관; 영화	☐	0659 **aquarium**	몡 수족관	☐
0645 **film**	몡 영화; 필름 용 촬영하다	☐	0660 **circus**	몡 서커스	☐

외우지 않은 단어가 있으면 미니 단어장에서 다시 한번 정리해 보세요.

DAY 23

문화, 예술

듣고 발음을 익혀보자!

오늘 학습할 단어를 공부하고, 가리개를 사용해서 암기해 보세요.

0661 **culture** [kʌ́ltʃər]

[명] 문화

Gestures can have different meanings in different **cultures**. [교과서]
제스처는 다른 **문화**에서 다른 의미를 가질 수 있다.

[+] cultural [형] 문화의

내신 빈출

0662 **happen** [hǽpən]

[동] 일어나다, 발생하다

Many changes have **happened** in art.
예술에서 많은 변화가 **일어났다**.

'우연히 ~하다'라는 의미로 쓰일 때는 <happen + to부정사> 형태로 나타내요. happen은 to부정사를 수반하는 자동사라는 점을 유의하세요.

Q 괄호 안에 주어진 단어들을 바르게 배열하시오.

She [hear, to, happened] their conversation.

[답] happened to hear

VOCA TIP
happen은 사건, 일 등이 계획하지 않고 우연히 일어나는 것을 나타내요.

0663 **public** [pʌ́blik]

[형] 대중의; 공공의 [명] 대중

We need to use **public** transportation. [교과서]
우리는 **대중**교통을 이용해야 한다.

[↔] private [형] 개인의, 사적인

VOCA TIP
* public opinion 여론
* public service 공익사업
* public education 공교육

0664 **popular** [pápjulər]

[형] 인기 있는; 대중적인

K-pop is **popular** among American teens. [교과서]
한국 대중음악은 미국 청소년들 사이에서 **인기가 있다**.

[+] popularity [명] 인기
[↔] unpopular [형] 인기 없는

0665 **harmony** [há:rməni]

[명] 조화, 화합

The painting shows us the **harmony** of colors.
그 그림은 우리에게 색채의 **조화**를 보여준다.

[»] in harmony (with) (~와) 조화하여

0666 **create** [kriéit]

[동] 창작하다, 창조하다

He **created** many cartoon characters. [교과서]
그는 많은 만화 등장인물들을 **창작했다**.

[+] creative [형] 창조적인 creator [명] 창조[창작]자

05   10   15   20

0667 **artwork**
[ɑ́ːrtwə̀ːrk]

몡 예술품, 미술품

How did cave people create **artwork**? 학평
동굴 사람들은 어떻게 **예술품**을 만들었을까?

0668 **exhibition**
[èksəbíʃən]

몡 전시회, 전시

I want to see the Korean mask **exhibition**.
교과서 나는 한국의 탈 **전시회**를 보고 싶다.

➕ exhibit 동 전시하다 몡 전시품

> **VOCA TIP**
> 영국에서는 '박람회', 미국에서는 '학
> 예회'라는 의미로도 쓰여요.

0669 **performance**
[pərfɔ́ːrməns]

몡 공연; 수행; 성과

I'm worried I will ruin my **performance**. 성취도
내가 **공연**을 망칠까 봐 걱정돼.

➕ perform 동 공연하다; 수행하다

> **VOCA TIP**
> * performance of one's duty
>   임무 수행
> * economic performance
>   경제 성과

0670 **stage**
[steidʒ]

몡 무대; 단계

She forgot her lines on **stage**. 교과서
그녀는 **무대**에서 대사를 잊어버렸다.

0671 **talent**
[tǽlənt]

몡 재능, 재주

He has a special **talent** in music.
그는 음악에 특별한 **재능**이 있다.

➕ talented 형 재능이 있는
➖ ability 몡 능력; 재능

> **VOCA TIP**
> talent는 특정 분야(특히, 예술)
> 에 대한 타고난 재능을 나타내고,
> ability는 타고난 재능뿐만 아니라
> 노력하여 얻은 육체적·정신적 능력
> 을 나타내요.

0672 **prize**
[praiz]

몡 상

Sally won first **prize** in the photo contest. 교과서
Sally는 사진 경연대회에서 1등**상**을 받았다.

0673 **theme**
[θi:m]

(명) 주제, 테마

He wrote novels with the **theme** of love. 수능
그는 사랑을 **주제**로 한 소설을 썼다.

0674 **opera**
[ápərə]

(명) 오페라, 가극

The crowd is enjoying an **opera**. 교과서
관중들이 **오페라**를 즐기고 있다.

VOCA TIP
soap opera는 텔레비전이나 라디오에서 방영되는 연속극으로, 일상의 갈등을 소재로 한 장르를 말해요.

0675 **rhythm**
[ríðəm]

(명) 리듬, 율동

They danced to the quick **rhythm**. 교과서
그들은 빠른 **리듬**에 맞춰 춤을 췄다.

➕ rhythmical (형) 율동적인, 리듬의

How Different

0676 **classic**
[klǽsik]

(형) 고전적인; 일류의

Jane Eyre is a **classic** novel that represents England.
〈제인 에어〉는 영국을 대표하는 **고전** 소설이다.

0677 **classical**
[klǽsikəl]

(형) (음악이) 클래식의, 고전파의

Classical music makes me feel relaxed. 학평
클래식 음악은 나를 편안하게 해준다.

VOCA TIP
클래식 음악은 18세기 말부터 19세기 초에 걸쳐 작곡된 서양 전통 음악의 한 양식을 말하며, classic music이 아닌 classical music으로 표현해요.

• classic 예술품 등이 질적으로 대단히 우수한 것을 의미하며, 같은 것들 중에서 최고에 속한다고 여겨지거나 전형적인 것을 나타냄
• classical 고대 그리스·로마 문화와 관련된 것에 대해 말할 때 또는 스타일이 전통적인 것을 말할 때 사용함

0678 **folk**
[fouk]

(형) 민속의 (명) (pl.) 사람들

Our band plays **folk** music. 교과서
우리 밴드는 **민속** 음악을 연주한다.

05 10 15 20

0679 brush
[brʌʃ]

(명) 붓 (동) 솔질하다

The trees in the artwork were painted with a soft **brush**. 교과서

미술품의 나무들은 부드러운 **붓**으로 그려졌다.

» **brush off** ~을 털어내다

0680 well-known
[wèlnóun]

(형) 잘 알려진, 유명한

Leonardo da Vinci is **well-known** as a painter and architect.

레오나르도 다빈치는 화가이자 건축가로 **잘 알려져 있다.**

» **be well-known as** ~로 명성이 높다
🟰 **famous** (형) 유명한

내신빈출

0681 statue
[stǽtʃuː]

(명) 조각상

There is a beautiful **statue** in the palace.

그 궁전에는 아름다운 **조각상**이 있다.

statue(조각상)와 status(지위, 상태)는 철자가 유사하므로 문맥상 알맞은 어휘를 고르는 문제로 출제되기도 해요.

Q 괄호 안에서 알맞은 것을 고르시오.

There is a [**statue** / **status**] of King Sejong in Gwanghwamun Square.   답 statue

---

0682 impress
[imprés]

(동) 감명을 주다, 깊은 인상을 주다

I was **impressed** with his new book.

나는 그의 신간에 **감명을 받았다.**

➕ **impressive** (형) 인상적인, 감명 깊은

> VOCA TIP
>
> impress가 주격 보어의 자리에 올 때, 주어가 감명을 받은 대상이면 과거분사 impressed를, 주어가 감명을 주는 주체이면 현재분사 impressing을 사용해요.

0683 appreciate
[əpríːʃièit]

(동) 감상하다, 인식하다; 고마워하다

Emotional intelligence is enhanced by **appreciating** artworks. 학평

감성 지능은 예술 작품을 **감상함으로써** 향상된다.

➕ **appreciation** (명) 감상, 이해; 감사

> VOCA TIP
>
> appreciate가 '고마워하다, 감사하다'의 뜻일 경우 목적어로 사람을 쓰는 것이 아니라 사람이 베푼 호의에 대한 내용이 와요.
> I appreciate you. (x)
> I appreciate your help. (O)

0684 gallery
[gǽləri]

(명) 화랑, 미술관

The painters showed their works at **galleries**.

학평 그 화가들은 **화랑**에서 자신들의 작품을 보여주었다.

0685 **background**
[bǽkgràund]

명 배경

She painted some flowers and did some **background** drawings. 교과서

그녀는 꽃 몇 송이를 그리고 몇몇 **배경**을 그렸다.

> **VOCA TIP**
> background는 그림, 사진, 풍경, 무대 등의 배경뿐만 아니라 사건 발생의 배경, 사람의 성장환경, 가문, 학력, 경력 등의 다양한 배경을 나타내요.

0686 **portrait**
[pɔ́ːrtrit, pɔ́ːrtreit]

명 초상화

She painted a **portrait** of her daughter.

그녀는 자신의 딸의 **초상화**를 그렸다.

0687 **celebrity**
[səlébrəti]

명 유명 인사; 명성

He met many **celebrities** at the film festival.

그는 그 영화제에서 많은 **유명 인사**을 만났다.

> **VOCA TIP**
> celebrity는 연예인, 스포츠 선수 등 대중적으로 지명도가 높은 사람들을 가리키는 말이에요.

0688 **fantasy**
[fǽntəsi]

명 공상, 상상

I'm interested in **fantasy** novels. 교과서

나는 **공상** 소설에 관심이 있다.

➕ fantastic 형 환상적인

0689 **humor**
[hjúːmər]

명 유머, 익살

You should have a sense of **humor** to play this role.

이 역할을 하려면 **유머** 감각이 있어야 한다.

➕ humorous 형 재미있는, 유머러스한
🟰 wit 명 기지, 재치

> **VOCA TIP**
> 영국에서는 철자를 보통 humour로 표기해요. humor는 해학적이고 익살스러운 면이 있고, wit는 자신의 지혜를 뽐내는 재치에 비중을 두고 있어요.

0690 **comedy**
[kάmidi]

명 코미디, 희극

I used to like the **comedy** series "Friends."

나는 **코미디** 시리즈인 〈프렌즈〉를 좋아했었다.

➕ comedian 명 희극 배우, 코미디언
↔ tragedy 명 비극

01 in different _____s 다른 문화에서   culture   culture

02 _____ to hear 우연히 듣다   happen

03 _____ transportation 대중교통   public

04 be _____ among American teens   popular
    미국 청소년들 사이에서 인기가 있다

05 the _____ of colors 색채의 조화   harmony

06 _____ cartoon characters   create
    만화 등장인물들을 창작하다

07 create _____ 예술품을 만들다   artwork

08 the Korean mask _____ 한국의 탈 전시회   exhibition

09 ruin my _____ 내 공연을 망치다   performance

10 forget the lines on _____   stage
    무대에서 대사를 잊어버리다

11 have a special _____ 특별한 재능을 가지다   talent

12 win first _____ 1등상을 받다   prize

13 the _____ of love 사랑의 주제   theme

14 enjoy an _____ 오페라를 즐기다   opera

15 dance to the _____ 리듬에 맞춰 춤을 추다   rhythm

16 a _____ novel 고전 소설

classic

17 _____ music 클래식 음악

classical

18 play _____ music 민속 음악을 연주하다

folk

19 with a soft _____ 부드러운 붓으로

brush

20 be _____ as a painter 화가로 잘 알려져 있다

well-known

21 a beautiful _____ 아름다운 조각상

statue

22 be _____ed with his new book

impress

그의 신간에 감명을 받다

23 _____ artworks 예술 작품을 감상하다

appreciate

24 show their works at the _____

gallery

화랑에서 그들의 작품을 보여주다

25 do some _____ drawings 몇몇 배경을 그리다

background

26 a _____ of her daughter 그녀의 딸의 초상화

portrait

27 meet a _____ 유명인을 만나다

celebrity

28 be interested in _____ novels

fantasy

공상 소설에 관심이 있다

29 have a sense of _____ 유머 감각이 있다

humor

30 the _____ series 코미디 시리즈

comedy

		Check				Check
0661 **culture**	몡 문화	☐	0676 **classic**	혱 고전적인; 일류의	☐
0662 **happen**	동 일어나다, 발생하다	☐	0677 **classical**	혱 (음악이) 클래식의, 고전파의	☐
0663 **public**	혱 대중의; 공공의 몡 대중	☐	0678 **folk**	혱 민속의 몡 (pl.) 사람들	☐
0664 **popular**	혱 인기 있는; 대중적인	☐	0679 **brush**	몡 붓 동 솔질하다	☐
0665 **harmony**	몡 조화, 화합	☐	0680 **well-known**	혱 잘 알려진, 유명한	☐
0666 **create**	동 창작하다, 창조하다	☐	0681 **statue**	몡 조각상	☐
0667 **artwork**	몡 예술품, 미술품	☐	0682 **impress**	동 감명을 주다, 깊은 인상을 주다	☐
0668 **exhibition**	몡 전시회, 전시	☐	0683 **appreciate**	동 감상하다, 인식하다; 고마워하다	☐
0669 **performance**	몡 공연; 수행; 성과	☐	0684 **gallery**	몡 화랑, 미술관	☐
0670 **stage**	몡 무대; 단계	☐	0685 **background**	몡 배경	☐
0671 **talent**	몡 재능, 재주	☐	0686 **portrait**	몡 초상화	☐
0672 **prize**	몡 상	☐	0687 **celebrity**	몡 유명 인사; 명성	☐
0673 **theme**	몡 주제, 테마	☐	0688 **fantasy**	몡 공상, 상상	☐
0674 **opera**	몡 오페라, 가극	☐	0689 **humor**	몡 유머, 익살	☐
0675 **rhythm**	몡 리듬, 율동	☐	0690 **comedy**	몡 코미디, 희극	☐

외우지 않은 단어가 있으면 미니 단어장에서 다시 한번 정리해 보세요.

이야기, 문학

📖 오늘 학습할 단어를 공부하고, 가리개를 사용해서 암기해 보세요.

0691
character
[kǽriktər]

🟩 VOCA TIP
* main character 주요 등장인물
* true character 본성
* Chinese character 한자

(명) 등장인물; 성격; 문자

This story has interesting **characters**. 교과서
이 이야기에는 흥미로운 **등장인물**들이 나온다.

➕ characteristic (형) 특유의 (명) 특징
➖ personality (명) 성격, 개성 nature (명) 본질, 특성

0692
include
[inklúːd]

(동) 포함하다

Works of literature may **include** direct statements. 학평
문학 작품들은 직접적인 진술을 **포함할** 수도 있다.

➕ inclusion (명) 포함 inclusive (형) 포괄적인
🔄 exclude (동) 제외하다

내신 빈출

0693
difficulty
[dífikʌlti]

(명) 어려움; 곤란, 곤경

The essay shows how people got over the **difficulties**. 교과서
그 에세이는 사람들이 어떻게 **어려움**을 극복했는지를 보여준다.

➕ difficult (형) 어려운

〈have difficulty (in) -ing〉는 '~하는 데 어려움이 있다'라는 의미를 나타내요. 이때 전치사 in은 흔히 생략하여 사용하며 difficulty 다음에는 동명사가 온다는 점에 유의하세요.

Q 괄호 안의 단어를 알맞은 형태로 쓰시오.
She has difficulty [**sleep**] at night.
🔑 sleeping

0694
trouble
[trʌ́bl]

(명) 어려움, 문제 (동) 괴롭히다

He had a little **trouble** understanding the book. 그는 그 책을 이해하는 데 약간의 **어려움**이 있었다.

⏩ be in trouble 곤경에 처하다

0695
actually
[ǽktʃuəli]

🟩 VOCA TIP
actually는 놀랍거나 의외의 일, 상대방 말에 대한 정정, 새로운 정보, 변명 등을 말할 때 사용해요.

(부) 실제로, 사실은

The letters were **actually** written by teenagers.
교과서 그 편지들은 **실제로** 십 대들이 썼다.

➕ actual (형) 실제의, 사실상의

0696
probably
[prábəbli]

🟩 VOCA TIP
probably는 유사한 의미를 가진 perhaps, possibly, maybe와 달리 가능성이 매우 높음을 나타내요.

(부) 아마도

You have **probably** seen comic books.
교과서 여러분은 **아마도** 만화책을 본 적이 있을 것이다.

0697 suddenly
[sʌ́dnli]

(부) 갑자기

The writer stopped **suddenly** and looked up the sky.
그 작가는 **갑자기** 멈춰 서서 하늘을 올려다보았다.

➕ **sudden** (형) 갑작스러운

How Different

0698 novel
[nάvəl]

(명) 소설

I'm interested in fantasy **novels** such as *Harry potter*. 교과서
나는 〈해리포터〉 같은 공상 **소설**에 관심이 있다.

➕ **novelist** (명) 소설가, 작가

0699 fiction
[fíkʃən]

(명) 소설; 허구

Science **fiction** involves much more than shiny robots and spaceships. 학평
공상 과학 **소설**은 빛나는 로봇과 우주선보다 훨씬 더 많은 것을 포함한다.

➕ **fictional** (형) 허구의, 지어낸
↔ **non-fiction** (명) 실화, 논픽션

💡**VOCA TIP**
＊ detective fiction 탐정 소설
＊ romantic fiction 연애 소설

• novel 문학 작품으로서의 한 편의 소설을 가리키며, 특히 장편 소설을 나타냄
• fiction 소설 작품을 가리키며, 상상하여 지어낸 이야기를 나타냄

0700 truth
[tru:θ]

(명) 진실, 사실

There's some **truth** in her story.
그녀의 이야기에는 어느 정도 **진실**이 담겨 있다.

⟫ **to tell the truth** 사실대로 말하자면
➕ **true** (형) 진실의, 사실인
↔ **lie** (명) 거짓말

0701 fable
[féibl]

(명) 우화

In Aesop's **fable** *The Thirsty Crow*, a crow drops stones into a jar.
이솝 **우화** 〈목마른 까마귀〉에서, 까마귀 한 마리가 항아리에 돌을 떨어뜨린다.

💡**VOCA TIP**
fable은 교훈을 내포한 짧은 이야기로, 주로 동물 등을 의인화하여 나타내요.

0702 publish
[pʌ́bliʃ]

(동) 출판하다; 게재하다

His poems were finally **published**. 교과서
그의 시가 마침내 **출판되었다**.

➕ **publication** (명) 출판   **publisher** (명) 출판사

0703 edit
[édit]

동 편집하다; 교정하다

They will **edit** the book. 교과서
그들은 그 책을 **편집할** 것이다.

➕ editor 명 편집자

0704 courage
[kə́:riʤ]

명 용기

It's a story about **courage** and sacrifice.
그것은 **용기**와 희생에 관한 이야기이다.

➕ encourage 동 용기를 북돋우다
🟰 bravery 명 용기

VOCA TIP
보통 courage는 정신적인 용기, bravery는 구체적으로 행동하는 용기를 나타내요.

0705 scene
[si:n]

명 장면; 현장

The special effects used in the disaster **scenes** are very good. 교과서
재난 **장면**에서 쓰인 특수 효과들이 매우 좋다.

내신 빈출

0706 common
[kámən]

형 보통의; 흔한; 공통의

He writes about the **common** people.
그는 **보통** 사람들에 관한 글을 쓴다.

➕ commonly 부 흔히, 보통

have ~ in common은 '~을 공통적으로 지니다, ~라는 공통점이 있다'라는 의미를 나타내요. 이때 전치사로 in을 쓰는 것에 유의하세요.

❓ 우리말과 일치하도록 빈칸에 알맞은 말을 쓰시오.

The two cultures have many things ＿＿＿＿ ＿＿＿＿.
(그 두 문화는 공통점이 많다.)

답 in common

VOCA TIP
common은 '일반적인'의 의미로 쓰이므로, common sense는 '일반적인 지각'의 의미, 즉 '상식'의 의미를 지녀요.

0707 text
[tekst]

명 본문; 글　동 문자를 보내다

We read the **text** many times. 교과서
우리는 **본문**을 여러 번 읽었다.

▶▶ Text me. 문자로 보내.

0708 subject
[sʌ́bʤikt]

명 주제; 학과; 대상

The story deals with a sensitive **subject**.
그 이야기는 민감한 **주제**를 다루고 있다.

➕ subjective 형 주관적인
🟰 theme 명 주제　topic 명 주제

VOCA TIP
subject는 글의 주제나 제목을 주로 나타내고, theme은 글 전체를 대표하는 주제나 핵심 사상을 나타내며, topic은 글의 요지나 주장을 주로 나타내요.

05 10 15 20

0709 **poem**
[póuəm]

(명) 시

She wrote **poems** about love and friendship.
교과서 그녀는 사랑과 우정에 관한 **시**를 썼다.

➕ poetry (명) 시   poet (명) 시인

VOCA TIP
poem은 각각의 시 한 편을 가리키고,
poetry는 시 전체를 가리켜요.

0710 **literature**
[lítərətʃùər]

(명) 문학; 문헌

Literature opens up for us new worlds. 교과서
문학은 우리에게 새로운 세상을 열어준다.

➕ literary (형) 문학의

VOCA TIP
* English literature 영문학
* children's literature 아동 문학

0711 **tragedy**
[trǽdʒidi]

(명) 비극

The love story finally ended in **tragedy**.
그 사랑 이야기는 마침내 **비극**으로 끝났다.

➕ tragic (형) 비극적인
↔ comedy (명) 희극

0712 **biography**
[baiágrəfi]

(명) 전기

I'm reading a **biography** of Einstein. 교과서
나는 아인슈타인의 **전기**를 읽고 있다.

➕ autobiography (명) 자서전

VOCA TIP
biography는 한 생명체(bio)
와 관련된 내용을 글, 그림, 도표
(graph)로 나타낸다는 의미의 단어
예요.

0713 **mystery**
[místəri]

(명) 추리 소설; 불가사의, 수수께끼

I've read all of the writer's **mystery** books.
교과서 나는 그 작가의 **추리 소설** 책을 다 읽어봤다.

➕ mysterious (형) 신비의, 불가사의한

0714 **monster**
[mánstər]

(명) 괴물

Shrek is a **monster** whose body is green. 교과서
슈렉은 몸이 초록색인 **괴물**이다.

0715 excellent
[éksələnt]

혱 훌륭한, 탁월한

She became famous for her **excellent** novels.
그녀는 **훌륭한** 소설들로 유명해졌다.

➕ excellence 몡 뛰어남, 탁월함

0716 tale
[teil]

몡 이야기

Dragons appear in many **tales** throughout human history. 학평
용은 인류 역사에 걸친 많은 **이야기** 속에 등장한다.

🟰 story 몡 이야기

0717 meaning
[míːniŋ]

몡 의미, 뜻

She explained the **meaning** of the poem.
그녀는 그 시의 **의미**를 설명했다.

➕ mean 동 의미하다   meaningful 혱 의미 있는

0718 narrator
[nǽreitər]

몡 화자, 이야기하는 사람

The **narrator** is the main character's son.
(소설의) **화자**는 주인공의 아들이다.

➕ narrate 동 이야기를 하다   narration 몡 이야기하기

0719 catalog
[kǽtəlɔ(ː)g]

몡 카탈로그, (상품 등의) 목록

Select your books from the online **catalog**.
학평 온라인 **카탈로그**에서 책을 선택하세요.

0720 sheet
[ʃiːt]

몡 (종이) 한 장; (침대 등의) 시트

He is writing something on a **sheet**.
그는 **종이 한 장** 위에 무언가를 적고 있다.

Use Words

빈칸을 채우며 단어를 외우고, 쓰면서 한 번 더 익히세요.

01 the main _____ 주요 등장인물   character   character

02 _____ direct statements   include
직접적인 진술을 포함하다

03 get over the _____ 어려움을 극복하다   difficulty

04 have a little _____ 약간의 어려움이 있다   trouble

05 be _____ written by teenagers   actually
실제로 십 대들에 의해 쓰이다

06 have _____ seen comic books   probably
아마도 만화책을 본 적 있다

07 stop _____ 갑자기 멈추다   suddenly

08 a fantasy _____ 공상 소설   novel

09 a science _____ 공상 과학 소설   fiction

10 to tell the _____ 사실대로 말하자면   truth

11 in Aesop's _____ 이솝 우화에서   fable

12 be finally _____ed 마침내 출판되다   publish

13 _____ the book 그 책을 편집하다   edit

14 a story about _____ 용기에 관한 이야기   courage

15 the disaster _____ 재난 장면   scene

16 the _____ people 보통 사람들 · common

17 read the _____ 본문을 읽다 · text

18 a sensitive _____ 민감한 주제 · subject

19 write a _____ 시를 쓰다 · poem

20 English _____ 영문학 · literature

21 end in _____ 비극으로 끝나다 · tragedy

22 a _____ of Einstein 아인슈타인 전기 · biography

23 read the _____ books 추리 소설 책을 읽다 · mystery

24 a _____ whose body is green
몸이 초록색인 괴물 · monster

25 become famous for her _____ novels
그녀의 훌륭한 소설들로 유명해지다 · excellent

26 appear in many _____s
많은 이야기 속에 등장하다 · tale

27 the _____ of the poem 시의 의미 · meaning

28 the _____ in the novel 소설의 화자 · narrator

29 the online _____ 온라인 카탈로그 · catalog

30 write ~ on a _____ 종이 한 장 위에 ~을 적다 · sheet

			Check
0691	**character**	똉 등장인물; 성격; 문자	
0692	**include**	동 포함하다	
0693	**difficulty**	똉 어려움; 곤란, 곤경	
0694	**trouble**	똉 어려움, 문제 동 괴롭히다	
0695	**actually**	뛰 실제로, 사실은	
0696	**probably**	뛰 아마도	
0697	**suddenly**	뛰 갑자기	
0698	**novel**	똉 소설	
0699	**fiction**	똉 소설; 허구	
0700	**truth**	똉 진실, 사실	
0701	**fable**	똉 우화	
0702	**publish**	동 출판하다; 게재하다	
0703	**edit**	동 편집하다; 교정하다	
0704	**courage**	똉 용기	
0705	**scene**	똉 장면; 현장	

			Check
0706	**common**	혱 보통의; 흔한; 공통의	
0707	**text**	똉 본문; 글 동 문자를 보내다	
0708	**subject**	똉 주제; 학과; 대상	
0709	**poem**	똉 시	
0710	**literature**	똉 문학; 문헌	
0711	**tragedy**	똉 비극	
0712	**biography**	똉 전기	
0713	**mystery**	똉 추리 소설; 불가사의, 수수께끼	
0714	**monster**	똉 괴물	
0715	**excellent**	혱 훌륭한, 탁월한	
0716	**tale**	똉 이야기	
0717	**meaning**	똉 의미, 뜻	
0718	**narrator**	똉 화자, 이야기하는 사람	
0719	**catalog**	똉 카탈로그, (상품 등의) 목록	
0720	**sheet**	똉 (종이) 한 장; (침대 등의) 시트	

외우지 않은 단어가 있으면 미니 단어장에서 다시 한번 정리해 보세요.

건강, 의료

📖 오늘 학습할 단어를 공부하고, 가리개를 사용해서 암기해 보세요.

0721
advice
[ədváis]

(명) 충고, 조언

You should follow your doctor **advice**.
너는 의사의 **충고**를 따라야 한다.

▶ give ~ advice ~에게 조언하다
➕ advise (동) 충고하다

0722
stress
[stres]

(명) 스트레스; 긴장 (동) 스트레스를 받다

I'm under a lot of **stress** lately.
나는 최근에 **스트레스**를 많이 받고 있다.

▶ stress out 스트레스를 받다[주다]
➕ stressful (형) 스트레스가 많은

0723
condition
[kəndíʃən]

(명) 상태, 건강 상태; (pl.) 상황

Your health **condition** is excellent. 교과서
당신의 건강 **상태**는 아주 좋습니다.

How Different

0724
disease
[dizíːz]

(명) 질병, 병

Viruses can cause **diseases** such as the flu.
교과서 바이러스는 독감 같은 **질병**을 야기할 수 있다.

0725
illness
[ílnis]

(명) 병, 아픔

His home environment caused the **illness**. 학평
그의 가정 환경이 그 **병**을 야기했다.

• disease 흔히 감염에 의해 나타나며, 더 심각한 질병, 특히 신체 기관에 영향을 미치는 질병에 사용함
• illness 병의 상태, 아픈 기간에 중점을 둔 말로, 심각하거나 가벼운 병에 다 쓰며, 정신적 질환에도 사용함

0726
sore
[sɔːr]

(형) (상처·염증으로) 아픈

Pear tea is good for **sore** throats. 교과서
배차는 인후**염**에[목이 **아픈** 데] 좋다.

05   10   15   20

0727 **painful**
[péinfəl]

⟨형⟩ 고통스러운, 아픈

Having a toothache is very **painful**.
이가 아픈 것은 매우 **고통스럽다**.

➕ pain ⟨명⟩ 고통, 아픔

0728 **ache**
[eik]

⟨동⟩ 아프다 ⟨명⟩ 아픔

Her feet are **aching** from standing so long.
너무 오래 서있어서 그녀의 발이 **아프다**.

⟰ pain ⟨명⟩ 아픔, 고통

0729 **headache**
[hédèik]

⟨명⟩ 두통

Do you often experience **headaches**? 학평
당신은 종종 **두통**을 경험하는가?

0730 **stomachache**
[stʌ́məkèik]

⟨명⟩ 복통, 위통

I had a bad **stomachache**. 교과서
나는 심한 **복통**을 앓았다.

0731 **fever**
[fíːvər]

⟨명⟩ 열; 발열

He was laid up with high **fever**. 학평
그는 고**열**로 몸져누워 있었다.

▶▶ have a fever 열이 나다

> **VOCA TIP**
> heat은 일반적인 가열성 열을 나타
> 내고, fever는 병으로 인해 사람의
> 몸에서 나는 열을 나타내요.

내신 빈출

0732 **blind**
[blaind]

⟨형⟩ 눈이 먼, 시각장애가 있는

The dots are for **blind** people. 교과서
그 점들은 **시각장애**인들을 위한 것이다.

➕ color-blind ⟨형⟩ 색맹의

> **VOCA TIP**
> blind는 '~을 알지 못하는'의 의미로
> 도 쓰여서 blind spot(사각 지대),
> blind date(소개팅), blind test(블
> 라인드 테스트)로 나타내기도 해요.

형용사 앞에 정관사 the를 붙여(the + 형용사) 형용사의 특징을 가진 그룹의 사람들을 나타내요. 따라서
the blind는 blind people(시각장애인들)을 의미해요.

Q 우리말과 일치하도록 괄호 안에서 알맞은 것을 고르시오.

He participated in making audiobooks for [the blind / blinds].
그는 시각장애인들을 위한 오디오북을 만드는 것에 참여했다.

 the blind

---

25 30 35 40 45 50

0733 deaf
[def]

(형) 귀가 먼, 청각장애가 있는

The doctor made some inventions for **deaf** people. 교과서

그 의사는 **청각장애**인들을 위해 몇몇 발명품을 만들었다.

0734 burn
[bəːrn]

(동) 화상을 입다, (불에) 타다, 태우다

She **burned** her finger in hot water. 교과서

그녀는 뜨거운 물에 손가락을 **데었다**.

▶ **get a burn** 화상을 입다

VOCA TIP
과거, 과거분사형은 미국에서는 burned를, 영국에서는 burnt를 주로 사용하고, 형용사 용법의 과거분사는 미국, 영국 모두 burnt를 사용해요.

0735 wound
[wuːnd]

(동) 부상을 입히다 (명) 상처, 부상

He was shot and seriously **wounded**. 교과서

그는 총을 맞고 심각한 **부상을 입었다**.

= **injury** (명) 부상

VOCA TIP
wound는 주로 칼, 총 등과 같은 흉기[무기]로 인한 부상을 나타내고, injury는 사고나 싸움에 의한 부상을 나타내요.

0736 cancer
[kǽnsər]

(명) 암

She lost her leg because of **cancer**. 교과서

그녀는 **암** 때문에 다리를 잃었다.

0737 sneeze
[sniːz]

(동) 재채기하다

Dust filled the air and made us **sneeze**. 교과서

먼지는 공기를 가득 채웠고 우리를 **재채기하게** 만들었다.

0738 symptom
[símptəm]

(명) 증상; 징후

She showed some flu **symptoms**.

그녀는 약간의 독감 **증상**들을 보였다.

➕ **symptomatic** (형) 증상을 나타내는

VOCA TIP
symptom은 주로 불길한 징후 또는 조짐에 쓰이는 어휘예요.

05   10   15   20

0739
□□ **suffer**
[sʌ́fər]

동 (질병을) 앓다, (고통을) 겪다

He **suffers** from Alzheimer's disease. 학평
그는 알츠하이머병을 **앓고** 있다.
▶ **suffer from** (질병·증상 등을) 앓다

0740
□□ **poison**
[pɔ́izən]

명 독, 독약

Golden poison frogs do not use their **poison**
to hunt. 학평
황금 독 개구리는 사냥을 위해 그들의 **독**을 사용하지 않는다.
➕ **poisonous** 형 독성이 있는

0741
□□ **toxic**
[táksik]

형 유독성의

Toxic waste causes cancers.
유독성 폐기물은 암을 유발한다.

VOCA TIP
medicine은 병을 치료하는 약을 말
하고, drug는 약과 마약류를 모두 포
함해서 말해요.

0742
□□ **medicine**
[médisn]

명 약; 의학

Could you give me some cough **medicine**?
학평 기침**약** 좀 주실래요?
▶ **take medicine** 약을 먹다
➕ **medical** 형 의학의   **medication** 약물 (치료)
▤ **drug** 명 약, 약품; 마약

0743
□□ **pill**
[pil]

명 알약

Take one **pill** three times a day.
하루에 세 번 한 **알**씩 복용하세요.

0744
□□ **digest**
[daidʒést]

동 소화하다

Some bacteria help us **digest** our food. 학평
몇몇 박테리아는 우리가 음식을 **소화시키도록** 돕는다.
➕ **digestion** 명 소화

0745
patient
[péiʃənt]

몡 환자 혱 참을성 있는

There was no change in the **patient**'s condition.
그 **환자**의 상태에는 변화가 없었다.

➕ patience 몡 참을성
🔄 impatient 혱 참을성 없는, 성급한

0746
clinic
[klínik]

몡 (전문) 병원; 진료; 치료소

He helped the children by building a **clinic**.
교과서 그는 **병원**을 지어서 아이들을 도와주었다.

➕ clinical 혱 임상의

VOCA TIP

clinic은 전문 분야의 (개인) 병원이
나 병동, 의과대학이나 병원의 부속
진료소를 가리켜요.
* dental clinic 치과
* rehab clinic 중독 치료소

0747
examine
[igzǽmin]

통 진찰하다; 조사하다

The doctor **examined** her stomach.
의사가 그녀의 위를 **검진했다**.

➕ examination 몡 진찰; 검사; 시험

내신 빈출

0748
care
[kɛər]

몡 돌봄; 주의 통 상관하다

He took **care** of the injured. 교과서
그는 부상자들을 **돌봤다**.

➡ take care of ~을 돌보다
➕ careful 혱 주의 깊은 careless 혱 부주의한

'~을 돌보다'라는 의미로 쓰이는 take care of는 같은 의미인 care for, look after와 바꿔 쓸 수 있어요.
이처럼 동일 의미로 쓰이는 표현들을 묻는 문제가 출제될 수 있으니 알아두세요.

Q 두 문장의 의미가 같도록 빈칸에 알맞은 말을 쓰시오.

I need someone to look after my son.
= I need someone to take _____ _____ my son.

답 care of

0749
treat
[triːt]

통 치료하다; 대하다; 대접하다

Her burn wound had been **treated**. 학평
그녀의 화상 상처는 **치료되었다**.

➕ treatment 몡 치료; 대우

0750
cure
[kjuər]

통 치료하다 몡 치료법

He **cured** the lion's wound well. 학평
그는 사자의 상처를 잘 **치료했다**.

➕ curable 혱 치료할 수 있는
🟰 treat 통 치료하다

VOCA TIP

cure는 완치의 느낌을 내포하는 치
료를 의미하고, treat은 완치 여부 보
다는 치료 그 자체에 의미를 두고 있
어요.

01 your doctor's _____ 너의 의사의 조언

advice   advice

02 be under a lot of _____ 많은 스트레스를 받다

stress

03 health _____ 건강 상태

condition

04 _____s such as the flu 독감과 같은 질병

disease

05 cause the _____ 병을 야기하다

illness

06 be good for _____ throats 목이 아픈 데 좋다

sore

07 a _____ toothache 고통스러운 치통

painful

08 _____ from standing so long

오래 서 있어서 아프다

ache

09 experience a _____ 두통을 경험하다

headache

10 have a bad _____ 심한 복통을 앓다

stomachache

11 high _____ 고열

fever

12 dots for _____ people

시각장애인들을 위한 점들

blind

13 inventions for _____ people

청각장애인들을 위한 발명품

deaf

14 _____ her finger 그녀의 손가락을 데이다

burn

15 be seriously _____ed 심각한 부상을 입다

wound

16 because of _____ 암 때문에   cancer

17 make us _____ 우리가 재채기를 하게 만들다   sneeze

18 show some flu _____s
약간의 독감 증세를 보이다   symptom

19 _____ from Alzheimer's disease
알츠하이머병을 앓다   suffer

20 a deadly _____ 치명적인 독   poison

21 _____ waste 유독성 폐기물   toxic

22 give some cough _____ 기침약을 주다   medicine

23 take one _____ 한 알씩 복용하다   pill

24 _____ food well 음식을 잘 소화시키다   digest

25 the _____'s condition 환자의 상태   patient

26 build a _____ (전문) 병원을 짓다   clinic

27 _____ her stomach 그녀의 위를 검진하다   examine

28 take _____ of the injured 부상자들을 돌보다   care

29 _____ her burn wound
그녀의 화상 상처를 치료하다   treat

30 _____ the lion's wound
사자의 상처를 치료하다   cure

		Check				Check
0721 **advice**	명 충고, 조언	☐	0736 **cancer**	명 암		☐
0722 **stress**	명 스트레스; 긴장 동 스트레스를 받다	☐	0737 **sneeze**	동 재채기하다		☐
0723 **condition**	명 상태, 건강 상태; (*pl.*) 상황	☐	0738 **symptom**	명 증상; 징후		☐
0724 **disease**	명 질병, 병	☐	0739 **suffer**	동 (질병을) 앓다, (고통을) 겪다		☐
0725 **illness**	명 병, 아픔	☐	0740 **poison**	명 독, 독약		☐
0726 **sore**	형 (상처·염증으로) 아픈	☐	0741 **toxic**	형 유독성의		☐
0727 **painful**	형 고통스러운, 아픈	☐	0742 **medicine**	명 약; 의학		☐
0728 **ache**	동 아프다 명 아픔	☐	0743 **pill**	명 알약		☐
0729 **headache**	명 두통	☐	0744 **digest**	동 소화하다		☐
0730 **stomachache**	명 복통, 위통	☐	0745 **patient**	명 환자 형 참을성 있는		☐
0731 **fever**	명 열; 발열	☐	0746 **clinic**	명 (전문) 병원; 진료; 치료소		☐
0732 **blind**	형 눈이 먼, 시각장애가 있는	☐	0747 **examine**	동 진찰하다; 조사하다		☐
0733 **deaf**	형 귀가 먼, 청각장애가 있는	☐	0748 **care**	명 돌봄; 주의 동 상관하다		☐
0734 **burn**	동 화상을 입다, (불 에) 타다, 태우다	☐	0749 **treat**	동 치료하다; 대하 다; 대접하다		☐
0735 **wound**	동 부상을 입히다 명 상처, 부상	☐	0750 **cure**	동 치료하다 명 치료법		☐

외우지 않은 단어가 있으면 미니 단어장에서 다시 한번 정리해 보세요.

Wrap Up

A 영어는 우리말로, 우리말은 영어로 쓰시오.

01	contest	_____	11	영화관; 영화	_____
02	animation	_____	12	나타내다; 대표하다	_____
03	chess	_____	13	궁금하다; 경탄	_____
04	leisure	_____	14	예술품, 미술품	_____
05	portrait	_____	15	코미디, 희극	_____
06	disease	_____	16	어려움, 문제; 괴롭히다	_____
07	blind	_____	17	치료하다; 대접하다	_____
08	common	_____	18	상태, 건강 상태; 상황	_____
09	stomachache	_____	19	뜨다, 뜨개질하다	_____
10	tale	_____	20	그리다; 끌어당기다	_____

B 빈칸에 알맞은 단어 혹은 우리말을 쓰시오.

01 festive : _____ = 축제의 : 축제

02 humorous : humor = 재미있는 : _____

03 pain : painful = 고통 : _____

04 perform : _____ = 공연하다 : 공연

05 exhibit : _____ = 전시하다 : 전시회, 전시

06 invite : _____ = 초대하다 : 초대; 초대장

07 difficult : difficulty = 어려운 : _____

08 examine : examination = _____ : 진찰; 검사

C 〈보기〉에서 알맞은 단어를 골라 문장을 완성하시오.

> **〈보기〉**
>
> anniversary   riddle   folk   poem   schedule

01 She has a busy _____ this week.

02 Books of _____s help us think creatively.

03 Tomorrow is our school's 30th _____.

04 Our band plays _____ music.

05 She wrote _____s about love and friendship.

D 우리말과 일치하도록 빈칸에 알맞은 말을 쓰시오.

01 I'm interested in fantasy _____s such as *Harry potter*.
(나는 〈해리포터〉 같은 공상 소설에 관심이 있다.)

02 She forgot her lines on _____.
(그녀는 무대에서 대사를 잊어버렸다.)

03 K-pop is _____ among American teens.
(한국 대중음악은 미국 청소년들 사이에서 인기가 있다.)

04 The crowd is enjoying an _____.
(관중들이 오페라를 즐기고 있다.)

05 His home environment caused the _____.
(그의 가정 환경이 그 병을 야기했다.)

사고, 안전

📖 오늘 학습할 단어를 공부하고, 가리개를 사용해서 암기해 보세요.

0751
☐☐ **pain**
[pein]

명 통증, 고통

I have wrist **pain** when I text. 교과서
나는 문자를 할 때 손목 **통증**이 있다.

🔁 hurt 명 상처

💡 **VOCA TIP**
* back pain 요통
* ease the pain
  고통을 덜다, 통증을 가라앉히다
* No pain, no gain.
  고통 없이 얻는 것은 없다.(속담)

0752
☐☐ **scream**
[skri:m]

명 비명 동 비명을 지르다

She heard a terrible **scream**. 교과서
그녀는 끔찍한 **비명 소리**를 들었다.

0753
☐☐ **accident**
[金ksidənt]

명 사고

Careless drivers can cause **accidents**. 교과서
주의력이 없는 운전자는 **사고**를 야기할 수 있다.

💡 **VOCA TIP**
accident는 우연히, 본의 아니게 일
어난 사고를 의미해요.

0754
☐☐ **hammer**
[hǽmər]

명 망치

I hit my finger with the **hammer** by mistake.
나는 실수로 내 손가락을 **망치**로 쳤다.

How Different

0755
☐☐ **damage**
[dǽmidʒ]

동 손상을 주다 명 손상, 피해

Hard candy can **damage** your teeth. 교과서
딱딱한 사탕은 당신의 치아를 **손상시킬** 수 있다.

🔁 harm 동 해치다, 훼손하다

0756
☐☐ **injure**
[índʒər]

동 부상을 입히다

The wild dogs **injured** many people. 교과서
그 들개들은 많은 사람들에게 **부상을 입혔다**.

➕ injured 형 부상을 입은, 다친   injury 명 부상

• damage 사람이나 동물이 아닌 물건 등에 손상이나 피해를 본 경우에 사용
• injure 주로 사람이나 동물이 부상을 당했을 때 사용하며, 때때로 평판이나 자존심 등을 손상시킬 때도
  사용

0757 crack
[kræk]

(명) 금 (동) 갈라지다

The glass has a **crack** in it.
그 유리잔에 금이 갔다.

目 break (동) 깨다, 부수다

VOCA TIP
crack은 갈라지는 현상과 관련되어 '깨지다, 부서지다; 날카로운 소리가 나다' 등의 의미도 나타내요.

0758 slippery
[slípəri]

(형) 미끄러운

She can hurt herself on the **slippery** floor.
성취도 그녀는 **미끄러운** 바닥에서 다칠 수 있다.

VOCA TIP
slip(미끄러지다)에 접미사 -ery가 붙은 어휘예요.

0759 ladder
[lǽdər]

(명) 사다리

The boy is standing under the **ladder**. 학평
그 소년은 **사다리** 아래에 서 있다.

>> climb up a ladder 사다리에 오르다

내신빈출
0760 rescue
[réskju:]

(동) 구조하다 (명) 구조

We collected animal **rescue** supplies. 교과서
우리는 동물 **구조** 장비를 모았다.

目 save (동) 구조하다

'구조하다, 구출하다'의 의미로 rescue와 같이 save도 쓸 수 있어요. save는 주로 '저축하다, 모으다, 아끼다'의 의미로 쓰이지만, 문맥상 '구조하다'의 의미로 쓰이기도 한답니다.

Q 빈칸에 들어갈 말로 적절하지 않은 것은?

Animal lovers will _____ the elephant.

① save   ② rescue   ③ survive   답 ③

0761 risk
[risk]

(명) 위험

Broccoli helps to lower the **risk** of cancer.
교과서 브로콜리는 암의 **위험**을 낮추는데 도움이 된다.

➕ risky (형) 위험한
目 danger (명) 위험, 위험성

VOCA TIP
* at risk 위험한 상태에 있는
* high risk 위험성이 높은
* take the risk of ~의 위험을 무릅쓰다

0762 glue
[glu:]

(명) 접착제

Avoid skin contact with the **glue**.
접착제와 피부가 접촉하는 것을 피해라.

0763 crash
[kræʃ]

(명) 충돌, 추락 (사고) (동) 충돌하다

The plane was damaged in the **crash**.
그 비행기는 **충돌**로 손상되었다.

目 accident (명) 사고

0764 hurt
[həːrt]

(동) 다치게 하다; 아프다

I fell and **hurt** my knee. (교과서)
나는 넘어졌고 나의 무릎을 **다쳤다**.

» hurt a person's pride 자존심을 다치게[상하게] 하다
目 injure (동) 부상을 입히다

0765 urgent
[ə́ːrdʒənt]

(형) 긴급한; 다급한

I want immediate action to solve this urgent **problem**. (수능)
나는 이 **긴급한** 문제를 해결할 수 있는 즉각적인 조치를 원한다.

➕ urgently (부) 긴급하게

VOCA TIP
* urgent need 긴급한 필요
* get an urgent call
긴급 전화를 받다

0766 sink
[siŋk]

(동) 가라앉다

The boats are **sinking** into the sea. (성취도)
배들이 바다로 **가라앉고 있다**.

» go under 가라앉다; 파산하다

VOCA TIP
sink는 명사로 쓰일 때 우리가 잘 알고 있는 부엌의 '싱크대'로도 쓰인답니다.

0767 bulb
[bʌlb]

(명) 전구

The light **bulb** is in danger of breaking.
전구는 깨질 위험이 있다.

0768 harm
[hɑːrm]

(명) 피해 (동) 해를 끼치다

She didn't mean to cause you any **harm**. (교과서)
그녀는 너에게 어떤 **피해**를 일으키는 것을 의도하지 않았다.

➕ harmful (형) 유해한, 해로운
目 damage (명) 손상, 피해 (동) 손상을 주다

VOCA TIP
'피해를 끼치다'는 의미로 사용할 때 do (something) harm을 써요. give harm 또는 make harm을 쓰지 않도록 주의하세요.

0769 **fault**
[fɔːlt]

[명] 잘못, 책임; 단점

The car accident was my **fault**.
그 자동차 사고는 내 **잘못**이었다.

[»] **at fault** 잘못해서
[=] **mistake** [명] 잘못

0770 **blood**
[blʌd]

[명] 혈액, 피

The special clothes protect doctors from **blood**. [성취도]
그 특별한 옷은 **피**로부터 의사를 보호한다.

VOCA TIP
* blood flow 혈류
* blood pressure 혈압
* blood type 혈액형
* blood sugar 혈당

0771 **iron**
[áiərn]

[명] 다리미; 철

She got a burn from the hot **iron**.
그녀는 뜨거운 **다리미**로 화상을 입었다.

0772 **cautious**
[kɔ́ːʃəs]

[형] 조심스러운, 신중한

She was **cautious** not to lose her son in the market. [수능]
그녀는 시장에서 그녀의 아들을 잃어버리지 않으려고 **조심했다**.

[+] **caution** [명] 조심; 주의
[=] **careful** [형] 조심스러운, 신중한

0773 **severe**
[sivíər]

[형] 심각한, 극심한

His injuries were quite **severe**.
그의 부상은 꽤 **심각했다**.

[=] **serious** [형] 심각한

VOCA TIP
'심한 통증'을 표현할 때 big, great와 같은 형용사 대신 severe pain으로 나타내요.

0774 **dangerous**
[déindʒərəs]

[형] 위험한

It's **dangerous** to stay alone in such a wild area. [교과서]
그러한 야생 지역에 혼자 머무르는 것은 **위험**하다.

[+] **danger** [명] 위험
[↔] **safe** [형] 안전한

26　　30　　35　　40　　45　　50

0775 recover
[rikʌ́vər]

동 회복하다; 복구되다

It will take several months to **recover** from the elbow injury.
팔꿈치 부상을 **회복하는** 데는 몇 달이 걸릴 것이다.

➕ recovery 명 회복
🟰 get over 회복하다

recover는 '회복하다' 또는 '복구되다'의 의미로 쓰일 때는 자동사이므로 동사의 뒤에 목적어를 쓸 수 없고, 수동태로도 쓸 수 없다는 것을 알아두세요.

Q 괄호 안에서 알맞은 것을 고르시오.

I didn't fully [recover / recover from] my cold.

답 recover from

0776 emergency
[imɔ́ːrdʒənsi]

명 비상

I pushed an **emergency** exit door. 성취도
나는 **비상** 탈출 문을 밀었다.

> 💡 **VOCA TIP**
> 비상구는 사고가 생겼을 경우 대피용으로 설치한 출구이므로 emergency exit이라고 해요.

0777 unexpected
[ʌ̀nikspéktid]

형 예기치 않은, 예상 밖의

This is an **unexpected** accident.
이것은 **예기치 않은** 사고이다.

> 💡 **VOCA TIP**
> unexpected는 부정의 접두사 un-이 붙은 un(not) + expected(예상된)의 형태로 '예기치 않은'의 의미가 돼요.

0778 safety
[séifti]

명 안전, 안전성

For your **safety**, we canceled the show. 성취도
당신의 **안전**을 위해서, 우리는 공연을 취소했다.

➕ safe 형 안전한

0779 mop
[mɑp]

동 대걸레로 닦다 명 대걸레

Mop the water, or someone will slip on it.
물을 **대걸레로 닦아라**. 그렇지 않으면 누군가가 그 위로 넘어질 것이다.

0780 panic
[pǽnik]

동 극심한 공포를 느끼다 명 공포, 공황

He began to **panic** because of the shaking.
교과서 그는 흔들림 때문에 **극심한 공포를 느끼기** 시작했다.

01 have wrist _____ 손목 통증이 있다   pain   pain

02 a terrible _____ 끔찍한 비명 소리   scream

03 cause an _____ 사고를 야기하다   accident

04 with the _____ 망치를 가지고   hammer

05 _____ your teeth 당신의 치아를 손상시키다   damage

06 _____ many people   injure
많은 사람들에게 부상을 입히다

07 a _____ in the glass 유리잔의 금   crack

08 on the _____ floor 미끄러운 바닥에서   slippery

09 under the _____ 사다리 아래에서   ladder

10 animal _____ supplies 동물 구조 장비   rescue

11 lower the _____ of cancer 암의 위험을 낮추다   risk

12 skin contact with the _____   glue
접착제와 피부 접촉

13 in the _____ 충돌에서   crash

14 _____ my knee 내 무릎을 다치다   hurt

15 this _____ problem 이 긴급한 문제   urgent

16 _____ into the sea 바다로 가라앉다 sink

17 the light _____ 전구 bulb

18 cause you any _____ harm
너에게 어떤 피해를 일으키다

19 my _____ 내 잘못 fault

20 protect doctors from _____ blood
피로부터 의사를 보호하다

21 the hot _____ 뜨거운 다리미 iron

22 be _____ 조심하다 cautious

23 quite _____ 꽤 심각한 severe

24 _____ to stay alone 혼자 머무르는 것이 위험한 dangerous

25 _____ from the elbow injury recover
팔꿈치 부상을 회복하다

26 push an _____ exit door 비상 탈출 문을 밀다 emergency

27 an _____ accident 예기치 않은 사고 unexpected

28 for your _____ 당신의 안전을 위해서 safety

29 _____ the water 물을 대걸레로 닦다 mop

30 begin to _____ 극심한 공포를 느끼기 시작하다 panic

		Check			Check
0751 **pain**	똉 통증, 고통	☐	0766 **sink**	동 가라앉다	☐
0752 **scream**	똉 비명 동 비명을 지르다	☐	0767 **bulb**	똉 전구	☐
0753 **accident**	똉 사고	☐	0768 **harm**	똉 피해 동 해를 끼치다	☐
0754 **hammer**	똉 망치	☐	0769 **fault**	똉 잘못, 책임; 단점	☐
0755 **damage**	동 손상을 주다 똉 손상, 피해	☐	0770 **blood**	똉 혈액, 피	☐
0756 **injure**	동 부상을 입히다	☐	0771 **iron**	똉 다리미; 철	☐
0757 **crack**	똉 금 동 갈라지다	☐	0772 **cautious**	형 조심스러운, 신중한	☐
0758 **slippery**	형 미끄러운	☐	0773 **severe**	형 심각한, 극심한	☐
0759 **ladder**	똉 사다리	☐	0774 **dangerous**	형 위험한	☐
0760 **rescue**	동 구조하다 똉 구조	☐	0775 **recover**	동 회복하다; 복구 되다	☐
0761 **risk**	똉 위험	☐	0776 **emergency**	똉 비상	☐
0762 **glue**	똉 접착제	☐	0777 **unexpected**	형 예기치 않은, 예상 밖의	☐
0763 **crash**	똉 충돌, 추락 (사고) 동 충돌하다	☐	0778 **safety**	똉 안전, 안전성	☐
0764 **hurt**	동 다치게 하다; 아프다	☐	0779 **mop**	동 대걸레로 닦다 똉 대걸레	☐
0765 **urgent**	형 긴급한; 다급한	☐	0780 **panic**	동 극심한 공포를 느끼다 똉 공포, 공황	☐

외우지 않은 단어가 있으면 미니 단어장에서 다시 한번 정리해 보세요.

DAY 27

동물, 곤충

📖 오늘 학습할 단어를 공부하고, 가리개를 사용해서 암기해 보세요.

0781 crow
[krou]

명 까마귀 · 동 (수탉이) 울다

Scientists are studying **crows**. 교과서
과학자들은 **까마귀**를 연구하고 있다.

0782 whale
[ʍeil]

명 고래

Blue **whales** are the largest sea animals. 교과서
흰긴수염**고래**는 가장 큰 바다 동물이다.

💡 VOCA TIP

a school of whales는 '고래 떼'를 의미한다. 이때 school은 '(물고기 해양 동물의) 떼(무리)'를 의미한다.

0783 insect
[ínsekt]

명 곤충

We can see **insects** in the woods. 교과서
우리는 숲에서 **곤충**을 볼 수 있다.

⬛ bug 명 (작은) 곤충

💡 VOCA TIP

insect는 머리, 가슴, 배로 몸이 나뉜 곤충을 말하고, worm은 지렁이처럼 다리와 뼈가 없는 벌레를 말한다.

내신 빈출

0784 lay
[lei]

동 (알을) 낳다; 놓다

Sea turtles find a place to **lay** eggs. 교과서
바다거북이 알을 **낳을** 장소를 찾는다.

'알을 낳다; 놓다'의 의미로 쓰이는 lay(lay-laid-laid)는 '눕다, 놓여있다'의 의미로 쓰이는 동사 lie의 과거형 lay와 형태가 동일해요(lie-lay-lain). 따라서 문맥상 단어를 선택하는 문제가 자주 출제된답니다.

Q 괄호 안에서 알맞은 것을 고르시오.

The chickens [**lay** / lie] eggs every morning.

답 lay

0785 feather
[féðər]

명 (새의) 털, 깃털

The parrot's **feathers** are colorful. 교과서
그 앵무새의 **깃털**은 형형색색이다.

💡 VOCA TIP

＊as light as a feather
깃털처럼 가벼운
＊birds of a feather 같은 흥미[성향]를 가진 사람들, 같은 무리

0786 goat
[gout]

명 염소

I have seen a **goat** on the roof. 교과서
나는 지붕 위에 있는 **염소**를 본 적이 있다.

[내신빈출]

0787 □□ **feed** [fi:d]

[동] 밥을 먹이다, 먹이를 주다

She **feeds** the cat. [듣기]
그녀는 고양이에게 **먹이를 준다**.

[»] feed A on B A에게 B를 먹이다

feed A on B는 'A에게 B를 먹이다'는 의미로 전치사 on과 함께 쓰여요. 학교 시험에서는 함께 어울려 쓰는 전치사를 묻는 문제가 많이 등장한답니다.

[Q] 괄호 안에서 알맞은 것을 고르시오.
They feed giraffes [on / for] leaves.

[답] on

VOCA TIP 어떠한 결과물에서 수정 사항을 다시 보내는 것을 '다시 먹이를 주는 것 같다'라고 해서 피드백(feedback)이라고 해요.

0788 □□ **peacock** [pí:kɑ̀k]

[명] 공작

The **peacock** is stuck in a cage. [교과서]
공작이 우리에 갇혀있다.

[»] as proud as a peacock 잔뜩 뽐을 내는

0789 □□ **wing** [wiŋ]

[명] 날개

Although lyrebirds have **wings**, they don't often fly. [학평]
금조는 **날개**가 있지만, 자주 날지는 않는다.

VOCA TIP 새의 몸 바깥으로 돌출된 날개처럼, 건축물에서도 중심이 되는 건물 옆으로 돌출된 부속 건물을 wing(날개)이라고 해요.

0790 □□ **parrot** [pǽrət]

[명] 앵무새

Look at the picture painted by a **parrot**. [교과서]
앵무새가 그린 그림을 보아라.

[»] as sick as a parrot 매우 실망스러운

0791 □□ **female** [fí:mèil]

[형] 암컷의; 여성의 [명] 암컷; 여성

The oldest **female** elephant is the head of the group. [성취도]
가장 나이가 많은 **암컷** 코끼리는 무리의 우두머리이다.

0792 □□ **snake** [sneik]

[명] 뱀

The river is home to big **snakes**. [교과서]
그 강은 큰 **뱀**들의 서식지이다.

VOCA TIP 뱀처럼 음흉하고 교활한 사람을 가리켜 He's a real snake.(그는 교활한 녀석이야.)라고 표현하기도 해요.

0793 spider
[spáidər]

(명) 거미

The **spider** completed the web. 성취도
거미가 거미줄을 완성했다.

0794 wild
[waild]

(형) 야생의

Before farming, people ate **wild** animals. 성취도
농사를 시작하기 이전에, 사람들은 **야생** 동물을 먹었다.

➕ wildness (명) 야생; 황폐

> **VOCA TIP**
> 야생의(wild) 터전에서 삶(life)을 살아가는 생물들을 야생생물(wildlife)이라고 해요.

0795 migrate
[máigreit]

(동) 이동하다; 이주하다

Some birds **migrates** at night. 교과서
어떤 새들은 밤에 **이동한다**.

➕ migration (명) 이동; 이주
➖ emigrate (동) 이주하다; 이민을 가다

> **VOCA TIP**
> migrate는 '(일시적으로) 지역을 떠나다'의 의미이고 접두사 e-와 결합한 emigrate는 '(영구적으로) 다른 나라로 이주하다'의 의미로 쓰여요.

0796 male
[meil]

(형) 수컷의; 남성의 (명) 수컷; 남성

The **male** ants help the queen produce the eggs. 교과서
수컷 개미는 여왕개미가 알을 낳는 것을 돕는다.

↔ female (형) 암컷의; 여성의 (명) 암컷; 여성

How Different

0797 hen
[hen]

(명) 암탉

He took a warm egg from under a **hen**. 교과서
그는 **암탉** 밑에서 따뜻한 달걀을 꺼냈다.

» a hen's egg 달걀

0798 rooster
[rú:stər]

(명) 수탉

The violent **rooster** attacked the child.
그 난폭한 **수탉**이 아이를 공격했다.

• **hen** 닭은 성별에 따라 다르게 부르는데 암탉은 hen이라고 함
• **rooster** 수탉은 rooster 혹은 cock이라고 함

05   10   15   20

0799 **beetle**
[bíːtl]

ⓝ 딱정벌레

There are various different types of **beetle**.
서로 다른 다양한 종류의 **딱정벌레**가 있다.

0800 **seal**
[siːl]

ⓝ 바다표범

Polar bears usually eat **seals** and fish.
북극곰은 보통 **바다표범**과 물고기를 먹는다.

> 🔦 **VOCA TIP**
> seal은 '밀봉하다; 봉인하다' 또는 '도장; 봉인'의 의미도 나타내요.
> * seal up a letter 편지를 봉하다
> * seal of state 국새

0801 **creature**
[kríːtʃər]

ⓝ 생물

Bacteria are very small **creatures**. 교과서
박테리아는 매우 작은 **생물**이다.

▶ **sea creature** 해양 생물

> 🔦 **VOCA TIP**
> creature(생물)는 동물, 어류, 곤충 등 살아있는 것들을 의미하지만, 식물은 포함하지 않아요.

0802 **beast**
[biːst]

ⓝ 짐승

They faced the **beast**.
그들은 그 **짐승**과 맞섰다.

▶ *Beauty and the Beast* (문학) 미녀와 야수
⊟ **animal** ⓝ 동물

0803 **octopus**
[áktəpəs]

ⓝ 문어

The arms of the **octopuses** are flexible.
문어의 다리는 유연하다.

> 🔦 **VOCA TIP**
> 고대 그리스어에서 숫자 8을 의미하는 octo-와 다리를 의미하는 pus가 합쳐져 '다리가 8개인 동물'이라는 의미의 octopus가 되었어요.

0804 **dinosaur**
[dáinəsɔ̀ːr]

ⓝ 공룡

She is interested in **dinosaurs**. 듣기
그녀는 **공룡**에 관심이 있다.

▶ **the age of the dinosaurs** 공룡 시대

0805 **hatch**
[hætʃ]

(동) 부화하다

The eggs are about to **hatch**.
그 알들은 막 **부화가 되려** 한다.

» **hatch out** 부화하다

0806 **leopard**
[lépərd]

(명) 표범

A wild **leopard** can jump very high.
야생 **표범**은 아주 높이 뛸 수 있다.

» **a leopard cannot change its spots**
세 살 버릇 여든까지 간다

0807 **lizard**
[lízərd]

(명) 도마뱀

She was fascinated by the native **lizards** in forest. (수능)
그녀는 숲에서 토종 **도마뱀**에 매료되었다.

0808 **giraffe**
[dʒəræf]

(명) 기린

This country has a national park with **giraffes**.
(교과서) 이 나라에는 **기린**이 있는 국립공원이 있다.

0809 **mosquito**
[məskí:tou]

(명) 모기

Mosquito cannot survive the winter.
모기는 겨울에 살지 못한다.

» **be beaten by mosquitos** 모기에 물리다

0810 **nest**
[nest]

(명) 둥지

The bird made a **nest** under the roof.
그 새는 지붕 아래에 **둥지**를 지었다.

» **leave the nest** 부모의 품을 떠나다, 독립하다

01 study a _____ 까마귀를 연구하다 · crow · crow

02 a school of _____s 고래 떼 · whale

03 _____s in the woods 숲에 있는 곤충 · insect

04 _____ eggs 알을 낳다 · lay

05 the parrot's _____s 그 앵무새의 깃털 · feather

06 a _____ on the roof 지붕 위에 있는 염소 · goat

07 _____ the cat 고양이에게 먹이를 주다 · feed

08 the _____ stuck in a cage 우리에 갇힌 공작 · peacock

09 have _____s 날개를 가지고 있다 · wing

10 be painted by a _____ 앵무새에 의해 그려지다 · parrot

11 the oldest _____ elephant
가장 나이 많은 암컷 코끼리 · female

12 home to big _____s 큰 뱀들의 서식지 · snake

13 complete the _____'s web 거미줄을 완성하다 · spider

14 eat _____ animals 야생 동물을 먹다 · wild

15 _____ at night 밤에 이동하다 · migrate

16 the _____ ants 수컷 개미

male

17 under a _____ 암탉 밑에서

hen

18 the violent _____ 난폭한 수탉

rooster

19 different types of _____
다양한 종류의 딱정벌레

beetle

20 eat _____ s and fish 바다표범과 물고기를 먹다

seal

21 small _____ s 작은 생물

creature

22 face the _____ 그 짐승과 맞서다

beast

23 the arms of the _____ 문어의 다리

octopus

24 be interested in _____ s 공룡에 관심이 있다

dinosaur

25 be about to _____ 막 부화가 되려 하다

hatch

26 a wild _____ 야생 표범

leopard

27 the native _____ 토종 도마뱀

lizard

28 a park with _____ s 기린이 있는 공원

giraffe

29 a _____ bite 모기 물린 곳

mosquito

30 a _____ under the roof 지붕 아래의 둥지

nest

			Check
0781	**crow**	명 까마귀 동 (수탉이) 울다	☐
0782	**whale**	명 고래	☐
0783	**insect**	명 곤충	☐
0784	**lay**	동 (알을) 낳다; 놓다	☐
0785	**feather**	명 (새의) 털, 깃털	☐
0786	**goat**	명 염소	☐
0787	**feed**	동 밥을 먹이다, 먹이를 주다	☐
0788	**peacock**	명 공작	☐
0789	**wing**	명 날개	☐
0790	**parrot**	명 앵무새	☐
0791	**female**	형 암컷의; 여성의 명 암컷; 여성	☐
0792	**snake**	명 뱀	☐
0793	**spider**	명 거미	☐
0794	**wild**	형 야생의	☐
0795	**migrate**	동 이동하다; 이주하다	☐

			Check
0796	**male**	형 수컷의; 남성의 명 수컷; 남성	☐
0797	**hen**	명 암탉	☐
0798	**rooster**	명 수탉	☐
0799	**beetle**	명 딱정벌레	☐
0800	**seal**	명 바다표범	☐
0801	**creature**	명 생물	☐
0802	**beast**	명 짐승	☐
0803	**octopus**	명 문어	☐
0804	**dinosaur**	명 공룡	☐
0805	**hatch**	동 부화하다	☐
0806	**leopard**	명 표범	☐
0807	**lizard**	명 도마뱀	☐
0808	**giraffe**	명 기린	☐
0809	**mosquito**	명 모기	☐
0810	**nest**	명 둥지	☐

외우지 않은 단어가 있으면 미니 단어장에서 다시 한번 정리해 보세요.

지역, 지형

📖 오늘 학습할 단어를 공부하고, 가리개를 사용해서 암기해 보세요.

내신빈출

0811 nature
[néitʃər]

명 자연; 천성

Many great ideas come from observing **nature**. 성취도

많은 훌륭한 아이디어는 **자연**을 관찰하는 데서 온다.

nature는 '자연' 그리고 '천성'이라는 의미를 모두 가지고 있는데 학교 시험에서는 nature가 '자연'으로 해석되는 경우가 더 많아요.

Q 밑줄 친 부분의 뜻으로 알맞은 것을 〈보기〉에서 고르시오.

〔보기〕
ⓐ 자연   ⓑ 천성

1. She is very honest by <u>nature</u>. (   )
2. We should protect <u>nature</u>. (   )

답 1. ⓑ 2. ⓐ

0812 stone
[stoun]

명 돌

Put some small **stones** into the bottle. 교과서

병 안에 작은 **돌** 몇 개를 넣어라.

0813 ocean
[óuʃən]

명 바다, 대양

People should care more about the **oceans**.
교과서 사람들은 **바다**에 더 관심을 가져야 한다.

> 💡 **VOCA TIP**
> 세계 5대양은 모두 ocean으로 표기하는데 Pacific Ocean(태평양), Atlantic Ocean(대서양), Indian Ocean(인도양), Southern Ocean(남극해), Arctic Ocean(북극해)이 있어요.

0814 island
[áilənd]

명 섬

There are many **islands** in the Pacific Ocean.
교과서 태평양에는 많은 **섬**들이 있다.

> 💡 **VOCA TIP**
> island의 s는 묵음이에요.

0815 square
[skwɛər]

명 광장; 정사각형   형 정사각형의

I saw a fountain in the town **square**.
나는 도시 **광장**에서 분수를 보았다.

> 💡 **VOCA TIP**
> square는 '평방 제곱'이라는 의미도 나타내는데, square meters(평방미터, 제곱미터)가 그 예시예요.

0816 cliff
[klif]

명 절벽

She came down the **cliff**.
그녀는 **절벽**을 내려갔다.

0817 **forest**
[fɔ́(:)rist]

명 숲

Deep in the **forest**, I spotted a wild deer. 학평
숲 속 깊은 곳에서 나는 야생 사슴을 발견했다.

➕ **rainforest** 명 열대 우림
🟰 **woods** 명 삼림

내신빈출

0818 **desert**
[dézərt]

명 사막

Where is the driest **desert** on Earth? 교과서
지구에서 가장 건조한 **사막**은 어디일까?

desert(사막)는 dessert(디저트)와 철자가 비슷하여 헷갈리기 쉬워요. 그래서 시험에 종종 둘 중 선택하는 문제가 나오기도 합니다.

Q 괄호 안에서 알맞은 것을 고르시오.

The [**desert** / **dessert**] is very hot and dry place.

답 desert

0819 **local**
[lóukəl]

형 지역의, 현지의

I took him to a small **local** restaurant. 교과서
나는 그를 작은 **지역** 식당으로 데리고 갔다.

🟰 **regional** 형 지역의

VOCA TIP
* local newspaper 지역 신문
* local time 현지 시간

0820 **sand**
[sænd]

명 모래

The **sand** hills are located near the ocean. 학평
모래 언덕은 바닷가 근처에 위치해 있다.

0821 **hometown**
[hóumtàun]

명 고향

He bought a ticket for a long-distance bus to his **hometown**. 학평
그는 그의 **고향**으로 가는 장거리 버스표를 샀다.

VOCA TIP
home(집) + town(마을)의 형태로 '집같은 마을'이라는 옛의미에서 조금 바뀌어 '고향'이라는 의미가 되었어요.

0822 **wave**
[weiv]

명 파도 동 (손·팔을) 흔들다

The **wave** may be only a meter high. 성취도
파도의 높이는 1미터에 불과할 수도 있다.

VOCA TIP

0823 flat
[flæt]

(명) 평원, 평지 (형) 평평한; 납작한

Salar de Uyuni in Bolivia is the world's largest salt **flat**. (교과서)

볼리비아의 우유니 사막은 세계에서 가장 큰 소금 **평원**이다.

VOCA TIP
flat에는 '(타이어·풍선 등이) 바람이 빠진'이라는 의미가 있어요.
* get a flat tire 펑크가 나다

0824 cave
[keiv]

(명) 동굴

She wants to live in a **cave** house. (교과서)

그녀는 **동굴** 집에서 살고 싶어 한다.

How Different

0825 area
[ɛ́əriə]

(명) 지역; 구역; 부분

The ground in some **areas** is wet. (교과서)

몇몇 **지역**의 땅은 젖어있다.

= part, portion (명) 부분

0826 region
[ríːdʒən]

(명) 지방, 지역

The amount of oil produced by this **region** is decreasing. (성취도)

이 **지역**에서 생산된 석유의 양이 줄어들고 있다.

- area 넓이에는 상관없이 일반적인 공간이나 장소를 나타냄
- region 상당히 넓은 지역으로, 전체를 기준으로 지리적/환경적으로 구분되는 영역을 나타냄

0827 remain
[riméin]

(동) 남아 있다; 계속 ~이다

Pyramids will **remain** a mystery. (교과서)

피라미드는 수수께끼로 **남을** 것이다.

+ remains (명) 유적; 나머지
= stay (동) 머무르다; ~인 채로 있다

VOCA TIP
remain은 '남겨지다'의 뉘앙스가 강해요.

0828 waterfall
[wɔ́ːtərfɔ̀ːl]

(명) 폭포

Angel Falls is the world's highest **waterfall**.

(교과서) 앤헬 폭포는 세계에서 가장 높은 **폭포**이다.

= fall (명) (pl.) 폭포

05   10   15   20

0829
surface
[sə́:rfis]

(명) 표면; 지면, 수면

Nearly 10% of the Earth's **surface** is covered by ice.
지구 **표면**의 거의 10%가 얼음으로 덮여 있다.

How Different

0830
coast
[koust]

(명) 해안

The earthquake produced tsunami waves along the **coast**. 성취도
지진은 **해안가**를 따라 쓰나미 파도를 일으켰다.

▶ Pacific Coast 태평양연안

0831
shore
[ʃɔːr]

(명) 해안, 물가

A dolphin pushed him safely to **shore**. 학평
돌고래 한 마리가 그를 **해안가**로 안전하게 밀었다.

• coast 바다와 맞닿은 광범위한 해안을 나타냄
• shore 가장 넓은 의미로 쓰이는 물과 땅이 만나는 곳으로 해안, 호숫가, 강가 등을 나타냄

0832
zone
[zoun]

(명) 구역, 지역

Smoking is not allowed in this **zone**. 교과서
흡연은 이 **구역**에서 허가되지 않습니다.

目 area (명) 지역

VOCA TIP
No kids zone은 영유아와 어린이를 동반한 고객의 출입을 제한하는 곳을 말해요.

0833
shape
[ʃeip]

(명) 모양, 형태 (동) 모양으로 만들다

The map-maker visualizes the **shape** of the land. 수능
지도 제작자는 땅의 **모양**을 시각적으로 표현한다.

▶ out of shape 제 모양이 아닌
目 form (명) 형태; 모습, 외관

0834
peak
[piːk]

(명) (산의) 봉우리

The mountain **peaks** came into view.
산**봉우리**들이 드러났다.

VOCA TIP
peak는 '최고점'이라는 의미도 있어서 peak season이라고 하면 '성수기'를 의미해요.

0835 bay
[bei]
(명) 만(灣)

They had a short ferry ride across the **bay**.
그들은 만을 가로질러 짧게 유람선을 탔다.

0836 abundant
[əbʌ́ndənt]
(형) 풍부한

The area is **abundant** in minerals.
그 지역은 광물이 **풍부하다**.
➕ abundance (명) 풍부
🟰 plentiful (형) 풍부한

0837 continent
[kántənənt]
(명) 대륙

The river runs across the **continent**. 교과서
그 강은 **대륙**을 가로질러 흐른다.
➡️ the Continent 유럽 대륙

💡 VOCA TIP
지구는 6개의 대륙(continent)으로 나뉘는데, Asia(아시아), Europe(유럽), Africa(아프리카), Oceania(오세아니아), North America(북아메리카), South America(남아메리카)이에요.

0838 harbor
[háːrbər]
(명) 항구

Many boats are in the **harbor**.
많은 보트들이 **항구**에 있다.
➡️ strike into a harbor 입항하다

0839 mine
[main]
(명) 광산 (동) 채굴하다

The worker at the coal **mine** was wounded.
교과서 석탄 **광산**의 노동자는 부상을 입었다.
➕ mining (명) 채굴

💡 VOCA TIP
어떤 광물을 채굴하느냐에 따라 coal mine(탄광), gold mine(금광) 등으로 나타내요.

0840 rural
[rú(ː)ərəl]
(형) 시골의, 지방의

I live in **rural** area with star-filled night skies.
나는 별이 가득한 밤 하늘이 있는 **시골** 지역에 거주한다.
↔️ urban (형) 도시의

01 observe ＿＿＿＿＿ 자연을 관찰하다   nature   nature

02 some small ＿＿＿＿＿s 작은 돌 몇 개   stone

03 care more about the ＿＿＿＿＿s   ocean
    바다에 더 관심을 가지다

04 the ＿＿＿＿＿s in the Pacific Ocean   island
    태평양의 섬들

05 in the town ＿＿＿＿＿ 도시 광장에서   square

06 come down the ＿＿＿＿＿ 절벽을 내려가다   cliff

07 deep in the ＿＿＿＿＿ 숲 속 깊은 곳에서   forest

08 the driest ＿＿＿＿＿ 가장 건조한 사막   desert

09 a ＿＿＿＿＿ restaurant 지역 식당   local

10 the ＿＿＿＿＿ hill 모래 언덕   sand

11 a bus to his ＿＿＿＿＿ 그의 고향으로 가는 버스   hometown

12 a meter high ＿＿＿＿＿ 1미터 높이의 파도   wave

13 the largest salt ＿＿＿＿＿ 소금 평원   flat

14 live in a ＿＿＿＿＿ house 동굴 집에 살다   cave

15 the ground in some ＿＿＿＿＿s 몇몇 지역의 땅   area

16 the oil produced by this _____   region
이 지역에서 생산된 석유

17 _____ a mystery   수수께끼로 남다   remain

18 the world's highest _____   waterfall
세계에서 가장 높은 폭포

19 the Earth's _____   지구의 표면   surface

20 along the _____   해안가를 따라   coast

21 push him to _____   그를 해안가로 밀다   shore

22 in this _____   이 구역에서   zone

23 the _____ of the land   땅의 모양   shape

24 the mountain _____   산봉우리   peak

25 across the _____   만을 가로질러   bay

26 be _____ in minerals   광물이 풍부하다   abundant

27 run across the _____   대륙을 가로질러 흐르다   continent

28 in the _____   항구에   harbor

29 the worker at the coal _____   mine
석탄 광산의 노동자

30 live in _____ area   시골 지역에 거주하다   rural

		Check				Check
0811 **nature**	명 자연; 천성	☐	0826 **region**	명 지방, 지역	☐
0812 **stone**	명 돌	☐	0827 **remain**	동 남아 있다; 계속 ~이다	☐
0813 **ocean**	명 바다, 대양	☐	0828 **waterfall**	명 폭포	☐
0814 **island**	명 섬	☐	0829 **surface**	명 표면; 지면, 수면	☐
0815 **square**	명 광장; 정사각형 형 정사각형의	☐	0830 **coast**	명 해안	☐
0816 **cliff**	명 절벽	☐	0831 **shore**	명 해안; 물가	☐
0817 **forest**	명 숲	☐	0832 **zone**	명 구역, 지역	☐
0818 **desert**	명 사막	☐	0833 **shape**	명 모양, 형태 동 모양으로 만들다	☐
0819 **local**	형 지역의, 현지의	☐	0834 **peak**	명 (산의) 봉우리	☐
0820 **sand**	명 모래	☐	0835 **bay**	명 만(灣)	☐
0821 **hometown**	명 고향	☐	0836 **abundant**	형 풍부한	☐
0822 **wave**	명 파도 동 (손·팔을) 흔들다	☐	0837 **continent**	명 대륙	☐
0823 **flat**	명 평원, 평지 형 평평한; 납작한	☐	0838 **harbor**	명 항구	☐
0824 **cave**	명 동굴	☐	0839 **mine**	명 광산 동 채굴하다	☐
0825 **area**	명 지역; 구역; 구분	☐	0840 **rural**	형 시골의, 지방의	☐

외우지 않은 단어가 있으면 미니 단어장에서 다시 한번 정리해 보세요.

DAY 29

기후, 계절

📖 오늘 학습할 단어를 공부하고, 가리개를 사용해서 암기해 보세요.

0841 **cold**
[kould]

⊗ 추운, 차가운; 냉담한 ⊗ 추위; 감기

Global warming has brought extremely hot and **cold** weather. 교과서
지구 온난화는 극도로 덥고 **추운** 날씨를 가져왔다.

» a **cold** heart 냉정한 마음, 무정
catch a severe **cold** 독감에 걸리다

↔ hot ⊗ 더운, 뜨거운

0842 **rainfall**
[réinfɔ̀ːl]

⊗ 강우, 강우량

The typhoon will come with heavy **rainfall**.
교과서 태풍은 강한 **비**와 함께 올 것이다.

💡VOCA TIP
the average annual rainfall은 '연평균 강우량'을 의미해요.

0843 **blow**
[blou]

⊗ (바람이) 불다; (입으로) 불다

The wind is **blowing** hard. 모평
바람이 세게 **불고** 있다.

0844 **freeze**
[friːz]

⊗ 얼다; 얼리다

The lake **freezes** in winter.
그 호수는 겨울에 **언다**.

➕ freezer ⊗ 냉장고, 냉동고

💡VOCA TIP
freeze는 '얼리다', '정지시키다'의 의미가 있어 핸드폰이나, 컴퓨터가 멈출 때도 freeze를 써요.

0845 **foggy**
[fɔ́ːgi]

⊗ 안개가 낀

The day was unusually **foggy**. 수능
그 날은 유난히 **안개 낀** 날이었다.

0846 **heat**
[hiːt]

⊗ 열기, 열 ⊗ 뜨겁게 만들다

I can't stand the summer **heat**. 모평
나는 여름 **더위**를 참을 수 없다.

↔ cold ⊗ 추위, 냉기

💡VOCA TIP
* heat wave 무더위, 폭염
* heat stroke 열사병
* body heat 체열, 동물열

---

05   10   15   20

VOCA TIP
sun(태양)과 shine(빛나다)의 합성어 sunshine은 '햇빛, 햇살'의 의미를 가져요.

0847 **shine**
[ʃain]

(동) 빛나다; 비추다

The sun **shines** brightly. 교과서
해가 밝게 **빛난다**.

내신빈출

0848 **prevent**
[privént]

(동) 막다, 예방하다

They took umbrellas to **prevent** them from getting wet.
그들은 젖는 것을 **막기** 위해 우산을 챙겼다.

>> **prevent A from B** A가 B하지 못하게 하다
+ **prevention** (명) 예방, 방지

prevent를 'A가 B하지 못하게 하다'의 의미로 쓸 때, '~로부터 막다'의 의미이므로 전치사 from을 함께 써요. 학교 시험 문제로 전치사를 고르는 문제가 나오니까 알아두세요.

Q 괄호 안에서 알맞은 것을 고르시오.

Mom prevented her son [from / on] swimming in the river.

답 from

VOCA TIP
forecast의 fore은 before(먼저), cast는 throw(던지다)의 의미로 '(주사위를) 먼저 던져 점쳐보다'라는 의미에서 '예측; 예측하다'라는 뜻이 되었어요.

0849 **forecast**
[fɔ́ːrkæ̀st]

(명) 예측, 예보 (동) 예측하다, 예보하다

I'll check the weather **forecast**. 교과서
나는 일기 **예보**를 확인할 것이다.

>> **forecast a heavy snowfall** 대설을 예보하다

0850 **hot**
[hat]

(형) 더운, 뜨거운; (맛이) 매운

It is **hot** in summer. 성취도
여름에는 **덥다**.

>> **too hot to eat** 먹기에 너무 매운
↔ **cold** (형) 추운, 차가운

0851 **harsh**
[haːrʃ]

(형) 혹독한; 냉혹한

The **harsh** winter is coming back.
혹독한 겨울이 다시 찾아오고 있다.

≡ **severe** (형) 극심한, 심각한

0852 **breeze**
[briːz]

(명) 미풍, 산들바람

A light **breeze** was blowing.
가벼운 **미풍**이 불고 있었다.

25 — 29 30 35 40 45 50

0853 flash
[flæʃ]

(명) 섬광, 번쩍임 (동) 번쩍이다

With the **flash**, it was like a horror movie. 교과서
섬광과 함께 그것은 호러 영화 같았다.

> **VOCA TIP**
> flash는 '(카메라의) 플래시'의 의미도 나타내요.

How Different

0854 expect
[ikspékt]

(동) 예상하다, 기대하다

We **expected** heavy rain. 성취도
우리는 폭우를 **예상했다**.

➕ expectation (명) 예상, 기대

0855 predict
[pridíkt]

(동) 예측하다

They can **predict** changes in the weather more accurately. 학평
그들은 날씨의 변화를 더 정확하게 **예측할** 수 있다.

➖ forecast (동) 예측하다, 예보하다

- expect 단순히 어떤 일이 일어날 것이라고 추측할 때 사용
- predict 경험이나 지식을 기반으로 무언가를 예측할 때 사용

0856 temperature
[témpərətʃər]

(명) 온도, 기온; 체온

Temperatures can reach up to 40℃. 교과서
온도는 섭씨 40도까지 올라간다.

> **VOCA TIP**
> 실내 공기의 온도, 즉 상온을 나타낼 때 room temperature라고 해요.

0857 climate
[kláimit]

(명) 기후

Bees are disappearing because of the **climate** change. 교과서
기후의 변화 때문에 벌들이 사라지고 있다.

> **VOCA TIP**
> weather은 특정한 날의 날씨를 의미하고, climate는 특정 지역의 전형적인 기상 여건을 의미해요.

내신 빈출
0858 shower
[ʃáuər]

(명) 소나기; 샤워

There will be **showers** all day long. 듣기
하루 종일 **소나기**가 내릴 것이다.

shower는 '샤워; 샤워기'의 의미도 있지만, 샤워기처럼 비가 내리는 모양인 '소나기'를 의미하기도 해요. 한 단어에 여러 가지 뜻이 있으니 문맥에 맞게 해석할 수 있어야 해요.

❓ 밑줄 친 단어의 의미로 알맞은 것은?

I got wet because of the heavy shower.

① 소나기　② 샤워　　　　　　　　　답 ①

DAY 29 • 255

05 10 15 20

0859
lightning
[láitniŋ]

(명) 번개

The tree was struck by **lightning**.
그 나무는 **번개**를 맞았다.

0860
thunder
[θʌ́ndər]

(명) 천둥

There was a loud sound of **thunder**. (교과서)
큰 **천둥**소리가 났다.

- lightning 구름과 구름 사이의 번쩍이는 불꽃을 나타냄
- thunder 번개가 친 뒤 나는 소리를 나타냄

0861
perfect
[pə́:rfikt]

(형) 완벽한

We are lucky to have **perfect** weather today.
(학평) 오늘 날씨가 **완벽해서** 우리는 운이 좋다.

➕ **perfection** (명) 완벽; 완성   **perfectly** (부) 완벽하게
↔ **imperfect** (형) 불완전한

VOCA TIP
* perfect score 만점
* perfect example 완벽한 예
* in perfect condition
  완벽한 조건에서

0862
blizzard
[blízərd]

(명) 눈보라

Our school was closed because of the **blizzard**.
우리 학교는 **눈보라** 때문에 휴교했다.

0863
regular
[régjulər]

(형) 규칙적인, 정기적인

Lightning flashed at **regular** intervals.
규칙적으로 시간 간격을 두고 번개가 번쩍거렸다.

➡ **on a regular basis** 정기적으로
➕ **regularly** (부) 정기적으로

VOCA TIP
가게에 주기적으로 자주 오는 단골손
님을 regular라고 하기도 해요.

0864
drought
[draut]

(명) 가뭄

The severe **drought** lasted for several months.
그 심각한 **가뭄**은 몇 달 동안 계속되었다.

↔ **flood** (명) 홍수

VOCA TIP
drought(가뭄)는 dry(건조한)와
어원이 같아요. 긴 시간 동안 건조하
면 drought(가뭄)이 된답니다.

0865 humid
[hjú:mid]

⊚ 습한

August is the hottest and most **humid** month of the year.
8월은 일 년 중 가장 덥고 **습한** 달이다.

🔳 damp, wet ⊚ 축축한, 젖은

0866 raindrop
[réindràp]

⊛ 빗방울

A **raindrop** fell on my face.
빗방울이 내 얼굴에 떨어졌다.

🔆 VOCA TIP
rain(비) + drop(방울)의 합성어로 raindrop(빗방울)이 돼요.

0867 snowy
[snóui]

⊚ 눈에 덮인

He climbed up the **snowy** mountain.
그는 **눈 덮인** 산을 올랐다.

⏩ **snowy hair** 새하얀 머리, 백발

0868 sticky
[stíki]

⊚ 끈적거리는

The weather is humid and **sticky**.
날씨가 습하고 **끈적거린다**.

⏩ **sticky note** (뗄 수 있는) 메모지, 포스트잇

0869 sunlight
[sánlàit]

⊛ 햇빛

Strong **sunlight** is very harmful to the skin.
교과서 강한 **햇빛**은 피부에 매우 해롭다.

⏩ **a ray of sunlight** 햇빛 한 줄기

🔆 VOCA TIP
sunlight(햇빛)는 '해의 빛' 즉 '밝기'만을 의미하고 sunshine(햇볕)은 해의 '빛'과 함께 '온기, 뜨거움'을 의미하므로 약간의 의미 차이가 있어요.

0870 windy
[wíndi]

⊚ 바람이 많이 부는

It's **windy** in Jejudo. 교과서
제주도에는 **바람이 많이 분다**.

01 extremely hot and _____ weather   cold   cold
극도의 덥고 추운 날씨

02 the average annual _____ 연평균 강우량   rainfall

03 _____ hard   세게 불다   blow

04 _____ in winter   겨울에 얼다   freeze

05 be unusually _____   유난히 안개가 끼다   foggy

06 stand the summer _____   여름 더위를 참다   heat

07 _____ brightly   밝게 빛나다   shine

08 _____ them from getting wet   prevent
그들이 젖는 것을 막다

09 the weather _____   일기 예보   forecast

10 _____ in summer   여름에 더운   hot

11 the _____ winter   혹독한 겨울   harsh

12 a light _____   가벼운 미풍   breeze

13 with the _____   섬광과 함께   flash

14 _____ heavy rain   폭우를 예상하다   expect

15 _____ changes in the weather   predict
날씨 변화를 예측하다

16 room _____ 실내 온도   temperature

17 the _____ change 기후의 변화   climate

18 the heavy _____ 심한 소나기   shower

19 be struck by _____ 번개를 맞다   lightning

20 a loud sound of _____ 큰 천둥소리   thunder

21 _____ weather 완벽한 날씨   perfect

22 because of the _____ 눈보라 때문에   blizzard

23 at _____ intervals 규칙적인 시간 간격을 두고   regular

24 the severe _____ 심각한 가뭄   drought

25 the most _____ month 가장 습한 달   humid

26 a _____ on my face 내 얼굴의 빗방울   raindrop

27 the _____ mountain 눈 덮인 산   snowy

28 humid and _____ 습하고 끈적거리는   sticky

29 strong _____ 강한 햇빛   sunlight

30 be _____ in Jejudo 제주도에 바람이 많이 불다   windy

		Check				Check
0841 **cold**	형 추운, 차가운; 냉담한 명 추위; 감기	☐	0856 **temperature**	명 온도, 기온; 체온		☐
0842 **rainfall**	명 강우, 강우량	☐	0857 **climate**	명 기후		☐
0843 **blow**	동 (바람이) 불다; (입으로) 불다	☐	0858 **shower**	명 소나기; 샤워		☐
0844 **freeze**	동 얼다; 얼리다	☐	0859 **lightning**	명 번개		☐
0845 **foggy**	형 안개가 낀	☐	0860 **thunder**	명 천둥		☐
0846 **heat**	명 열기, 열 동 뜨겁게 만들다	☐	0861 **perfect**	형 완벽한		☐
0847 **shine**	동 빛나다; 비추다	☐	0862 **blizzard**	명 눈보라		☐
0848 **prevent**	동 막다, 예방하다	☐	0863 **regular**	형 규칙적인, 정기적인		☐
0849 **forecast**	명 예측, 예보 동 예측하다, 예보하다	☐	0864 **drought**	명 가뭄		☐
0850 **hot**	형 더운, 뜨거운; (맛이) 매운	☐	0865 **humid**	형 습한		☐
0851 **harsh**	형 혹독한; 냉혹한	☐	0866 **raindrop**	명 빗방울		☐
0852 **breeze**	명 미풍, 산들바람	☐	0867 **snowy**	형 눈에 덮인		☐
0853 **flash**	명 섬광, 번쩍임 동 번쩍이다	☐	0868 **sticky**	형 끈적거리는		☐
0854 **expect**	동 예상하다, 기대하다	☐	0869 **sunlight**	명 햇빛		☐
0855 **predict**	동 예측하다	☐	0870 **windy**	형 바람이 많이 부는		☐

외우지 않은 단어가 있으면 미니 단어장에서 다시 한번 정리해 보세요.

DAY
30

식물, 농업

📖 오늘 학습할 단어를 공부하고, 가리개를 사용해서 암기해 보세요.

내신빈출

0871 **plant**
[plænt]

(명) 식물; 공장 (동) 심다

Animals and **plants** were kept on farms. 성취도
동물들과 **식물**들은 농장에서 길러졌다.

plant는 '식물', '공장', '심다'의 뜻을 가진 다의어로, 문맥상 알맞은 뜻으로 해석할 수 있는지를 묻는 문제가
자주 출제되니 뜻을 꼭 기억해 두세요.

Q 밑줄 친 부분의 뜻으로 알맞은 것을 〈보기〉에서 고르시오.

┌─ 보기 ─────────────────────┐
│ ⓐ 식물 ⓑ 공장 ⓒ 심다 │
└─────────────────────────────┘

1. All <u>plants</u> need light and water. (　　)
2. He'll <u>plant</u> tomatoes here. (　　)
3. The <u>plant</u> has many employees. (　　)　　답 1. ⓐ 2. ⓒ 3. ⓑ

> VOCA TIP
>
> water plant는 '수생 식물'의 의미
> 로 물이 많은 곳에 사는 식물을 나타
> 내요.

0872 **vegetable**
[védʒitəbl]

(명) 채소

She ate a lot of **vegetables** every day. 성취도
그녀는 매일 많은 **채소**를 먹었다.

0873 **grain**
[grein]

(명) 곡물

The edible spoons are made of **grain**. 교과서
그 먹을 수 있는 숟가락은 **곡물**로 만들어졌다.

> VOCA TIP
>
> grain은 낟알이나 소금, 설탕 등의
> 알갱이라는 의미도 포함되어 있기
> 때문에 a grain of라고 하면 비유
> 적으로 '아주 조금, 극미량'을 의미하
> 기도 해요.

0874 **ground**
[graund]

(명) 땅; 땅바닥

The pollution goes into the **ground**. 성취도
오염은 **땅**속으로 들어간다.

🔁 earth (명) 지구, 땅 land (명) 육지

> VOCA TIP
>
> * ground floor 1층
> * under th ground 지하에, 땅속에

0875 **seed**
[siːd]

(명) 씨앗, 씨

You can grow most vegetables from **seed**.
너는 대부분의 채소를 **씨앗**에서 재배할 수 있다.

0876 **bean**
[biːn]

(명) 콩

They have **beans** and rice for dinner. 교과서
그들은 저녁으로 **콩**과 쌀을 먹는다.

0877 **bamboo**
[bæmbúː]

[명] 대나무

The panda's natural habitat is the **bamboo** forest.
판다의 천연 서식지는 **대나무** 숲이다.

0878 **bloom**
[bluːm]

[동] 꽃이 피다 [명] 꽃; 개화

The flowers **bloom** beautifully. [교과서]
그 꽃들은 아름답게 **핀다**.

[»] the blooming season 개화기
[=] flower [명] 꽃

VOCA TIP
bloom은 꽃이 활짝 핀 것처럼 혈색이나 생기가 돈다고 표현할 때도 쓰여요.

0879 **root**
[ru(ː)t]

[명] (식물의) 뿌리; 근원, 핵심

The **roots** of the tree go very deep.
그 나무는 **뿌리**가 매우 깊은 곳까지 뻗어 있다.

[»] the root of all evil 모든 악의 근원

0880 **stick**
[stik]

[명] 나뭇가지 [동] 찌르다; 붙이다

He collected dry **sticks** to start a fire.
그는 불을 피우기 위해 마른 **나뭇가지**를 모았다.

[»] stick A into B A를 B에 찌르다
stick to ~을 고수하다[지키다]

VOCA TIP
* walking stick 지팡이(=stick)
* carrot and stick 당근과 채찍

0881 **mushroom**
[mʌ́ʃru(ː)m]

[명] 버섯

She ordered a **mushroom** pizza. [교과서]
그녀는 **버섯** 피자를 주문했다.

0882 **cactus**
[kǽktəs]

[명] 선인장

The life of a **cactus** is often longer than 100 years.
선인장의 수명은 종종 100년을 넘는다.

0883 branch
[bræntʃ]

(명) 나뭇가지; 지점, 분점

There are two birds on one of the **branches**.
모평 **나뭇가지**들 중 하나에 두 마리의 새가 있다.

VOCA TIP
* sit on a branch 나뭇가지에 앉다
* open a branch 지점을 개설하다

0884 bud
[bʌd]

(명) 꽃봉오리; 싹

The roses are still in **bud**.
장미꽃은 아직 **봉오리** 상태이다.

» **come into bud** 싹이 트다

0885 bush
[buʃ]

(명) 덤불, 관목

I watched him looking at a **bush**. 학평
나는 그가 **덤불**을 보고 있는 것을 보았다.

» **beat around the bush** 둘러대다, 요점을 피하다

0886 cabbage
[kǽbidʒ]

(명) 양배추

Usually, children do not like vegetables such as spinach, green beans, or **cabbage**. 모평
보통, 아이들은 시금치, 깍지 콩, 또는 **양배추**와 같은 채소를 좋아하지 않는다.

0887 cucumber
[kjú:kʌmbər]

(명) 오이

Mom made me a **cucumber** salad.
엄마는 내게 **오이** 샐러드를 만들어주셨다.

VOCA TIP
오이는 더운 날씨에도 시원함을 유지하죠. 그래서 아무리 힘든 상황에서도 침착한 상태를 유지하는 것을 as cool as a cucumber(대단히 침착한)라고도 해요.

0888 hay
[hei]

(명) 건초

The cows have plenty of **hay** to eat.
소들은 먹을 **건초**가 풍부하게 있다.

0889 grocery
[gróusəri]

(명) 식료품 잡화점

I should go **grocery** shopping. 교과서
나는 **식료품점**에 가야 한다.

0890 weed
[wi:d]

(명) 잡초

They pulled up **weeds** in the garden.
그들은 정원에서 **잡초**를 뽑았다.

» **weed out** 잡초를 뽑다, 제거하다

0891 tool
[tu:l]

(명) 연장, 도구

He fixed his farming **tools**.
그는 그의 농**기구**들을 고쳤다.

▤ **implement** (명) 도구

0892 dig
[dig]

(동) (구멍 등을) 파다

Dig holes in the ground. 교과서
땅에 구멍을 **파라**.

» **dig around** ~을 뒤지다[조사하다]
dig out ~을 파헤치다[들춰내다]

0893 tap
[tæp]

(명) 수도꼭지; 두드리기 (동) 톡톡 두드리다

Turn the **tap** on to water the flower.
수도꼭지를 틀어 꽃에 물을 주세요.

» **tap at the door** 문을 두드리다
▤ **knock** (동) 두드리다

0894 poisonous
[pɔ́izənəs]

(형) 독성이 있는

There are many **poisonous** plants. 교과서
독성이 있는 많은 식물들이 있다.

➕ **poison** (명) 독 (동) 독을 쓰다
▤ **toxic** (형) 유독한

How Different

0895 **crop**
[krɑp]

⊕ 농작물; 수확량

Bees help produce many **crops**. 교과서
꿀벌은 많은 **농작물**들을 생산하는 것을 돕는다.

0896 **harvest**
[hɑ́:rvist]

⊕ 수확하다　⊕ 수확(기)

Farmers **harvested** some watermelons. 성취도
농부들이 수박 몇 개를 **수확했다**.

• crop '작물'이라는 뜻으로 논, 밭에서 재배하는 종에 쓰이며, 수확을 말할 때는 수확량의 뜻이 강함
• harvest 재배한 작물들을 모아서 '수확'하는 행위를 말하며, '수확기'의 의미도 있음

0897 **barn**
[bɑːrn]

⊕ 헛간, 곳간

They stored grains in a **barn**.
그들은 **헛간**에 곡물을 저장했다.

0898 **greenhouse**
[grí:nhàus]

⊕ 온실

The plants are growing in a **greenhouse**.
온실에서 식물들이 자라고 있다.

> VOCA TIP
> greenhouse effect(온실 효과)
> 란 이산화탄소, 오존 등이 열을 흡수
> 하여 지구 표면의 온도를 높이는 것을
> 의미해요.

내신빈출
0899 **sweep**
[swiːp]

⊕ 쓸다, 청소하다

She **swept** the dirt out of the farm.
그녀는 농장에서 먼지를 **쓸어냈다**.

🔳 clean ⊕ 청소하다

동사 sweep은 과거형, 과거분사형의 형태가 모두 swept로 변하는 불규칙 동사예요. 불규칙 동사는 형태를
모두 외우고 있어야만 문제를 풀 수 있기 때문에 시험 문제에 자주 등장해요.

Q 괄호 안에서 알맞은 것을 고르시오.

I [sweeped / swept] the papers quickly.

답 swept

0900 **output**
[áutpùt]

⊕ 생산량

The crops **output** has decreased.
농작물의 **생산량**이 줄었다.

> VOCA TIP
> 'out(밖으로)'과 'put(놓다, 두다)'의
> 합성어로 무언가를 투입했을 때, 만
> 들어져서 밖으로 나오는 것, 즉, '생
> 산'을 의미해요.

01 animals and _____s 동물들과 식물들 plant   plant

02 a lot of _____s 많은 채소들 vegetable

03 be made of _____ 곡물로 만들어지다 grain

04 go into the _____ 땅속으로 들어가다 ground

05 grow vegetables from _____ seed
채소를 씨앗에서 재배하다

06 _____s and rice 콩과 쌀 bean

07 the _____ forest 대나무 숲 bamboo

08 _____ beautifully 아름답게 피다 bloom

09 the _____ of the tree 나무의 뿌리 root

10 collect _____s 나뭇가지를 모으다 stick

11 a _____ pizza 버섯 피자 mushroom

12 the life of a _____ 선인장의 수명 cactus

13 one of the _____es 나뭇가지들 중 하나 branch

14 be in _____ 봉오리 상태이다 bud

15 look at a _____ 덤불을 보다 bush

16 vegetables such as _____ 양배추와 같은 채소　　cabbage

17 a _____ salad　오이 샐러드　　cucumber

18 plenty of _____　풍부한 건초　　hay

19 go _____ shopping　식료품 쇼핑을 가다　　grocery

20 pull up _____s　잡초를 뽑다　　weed

21 a farming _____　농기구　　tool

22 _____ holes　구멍들을 파다　　dig

23 turn the _____ on　수도꼭지를 틀다　　tap

24 the _____ plants　독성이 있는 식물들　　poisonous

25 produce many _____s
많은 농작물들을 생산하다　　crop

26 _____ some watermelons
수박 몇 개를 수확하다　　harvest

27 store grains in a _____　헛간에 곡물을 저장하다　　barn

28 grow in a _____　온실에서 자라다　　greenhouse

29 _____ the dirt　먼지를 쓸다　　sweep

30 the crops _____　농작물의 생산량　　output

3-Minute Check

		Check
0871 **plant**	몡 식물; 공장 통 심다	☐
0872 **vegetable**	몡 채소	☐
0873 **grain**	몡 곡물	☐
0874 **ground**	몡 땅; 땅바닥	☐
0875 **seed**	몡 씨앗, 씨	☐
0876 **bean**	몡 콩	☐
0877 **bamboo**	몡 대나무	☐
0878 **bloom**	통 꽃이 피다 몡 꽃; 개화	☐
0879 **root**	몡 (식물의) 뿌리; 근원, 핵심	☐
0880 **stick**	몡 나뭇가지 통 찌르다; 붙이다	☐
0881 **mushroom**	몡 버섯	☐
0882 **cactus**	몡 선인장	☐
0883 **branch**	몡 나뭇가지; 지점, 분점	☐
0884 **bud**	몡 꽃봉오리; 싹	☐
0885 **bush**	몡 덤불, 관목	☐

		Check
0886 **cabbage**	몡 양배추	☐
0887 **cucumber**	몡 오이	☐
0888 **hay**	몡 건초	☐
0889 **grocery**	몡 식료품 잡화점	☐
0890 **weed**	몡 잡초	☐
0891 **tool**	몡 연장, 도구	☐
0892 **dig**	통 (구멍 등을) 파다	☐
0893 **tap**	몡 수도꼭지; 두드리기 통 톡톡 두드리다	☐
0894 **poisonous**	혱 독성이 있는	☐
0895 **crop**	몡 농작물; 수확량	☐
0896 **harvest**	통 수확하다 몡 수확(기)	☐
0897 **barn**	몡 헛간, 곳간	☐
0898 **greenhouse**	몡 온실	☐
0899 **sweep**	통 쓸다, 청소하다	☐
0900 **output**	몡 생산량	☐

외우지 않은 단어가 있으면 미니 단어장에서 다시 한번 정리해 보세요.

Wrap Up

A 영어는 우리말로, 우리말은 영어로 쓰시오.

01	urgent _____	11	혹독한; 냉혹한 _____
02	crow _____	12	오이 _____
03	bay _____	13	고향 _____
04	breeze _____	14	온실 _____
05	barn _____	15	광산; 채굴하다 _____
06	cliff _____	16	접착제 _____
07	desert _____	17	표범 _____
08	cabbage _____	18	막다, 예방하다 _____
09	hatch _____	19	쓸다, 청소하다 _____
10	damage _____	20	소나기; 샤워 _____

B 빈칸에 알맞은 단어 혹은 우리말을 쓰시오.

01 slip : _____ = 미끄러지다 : 미끄러운

02 migration : migrate = 이동; 이주 : _____

03 danger : _____ = 위험 : 위험한

04 caution : _____ = 조심; 주의 : 조심스러운; 신중한

05 safe : safety = 안전한 : _____

06 injury : _____ = 부상 : 부상을 입히다

07 poison : poisonous = 독 : _____

08 expectation : expect = 예상, 기대 : _____

C 〈보기〉에서 알맞은 단어를 골라 문장을 완성하시오.

> 〈보기〉
>
> iron   fault   root   creature   rainfall

01 She got a burn from the hot _____.

02 Bacteria are very small _____s.

03 The _____s of the tree go very deep.

04 The typhoon will come with heavy _____.

05 The car accident was my _____.

D 밑줄 친 부분의 우리말 해석을 찾아 밑줄을 치시오.

01 The boy is standing under the ladder.
⇨ 그 소년은 사다리 아래에 서 있다.

02 She feeds the cat.
⇨ 그녀는 고양이에게 먹이를 준다.

03 The river runs across the continent.
⇨ 그 강은 대륙을 가로질러 흐른다.

04 I'll check the weather forecast.
⇨ 나는 일기 예보를 확인해볼 것이다.

05 The flowers bloom beautifully.
⇨ 그 꽃들은 아름답게 핀다.

01 〈보기〉의 단어들을 모두 포함하는 것은? ⊙ DAY 23, 27, 30

┌보기┐
goat   leopard   parrot   peacock

① folk   ② crop   ③ insect
④ dinosaur   ⑤ animal

02 짝지어진 두 단어의 관계가 <u>다른</u> 것은? ⊙ DAY 23, 25, 26, 28, 29, 30

① hot – cold   ② public – private   ③ rural – urban
④ severe – serious   ⑤ patient – impatient

03 우리말과 일치하도록 할 때, 빈칸에 알맞은 것은? ⊙ DAY 24

나는 〈해리포터〉 같은 공상 소설에 관심이 있다.
= I'm interested in fantasy _____s such as *Harry Potter*.

① poem   ② fable   ③ novel
④ character   ⑤ scene

04 빈칸에 들어갈 말이 순서대로 짝지어진 것은? ⊙ DAY 28

┌보기┐
• The _____ is very hot and dry place.
• There are many islands in the Pacific _____.
• Angel Falls is the world's highest _____.

① desert – waterfall – Ocean   ② desert – Ocean – waterfall
③ Ocean – waterfall – desert   ④ Ocean – desert – waterfall
⑤ waterfall – Ocean – desert

[05-06] 영영풀이에 해당하는 단어로 알맞은 것을 고르시오. 🔗 DAY 21. 29

05

> a long period of dry which there is very little or no rain

① drought   ② breeze   ③ shower
④ thunder   ⑤ freeze

06

> something you give someone on a special day

① event   ② firework   ③ present
④ anniversary   ⑤ ceremony

07 우리말과 일치하도록 주어진 단어를 배열하여 문장을 완성하시오. 🔗 DAY 23

> 나는 한국의 탈 전시회를 보고 싶다.
> (exhibition, to, I, see, want, Korean, the, mask)

→ _____

08 〈보기〉에서 필요한 단어를 골라 문장을 완성하시오. 🔗 DAY 21. 22

> ┌ 보기 ┐
> congratulations   decorate   collect
> audition   film   animation
> participate   attention   contest

축하합니다! 당신은 밴드 오디션에 통과하셨습니다.

→ _____! You passed the band _____.

환경

DAY 31

📖 오늘 학습할 단어를 공부하고, 가리개를 사용해서 암기해 보세요.

0901 dust
[dʌst]

(명) 먼지 (동) 먼지를 털다

Fine **dust** levels are very high these days. 교과서
요즘 미세 **먼지** 농도가 매우 높다.

➕ dust off[down] 먼지 등을 털다

🔆 VOCA TIP
* yellow dust 황사
* dust mask 방진 마스크
* a layer of dust 먼지 한 겹[층]

0902 smoke
[smouk]

(명) 연기 (동) 담배를 피우다

Smoke is rising from the chimney. 교과서
굴뚝에서 **연기**가 피어오르고 있다.

➡️ no smoke without fire 아니 땐 굴뚝에 연기나랴

0903 smog
[smɑg]

(명) 스모그, 연무

The sky was gray with **smog** yesterday.
어제 하늘은 **스모그**로 인해 잿빛이었다.

🔆 VOCA TIP
smog는 smoke(연기)와 fog(안개)의 합성어예요. 대기 속 오염물질이 안개 모양의 기체가 된 것을 나타내요.

How Different

0904 waste
[weist]

(명) 쓰레기; 낭비 (동) 낭비하다

Upcycling can reduce the amount of **waste**.
교과서 업사이클링은 **쓰레기**의 양을 줄일 수 있다.

➡️ waste time[energy] 시간[에너지]를 낭비하다

🔆 VOCA TIP
* nuclear waste 핵폐기물
* industrial waste 산업 폐기물

0905 trash
[træʃ]

(명) 쓰레기

Pick up the **trash** around you. 성취도
당신 주변의 **쓰레기**를 주우세요.

0906 garbage
[gɑ́ːrbidʒ]

(명) 쓰레기; 쓰레기통

Take out the **garbage** when you go.
갈 때 **쓰레기** 좀 버려줘.

• waste 주로 무언가를 만들거나 사용한 후 남아 있는 쓰레기 혹은 원치 않는 물질을 나타냄
• trash 주로 일반적인 생활 쓰레기나 종이, 포장지 같은 마른 쓰레기를 나타냄
• garbage 주로 더 이상 쓸모없어져서 버린 쓰레기, 특히 가정의 음식물 쓰레기를 나타냄

05 10 15 20

0907 **cause**
[kɔːz]

(동) ~을 야기하다 (명) 원인; 이유

The rising sea level is **caused** by climate change. 교과서

해수면 상승은 기후 변화에 의해 **야기된다**.

VOCA TIP
* cause side effects
  부작용을 일으키다
* cause and effect
  원인과 결과, 인과 관계
* cause of failure 실패의 원인

0908 **source**
[sɔːrs]

(명) 원천, 근원; 출처

The dams are an important **source** of energy.
성취도 댐은 중요한 에너지 **원천**이다.

0909 **resource**
[ríːsɔ̀ːrs]

(명) 자원, 재원

We should learn how to use our **resources** wisely. 교과서

우리는 **자원**을 현명하게 사용하는 방법을 배워야만 한다.

VOCA TIP
* natural resources 천연 자원
* human resources 인적 자원

0910 **exhaust**
[igzɔ́ːst]

(명) 배기가스 (동) 다 써버리다

I felt the smell of the **exhaust**.
나는 **배기가스** 냄새를 맡았다.

➕ exhausted (형) 기진맥진한
🟰 run out of, use up ~을 다 써 버리다

VOCA TIP
exhaust는 단독으로도 '배기가스'라는 뜻을 나타내지만 exhaust fumes, exhaust emissions, car[bus] exhaust와 같은 형태로도 자주 쓰여요.

0911 **fuel**
[fjú(ː)əl]

(명) 연료 (동) 연료를 공급하다

Some people waste electricity generated by burning **fuel** in power plants. 학평

몇몇 사람들은 발전소에서 **연료**를 태울 때 발생하는 전기를 낭비한다.

VOCA TIP
* fossil fuel 화석 연료
* fuel cell 연료 전지

0912 **shortage**
[ʃɔ́ːrtidʒ]

(명) 부족

The water **shortage** is a very serious problem in some areas.
일부 지역에서는 물 **부족**이 매우 심각한 문제이다.

0913 plastic
[plǽstik]

(형) 플라스틱으로 된 (명) 플라스틱

A lot of **plastic** waste goes into the ocean. 교과서
많은 **플라스틱** 쓰레기가 바다로 간다.

VOCA TIP
환경을 위해 일회용 비닐봉지를 쓰지 않는 '세계 일회용 비닐봉지 없는 날'은 Plastic Bag Free Day라고 해요.

내신빈출

0914 protect
[prətékt]

(동) 보호하다

Use less paper to **protect** forests. 교과서
숲을 **보호하기** 위해 종이를 적게 사용해라.

» **protect A from B** B로부터 A를 보호하다
➕ **protection** (명) 보호

'B로부터 A를 보호하다'의 의미로 <protect A from B>를 쓰는데, 이때 from이 전치사이므로 B의 자리에는 항상 (대)명사 또는 동명사가 온다는 것을 기억하세요.

Q 괄호 안에서 알맞은 것을 고르시오.

We should protect our children from [get / getting] hurt.

답 getting

0915 save
[seiv]

(동) 구하다; 절약하다; 저축하다

What can we do to help **save** the earth? 교과서
우리는 지구를 **구하기** 위해 무엇을 할 수 있을까?

0916 pure
[pjuər]

(형) 깨끗한; 순수한

We had trouble finding a **pure** water supply.
우리는 **깨끗한** 물 공급원을 찾는 데 어려움을 겪었다.

↔ **mixed** (형) 혼합된, 섞여 있는

0917 reduce
[ridʒúːs]

(동) 줄이다, 축소하다

How can we **reduce** food waste? 교과서
우리는 어떻게 음식물 쓰레기를 **줄일** 수 있을까?

➕ **reduction** (명) 축소, 삭감, 감소
↔ **increase** (동) 늘리다, 증가하다

0918 harmful
[háːrmfəl]

(형) 해로운, 유해한

Plastic wastes are **harmful** to birds and fish.
교과서 플라스틱 쓰레기는 새와 물고기에게 **해롭다**.

VOCA TIP
harmful은 '해'라는 뜻의 명사 harm에 '~이 많은'이라는 의미를 나타내는 접미사 -ful이 붙여져서 만들어진 단어예요.

0919 reserve [rizə́ːrv]

[명] 보호 구역; 비축 [동] 예약하다

Seoraksan National Park was designated as a nature **reserve**.

설악산 국립공원은 자연 **보호 구역**으로 지정되었다.

[+] reservation [명] 예약; 보호 구역

VOCA TIP
* oil reserves 석유 매장량
* reserve a table 자리를 예약하다

0920 recycle [riːsáikl]

[동] 재활용하다

When you **recycle** cans, make sure they are emptied. [성취도]

캔을 **재활용할** 때, 캔이 비었는지 확인하세요.

[+] recycling [명] 재활용

VOCA TIP
* recycle bin 휴지통

0921 reuse [riːjúːz]

[동] 재사용하다

The supermarket encourages shoppers to **reuse** the bags.

그 슈퍼마켓은 쇼핑객들이 가방을 **재사용하도록** 장려한다.

[+] reusable [형] 재사용할 수 있는

VOCA TIP
환경오염을 줄이는 '3R 운동'은 Reduce, Recycle, Reuse를 말해요.

0922 separate [동] [sépərèit] [형] [sépərət]

[동] 분리하다 [형] 분리된, 별개의

I **separated** the garbage to help my mom.

[성취도] 나는 나의 엄마를 돕기 위해 쓰레기를 **분리했다**.

[»] separate A from B B에서 A를 분리시키다

[+] separation [명] 분리

0923 survive [sərváiv]

[동] 살아남다, 생존하다

Bees cannot **survive** in extremely hot weather.

[교과서] 벌들은 극도로 더운 날씨에 **살아남을** 수 없다.

[+] survival [명] 생존

0924 pollution [pəlúːʃən]

[명] 오염, 공해

We need a plan to reduce air **pollution**.

우리는 대기 **오염**을 줄이기 위한 계획이 필요하다.

[+] pollute [동] 오염시키다 polluted [형] 오염된

VOCA TIP
* water pollution 수질 오염
* soil pollution 토양 오염
* noise pollution 소음 공해

0925 coal
[koul]

(명) 석탄

When you burn **coal**, it produces greenhouse gases.
석탄을 태울 때, 그것은 온실 가스를 생산한다.

내신(반)출

0926 environment
[inváiərənmənt]

(명) 환경

We should find ways to protect the **environment**. (교과서)
우리는 **환경**을 보호하기 위한 방법을 찾아야 한다.

➕ environmental (형) 환경의

environment는 자연 환경뿐만 아니라 사람의 행동이나 일의 전개에 영향을 주는 넓은 의미의 '환경'을 나타내요. 따라서 자연 환경 소재의 지문에서만 출제되는 것이 아니라 사회, 교육, 산업과 관련된 지문에서도 출제되는 경향이 있으니 미리 잘 익혀두세요.

Q 밑줄 친 부분과 바꿔 쓸 수 있는 것을 고르시오.

The house is in a beautiful <u>environment</u>.

① situation　　② resource　　　　　　　　　　　　답 ①

0927 endangered
[indéindʒərd]

(형) 멸종 위기에 처한

The sea turtle is an **endangered** animal.
바다거북은 **멸종 위기에 처한** 동물이다.

➕ endanger (동) 위험에 빠뜨리다, 위태롭게 만들다

0928 destroy
[distrɔ́i]

(동) 파괴하다

Catching too much marine life at one time in one place can **destroy** the ocean. (교과서)
한 장소에서 한 번에 너무 많은 해양 생물을 잡는 것은 바다를 **파괴할** 수 있다.

➕ destruction (명) 파괴, 말살

0929 ruin
[rú(:)in]

(동) 파괴하다; 망치다　(명) 붕괴, 파괴

We should not **ruin** natural habitats. (학평)
우리는 자연 서식지를 **파괴해서는** 안 된다.

0930 leak
[li:k]

(명) 누출　(동) 새다; 누출하다

A gas **leak** is very dangerous.
가스 **누출**은 매우 위험하다.

➡ leak out 누설[유출]되다

01 fine _____ 미세 먼지   dust   dust

02 _____ from the chimney 굴뚝에서의 연기   smoke

03 be gray with _____ 스모그로 인해 잿빛이다   smog

04 the amount of _____ 쓰레기의 양   waste

05 pick up the _____ 쓰레기를 줍다   trash

06 take out the _____ 쓰레기를 버리다   garbage

07 be _____d by climate change   cause
기후 변화에 의해 야기되다

08 an important _____ of energy   source
중요한 에너지 원천

09 use our _____s 우리의 자원을 사용하다   resource

10 the smell of the _____ 배기가스 냄새   exhaust

11 burn _____ in power plants   fuel
발전소에서 연료를 태우다

12 the water _____ 물 부족   shortage

13 a lot of _____ waste 많은 플라스틱 쓰레기   plastic

14 _____ forests 숲을 보호하다   protect

15 _____ the earth 지구를 구하다   save

16 a _____ water supply 깨끗한 물 공급원   pure

17 _____ food waste 음식물 쓰레기를 줄이다   reduce

18 be _____ to birds 새들에게 해롭다   harmful

19 a nature _____ 자연 보호 구역   reserve

20 _____ cans 캔을 재활용하다   recycle

21 _____ the bags 가방을 재사용하다   reuse

22 _____ the garbage 쓰레기를 분리하다   separate

23 _____ in extremely hot weather   survive
   극도로 더운 날씨에 살아남다

24 reduce air _____ 대기 오염을 줄이다   pollution

25 burn _____ 석탄을 태우다   coal

26 protect the _____ 환경을 보호하다   environment

27 an _____ animal 멸종 위기에 처한 동물   endangered

28 _____ the ocean 바다를 파괴하다   destroy

29 _____ natural habitats 자연 서식지를 파괴하다   ruin

30 a gas _____ 가스 누출   leak

			Check
0901 **dust**	몡 먼지 동 먼지를 털다		
0902 **smoke**	몡 연기 동 담배를 피우다		
0903 **smog**	몡 스모그, 연무		
0904 **waste**	몡 쓰레기; 낭비 동 낭비하다		
0905 **trash**	몡 쓰레기		
0906 **garbage**	몡 쓰레기; 쓰레기통		
0907 **cause**	동 ~을 야기하다 몡 원인; 이유		
0908 **source**	몡 원천, 근원; 출처		
0909 **resource**	몡 자원, 재원		
0910 **exhaust**	몡 배기가스 동 다 써버리다		
0911 **fuel**	몡 연료 동 연료를 공급하다		
0912 **shortage**	몡 부족		
0913 **plastic**	혱 플라스틱으로 된 몡 플라스틱		
0914 **protect**	동 보호하다		
0915 **save**	동 구하다; 절약하다; 저축하다		

			Check
0916 **pure**	혱 깨끗한; 순수한		
0917 **reduce**	동 줄이다, 축소하다		
0918 **harmful**	혱 해로운, 유해한		
0919 **reserve**	몡 보호 구역; 비축 동 예약하다		
0920 **recycle**	동 재활용하다		
0921 **reuse**	동 재사용하다		
0922 **separate**	동 분리하다 혱 분리된, 별개의		
0923 **survive**	동 살아남다, 생존하다		
0924 **pollution**	몡 오염, 공해		
0925 **coal**	몡 석탄		
0926 **environment**	몡 환경		
0927 **endangered**	혱 멸종 위기에 처한		
0928 **destroy**	동 파괴하다		
0929 **ruin**	동 파괴하다; 망치다 몡 붕괴, 파괴		
0930 **leak**	몡 누출 동 새다; 누출하다		

외우지 않은 단어가 있으면 미니 단어장에서 다시 한번 정리해 보세요.

DAY 32

과학 기술, 컴퓨터

오늘 학습할 단어를 공부하고, 가리개를 사용해서 암기해 보세요.

0931 **device** [diváis]

[명] 장치, 기기

Audio **devices** may only be used with headphones. [수능]
음향**기기**는 헤드폰과 함께 사용해야만 합니다.

VOCA TIP
device는 주로 특별한 목적을 수행하기 위해 만들어진 '장치, 기구, 기계' 등을 뜻해요.

내신빈출

0932 **machine** [məʃíːn]

[명] 기계

Put the credit card in the **machine**. [교과서]
기계에 신용카드를 넣으세요.

[»] **turn on〔off〕 a machine** 기계를 작동시키다〔끄다〕

VOCA TIP
* washing machine 세탁기
* sewing machine 재봉틀
* vending machine 자동판매기
* cash machine 현금인출기

machine은 operate a machine 또는 work a machine과 같이 '작동시키다'라는 의미를 가진 동사 operate 또는 work와 함께 자주 쓰인다는 것을 알아두세요.

[Q] 우리말과 일치하도록 빈칸에 알맞은 말을 쓰시오.

Do you know how to ________ the machine properly?
(당신은 그 기계를 제대로 작동시키는 방법을 알고 있나요?)

[답] operate〔work〕

0933 **technology** [teknɑ́lədʒi]

[명] 기술

They have a lot of modern **technology**. [성취도]
그들은 많은 현대 **기술**을 가지고 있다.

[+] **technological** [형] 과학 기술의, 기술의

VOCA TIP
* science and technology 과학 기술
* high technology 첨단 기술
* information technology 정보 통신 기술

0934 **electric** [iléktrik]

[형] 전기의; 전기를 이용하는

When do we use **electric** lights? [성취도]
우리는 언제 **전**등을 사용하나요?

[+] **electricity** [명] 전기, 전력

0935 **energy** [énərdʒi]

[명] 에너지; 활기

Iceland turns its volcanoes' heat **energy** into electricity. [교과서]
아이슬란드는 화산의 열**에너지**를 전기로 바꾼다.

VOCA TIP
* solar energy 태양 에너지
* nuclear energy 핵에너지

0936 **engine** [éndʒin]

[명] 엔진; 기관차

The left **engine** of the airplane starts losing power. [학평]
비행기의 왼쪽 **엔진**이 동력을 잃기 시작했다.

[+] **engineer** [명] 기사, 기술자
engineering [명] 공학 기술, 공학

05   10   15   20

0937 mobile
[móubail]

(형) 모바일의; 이동식의

I learn how to make my own **mobile** game.
교과서 나는 나만의 **모바일** 게임을 만드는 법을 배운다.

0938 repair
[ripéər]

(동) 수리하다 (명) 수리, 보수

He tried to **repair** his old computer. 교과서
그는 자신의 오래된 컴퓨터를 **수리하려고** 노력했다.

» **be under repair** 수리 중이다
fix (동) 수리하다, 고치다

0939 improve
[imprú:v]

(동) 향상시키다; 개선하다; 나아지다

They will support the robot industry to
improve robot technology.
그들은 로봇 기술을 **향상시키기** 위해 로봇 산업을 지원할 것이다.

improvement (명) 향상, 개선, 호전

0940 combine
[kəmbáin]

(동) 결합하다; 병행하다

It is possible to **combine** Computer Science
with Physics.
컴퓨터 과학과 물리학을 **결합하는** 것은 가능하다.

» **combine A and [with] B** A와 B를 결합하다
combination (명) 결합

0941 invent
[invént]

(동) 발명하다

Thomas Edison **invented** the light bulb in
1879. 교과서
토마스 에디슨은 1879년에 전구를 **발명했다**.

invention (명) 발명품, 발명   **inventor** (명) 발명가

0942 develop
[divéləp]

(동) 발전시키다; 개발하다

Children have **developed** more computer
skills than life skills. 성취도
아이들은 삶의 기술보다 더 많은 컴퓨터 기술을 **발전시켰다**.

development (명) 성장, 발달

0943 function
[fʌ́ŋkʃən]

(명) 기능; (수학) 함수 (동) 기능하다

The cellphone has a voice recognition **function**.
이 휴대전화는 음성 인식 **기능**이 있다.

➕ **functional** (형) 기능 위주의, 실용적인

function이 동사로 쓰일 때는 뒤에 목적어가 오기도 하지만, as와 함께 쓰여 '~ 역할을 하다, ~로서의 기능을 하다'의 의미를 나타내기도 한다는 것을 알아두세요.

Q 괄호 안에서 알맞은 것을 고르시오.

The sofa also functions [**as** / of] a bed.   (답) **as**

0944 measure
[méʒər]

(동) 측정하다 (명) 조치; 척도

The smart weight scale can **measure** your body fat. (교과서)
스마트 체중계는 당신의 체지방을 **측정할** 수 있다.

≫ **measure up** ~을 측정하다
➕ **measurement** (명) 측정, 측량, 치수

> **VOCA TIP**
> * safety measures 안전 조치
> * security measures 보안 조치

0945 impossible
[impásəbl]

(형) 불가능한

It's almost **impossible** to restore the file.
그 파일을 복원하는 것은 거의 **불가능**하다.

🔄 **possible** (형) 가능한

> **VOCA TIP**
> 접두사 im-은 부정의 의미를 나타내요. 같은 형태로 perfect(완전한)-imperfect(불완전한), polite(예의 바른)-impolite(무례한)도 있어요.

0946 invisible
[invízəbl]

(형) 보이지 않는

Using a microscope, we can see germs that are **invisible** to the naked eye.
현미경을 사용하여, 우리는 육안으로는 **보이지 않는** 세균을 볼 수 있다.

🔄 **visible** (형) 보이는, 알아볼 수 있는

> **VOCA TIP**
> 접두사 in-도 im-처럼 부정의 의미를 나타내요. direct(직접의)-indirect(간접의), formal(공식적인)-informal(비공식적인) 등도 함께 알아두세요.

0947 browse
[brauz]

(동) 인터넷을 검색하다; 둘러보다

When you **browse** the Web, you can find lots of information.
당신이 웹을 **검색하면**, 많은 정보를 찾을 수 있다.

≫ **browse through** ~을 여기저기 훑어보다

> **VOCA TIP**
> Web browser(웹브라우저)란 웹 서버가 제공하는 자료를 검색하는 프로그램을 나타내요.

0948 click
[klik]

(동) (마우스를) 클릭하다 (명) (마우스) 클릭

Click here to register this program now! (수능)
이 프로그램을 지금 등록하려면 여기를 **클릭하세요**!

0949 link
[liŋk]

(동) 연결하다, 잇다   (명) 관련성; 연결

The internet can **link** us to people around the world.
인터넷은 우리를 전 세계 사람들과 **연결할** 수 있다.

➡ **link up** ~을 연결하다, 동맹을 맺다

0950 screen
[skriːn]

(명) 화면; 영화; 가리개

An error message suddenly appeared on the **screen**. 교과서
갑자기 **화면**에 오류 메시지가 나타났다.

> 🔆 **VOCA TIP**
> * sun screen
>   자외선 차단제, 빛 가림막
> * screen saver
>   (PC 등의) 화면 보호기

0951 code
[koud]

(명) 암호; (컴퓨터 프로그램의) 코드

Choose a bike and scan the QR **code** on the bike. 수능
자전거를 선택하고 자전거에 있는 QR**코드**를 스캔하세요.

➡ **break a code** 암호를 풀다

> 🔆 **VOCA TIP**
> code는 동사로 '부호화하다'라는 의미도 있어요. 이와 관련하여 coding 교육에 대해 많이 들어보셨죠? coding이란 바로 code에서 비롯된 말이에요. 부호화하기, 즉 정보를 계산 조작에 편리한 부호로 바꾼 것을 말해요.

0952 data
[déitə]

(명) (pl.) 자료, 정보, 데이터

To get the information, organizations rely on the **data**. 모평
정보를 얻기 위해 조직은 **데이터**에 의존한다.

> 🔆 **VOCA TIP**
> data는 datum의 복수형이지만 전체를 하나의 묶음으로 보고 주로 단수 취급해요.

0953 delete
[dilíːt]

(동) 삭제하다

She **deleted** the file by mistake.
그녀는 실수로 그 파일을 **삭제했다**.

➡ **delete from** ~에서 삭제하다

0954 system
[sístəm]

(명) 체제, 제도; 체계, 시스템

The computer **system** will be shut down over the weekend.
컴퓨터 **시스템**은 주말 동안 정지될 것이다.

➕ **systematic** (형) 체계적인, 조직적인

0955 virtual
[vɔ́ːrtʃuəl]

(형) 가상의; 사실상의

The website allows you to take a **virtual** tour of the museum.
그 웹사이트에서는 박물관을 **가상**으로 둘러볼 수 있게 해 준다.

➕ **virtually** (부) 사실상, 거의; 가상으로

VOCA TIP
* virtual reality 가상현실
* virtual world 가상세계

0956 result
[rizʌ́lt]

(명) 결과

Experts analyze big data and draw meaningful **results** from it. 교과서 전문가들은 빅데이터를 분석하고 그것으로부터 의미 있는 **결과**를 도출한다.

➡ **as a result of** ~의 결과로
result in 그 결과 ~가 되다

0957 effect
[ifékt]

(명) 영향; 결과; 효과

I'd like to talk about the **effects** of artificial light. 교과서
저는 인공광의 **영향**에 대해 말하고 싶습니다.

➕ **effective** (형) 효과적인, 실질적인

VOCA TIP
effect와 affect를 혼동하는 경우가 많지요? affect는 동사로 '~에 영향을 주다'라는 뜻이에요.

0958 adapt
[ədǽpt]

(동) 적응하다, 맞추다

We are trying to **adapt** to the new technologies.
학평 우리는 새로운 기술들에 **적응하려고** 노력하고 있다.

➕ **adaptation** (명) 적응, 각색

How Different

0959 advance
[ədvǽns]

(명) 진보; 전진 (동) 진보하다; 나아가다

Due to the technological **advances**, scientists can gather detailed information on weather.
학평 기술의 **진보** 때문에, 과학자들은 날씨에 대한 자세한 정보를 수집할 수 있다.

➡ **in advance** 미리, 사전에

0960 progress
(명) [prάgres]
(동) [prəgrés]

(명) 진보, 진전; 진행 (동) 진보하다; 진행하다

Scientists have made great **progress** in the last two years.
과학자들은 지난 2년 동안 큰 **진보**를 이루었다.

➡ **in progress** 진행 중인

• advance 주로 방향성을 띠는 진전을 나타내며 이전보다 더욱 발전하거나 진전한 것을 나타낼 때 사용함
• progress 방향성을 띠는 진전이나 일반적인 발전을 모두 포함한 의미뿐만 아니라 진행의 의미까지 갖고 있음

DAY 32 과학 기술, 컴퓨터

Use Words

빈칸을 채우며 단어를 외우고, 쓰면서 한 번 더 익히세요.

01 audio _____s 음향기기   device   device

02 turn on a _____ 기계를 작동시키다   machine

03 modern _____ 현대 기술   technology

04 _____ lights 전등   electric

05 volcanoes' heat _____ 화산의 열에너지   energy

06 the _____ of the airplane 비행기의 엔진   engine

07 my own _____ game 나만의 모바일 게임   mobile

08 _____ his computer 그의 컴퓨터를 수리하다   repair

09 _____ robot technology
로봇 기술을 향상시키다   improve

10 _____ Computer Science with Physics
컴퓨터 과학과 물리학을 결합하다   combine

11 _____ the light bulb 전구를 발명하다   invent

12 _____ computer skills
컴퓨터 기술을 발전시키다   develop

13 a voice recognition _____ 음성 인식 기능   function

14 _____ your body fat 너의 체지방을 측정하다   measure

15 be _____ to restore the file impossible
그 파일을 복원시키는 것은 불가능하다

16 be _____ to the naked eye
육안으로 보이지 않다

invisible _____

17 _____ the Web 웹을 검색하다

browse _____

18 _____ here to register
등록하기 위해 여기를 클릭하다

click _____

19 _____ us to people 우리를 사람들과 연결하다

link _____

20 appear on the _____ 화면에 나타나다

screen _____

21 scan the QR _____ QR코드를 스캔하다

code _____

22 rely on the _____ 데이터에 의존하다

data _____

23 _____ the file 파일을 삭제하다

delete _____

24 the computer _____ 컴퓨터 시스템

system _____

25 take a _____ tour 가상의 투어를 하다

virtual _____

26 draw meaningful _____s
의미 있는 결과를 도출하다

result _____

27 the _____s of artificial light 인공광의 영향

effect _____

28 _____ to the new technologies
새로운 기술들에 적응하다

adapt _____

29 the technological _____s 기술의 진보

advance _____

30 make great _____ 큰 진보를 이루다

progress _____

		Check
0931 **device**	몡 장치, 기기	☐
0932 **machine**	몡 기계	☐
0933 **technology**	몡 기술	☐
0934 **electric**	혱 전기의; 전기를 이용하는	☐
0935 **energy**	몡 에너지; 활기	☐
0936 **engine**	몡 엔진; 기관차	☐
0937 **mobile**	혱 모바일의; 이동식의	☐
0938 **repair**	동 수리하다 몡 수리, 보수	☐
0939 **improve**	동 향상시키다; 개선하다; 나아지다	☐
0940 **combine**	동 결합하다; 병행하다	☐
0941 **invent**	동 발명하다	☐
0942 **develop**	동 발전시키다; 개발하다	☐
0943 **function**	몡 기능; (수학) 함수 동 기능하다	☐
0944 **measure**	동 측정하다 몡 조치; 척도	☐
0945 **impossible**	혱 불가능한	☐

		Check
0946 **invisible**	혱 보이지 않는	☐
0947 **browse**	동 인터넷을 검색하다; 둘러보다	☐
0948 **click**	동 (마우스를) 클릭하다 몡 (마우스) 클릭	☐
0949 **link**	동 연결하다, 잇다 몡 관련성; 연결	☐
0950 **screen**	몡 화면; 영화; 가리개	☐
0951 **code**	몡 암호; (컴퓨터 프로그램의) 코드	☐
0952 **data**	몡 (pl.) 자료, 정보, 데이터	☐
0953 **delete**	동 삭제하다	☐
0954 **system**	몡 체제, 제도; 체계, 시스템	☐
0955 **virtual**	혱 가상의; 사실상의	☐
0956 **result**	몡 결과	☐
0957 **effect**	몡 영향; 결과; 효과	☐
0958 **adapt**	동 적응하다; 맞추다	☐
0959 **advance**	몡 진보; 전진 동 진보하다; 나아가다	☐
0960 **progress**	몡 진보, 진전; 진행 동 진보하다; 진행하다	☐

외우지 않은 단어가 있으면 미니 단어장에서 다시 한번 정리해 보세요.

기초 과학, 실험

📖 오늘 학습할 단어를 공부하고, 가리개를 사용해서 암기해 보세요.

0961 experiment
[ikspérəmənt]

(명) 실험 (동) 실험을 하다

Scientists who were studying birds did an **experiment**. 교과서
새를 연구하던 과학자들은 **실험을 했다**.

▶ **do an experiment** 실험을 하다
➕ **experimental** (형) 실험적인, 실험의

0962 laboratory
[lǽbrətɔ̀ːri]

(명) 실험실

He is still in the research **laboratory**.
그는 여전히 연구 **실험실**에 있다.

> 🔆 VOCA TIP
> 실험실은 간단히 lab이라고도 해요.

0963 method
[méθəd]

(명) 방법

Using various **methods**, scientists analyze the data. 교과서
다양한 **방법**을 사용하여 과학자들은 데이터를 분석한다.

> 🔆 VOCA TIP
> method는 주로 과학 실험이나 연구 논문에 쓰이는 '방법'을 나타내는 말이고, 일상적으로 사용할 때는 way를 써요.

0964 substance
[sʌ́bstəns]

(명) 물질; 본질

Rubber is a flexible **substance**.
고무는 신축성 있는 **물질**이다.

0965 importance
[impɔ́ːrtəns]

(명) 중요성

The professor explained the **importance** of science.
그 교수는 과학의 **중요성**에 대해 설명했다.

➕ **important** (형) 중요한

0966 solve
[salv]

(동) 해결하다; 풀다

Our brains are constantly **solving** problems.
학평 우리의 뇌는 끊임없이 문제를 **해결하고 있다**.

➕ **solution** (명) 해결책; 해법

> 🔆 VOCA TIP
> solve는 a problem(crisis, crime, mystery, puzzle, riddle) 등의 표현들과 함께 쓰이니 같이 알아두면 좋아요.

05   10   15   20

0967 **consist**
[kənsíst]

(동) ~로 되어 있다

Coal **consists** mainly of carbon.
석탄은 대부분 탄소로 **이루어져 있다.**

▶ **consist of** ~으로 이루어지다, ~로 구성되다
➕ **consistent** (형) 한결같은, 일관된

VOCA TIP
consist는 진행형이나 수동태로 쓰지 않아요.

How Different

0968 **research**
(동) [risə́ːrtʃ]
(명) [ríːsɜːrtʃ]

(동) 연구하다, 조사하다 (명) 연구, 조사

It was not easy to do **research** on the rare animal. 교과서 희귀 동물에 대한 **연구**를 하는 것은 쉽지 않았다.

▶ **do research on** ~에 대해 연구[조사]하다
➕ **researcher** (명) 연구원, 조사원

VOCA TIP
* market research 시장 조사
* medical research 의학 연구
* space research 우주 탐사

0969 **investigate**
[invéstəgèit]

(동) 연구하다, 조사하다

Scientists **investigate** the effects of diet on fighting cancer.
과학자들은 식습관이 암 투병에 미치는 효과를 **연구한다.**

➕ **investigation** (명) 연구, 조사
investigator (명) 조사원, 수사관

• **research** 새로운 사실을 지식을 가지고 엄밀하게 연구하거나 조사하는 것을 나타냄
• **investigate** 진상을 찾아내기 위해서 연구하거나 조사하는 것을 나타냄

0970 **prove**
[pruːv]

(동) 증명하다; 드러나다

Scientists follow a system designed to **prove** if their ideas are true or false. 학평
과학자들은 그들의 생각이 사실인지 거짓인지 **증명하도록** 고안된 체계를 따른다.

➕ **proof** (명) 증거, 증명
➖ **turn out** ~을 증명하다

0971 **error**
[érər]

(명) 실수, 오류

There are too many **errors** in the research report. 모평
그 연구 보고서에는 너무 많은 **오류**가 있다.

➕ **make an error** 실수하다, 잘못하다

VOCA TIP
* trial and error 시행착오
* error message 오류 메시지
* common error 흔한 오류, 흔히 있는 잘못

0972 **observe**
[əbzə́ːrv]

(동) 관찰하다; (규칙 등을) 준수하다

Many great ideas come from **observing** nature. 성취도
많은 훌륭한 아이디어들은 자연을 **관찰하는** 것으로부터 나온다.

➕ **observer** (명) 관찰자, 목격자 **observation** (명) 관찰, 관측

0973 equipment
[ikwípmənt]

(명) 장비, 용품

For safety, you should wear special **equipment**.
(듣기) 안전을 위해서 너는 특수 **장비**를 착용해야 한다.

equipment는 셀 수 없는 명사라서 복수형으로 쓰지 않아요. 또한 장비 단위를 셀 때는 a piece of를 붙여서 a piece of equipment라고 한다는 것에 유의하세요.

Q 괄호 안에서 알맞은 것을 고르시오.

The laboratory has all the latest [equipment / equipments].

(답) equipment

VOCA TIP
단수형은 bacterium이에요.

0974 bacteria
[bæktí(:)əriə]

(명) (pl.) 박테리아, 세균

We always have a lot of **bacteria** around us.
(학평) 우리 주변에는 항상 많은 **박테리아**가 있다.

0975 search
[səːrtʃ]

(동) 찾아보다, 검색하다 (명) 검색

Students can **search** for information on the Internet during science class.
학생들은 과학 시간 동안에 인터넷에서 정보를 **검색할** 수 있다.

» search for ~을 찾다

0976 analyze
[ǽnəlàiz]

(동) 분석하다

The researcher **analyzed** the information.
(교과서) 그 연구원은 정보를 **분석했다.**

➕ analysis (명) 분석 (연구)

VOCA TIP
* red blood cell 적혈구
* white blood cell 백혈구
* stem cell 줄기 세포

0977 cell
[sel]

(명) 세포

Viruses can only live inside the **cells** of other living bodies. **(교과서)**
바이러스는 다른 살아있는 몸의 **세포** 안에서만 살 수 있다.

0978 contain
[kəntéin]

(동) ~이 들어 있다

Carrots **contain** a lot of vitamin A which helps to increase your eyesight. **(학평)**
당근에는 시력을 높이는데 도움을 주는 비타민 A가 많이 **들어 있다.**

➕ container (명) 그릇, 용기, 컨테이너

0979 blend
[blend]

(동) 섞다, 혼합하다; 섞이다

Oil does not **blend** with water.
기름은 물과 **섞이지** 않는다.

➕ blender (명) 믹서기, 분쇄기

0980 chemical
[kémikəl]

(형) 화학의 (명) 화학 물질

The **chemical** formula for water is H_2O. 학평
물의 **화학**식은 H_2O이다.

0981 chemistry
[kémistri]

(명) 화학

She was awarded the Nobel Prize in **Chemistry**. 학평
그녀는 노벨 **화학**상을 받았다.

> 💡 **VOCA TIP**
> 과학 관련 학문명을 알아볼까요?
> * biochemistry 생화학
> * biology 생물학
> * physics 물리학
> * earth science 지구과학

0982 filter
[filtər]

(명) 필터, 여과 장치 (동) 여과하다

She removed the dust from the **filter**. 모평
그녀는 **필터**의 먼지를 제거했다.

➡ **filter out** ~을 걸러 내다

0983 unit
[júːnit]

(명) 구성단위; 한 개

The watt is a **unit** of electrical power.
와트는 전력의 **단위**이다.

내신빈출

0984 form
[fɔːrm]

(동) 형성하다 (명) 종류; 서식

Some sand is **formed** in oceans from things like shells and rocks. 학평
어떤 모래는 조개껍질이나 암초와 같은 것들로부터 바다에서 **형성된다**.

➕ formation (명) 형성 (과정); 형성물

> 💡 **VOCA TIP**
> form은 '모양, 형상, 형식; (틀에 따라) 만들어 내다, (특정한) 기능을 하다' 등의 의미를 나타내기도 해요.

form은 정말 다양한 형태와 의미로 쓰이는 단어인데요. '형성하다'라는 동사와 '서식'이라는 명사도 많이 쓰여요. 특히 fill in[out] a form은 '서식을 작성하다'의 의미로 자주 나오는 표현이니 잘 알아두세요.

Q 빈칸에 공통으로 알맞은 것은?

> • Please fill out the _____ and give it to him.
> • People _____ their own communities.

① make   ② form   ③ letter   답 ②

0985 **metal**
[métəl]

(명) 금속

Place the water bottle on a building's **metal** roof in full sunlight, and the sunlight will kill bacteria in the water. (학평) 그 물병을 햇빛이 잘 들 때 건물의 **금속** 지붕 위에 두어라, 그러면 햇빛이 물속의 박테리아를 죽일 것이다.

➕ **metallic** (형) 금속성의, 금속으로 된

0986 **melt**
[melt]

(동) 녹다; 녹이다

The heat **melted** the plastic cup.
열이 플라스틱 컵을 **녹였다**.

➡ **melt away** 차츰 사라지다   **melt into** ~속으로 녹아들다

0987 **liquid**
[líkwid]

(명) 액체 (형) 액체 형태의

Mercury is a **liquid** at room temperature.
수은은 실온에서 **액체**이다.

> VOCA TIP
>
> 모든 물질은 액체(liquid), 고체(solid), 기체(gas)로 나눌 수 있어요.

0988 **magnet**
[mǽgnit]

(명) 자석

A **magnet** attracts metals like iron.
자석은 철과 같은 금속을 끌어당긴다.

➕ **magnetic** (형) 자석 같은, 자성의

> VOCA TIP
>
> magnet은 자석같이 무엇인가를 매료하는[끄는] 사람이나 사물, 장소 등을 의미하기도 해요.

0989 **material**
[mətí(:)əriəl]

(명) 재료; 물질; 자료 (형) 물질적인

I want to try a new **material**. (학평)
나는 새로운 **재료**를 써 보고 싶다.

> VOCA TIP
>
> * raw material 원자재, 원료
> * waste material 폐기물

0990 **telescope**
[téləskòup]

(명) 망원경

Details on the surface of Mars can be seen through a **telescope**.
화성 표면의 세부 사항은 **망원경**을 통해 볼 수 있다.

> VOCA TIP
>
> '매우 작은'의 의미를 지닌 접두사 micro-가 붙은 microscope은 '현미경'을 의미해요.

01 do an _____ 실험을 하다   experiment experiment

02 the research _____ 연구 실험실   laboratory

03 use various _____s 다양한 방법을 사용하다   method

04 a flexible _____ 신축성 있는 물질   substance

05 the _____ of science 과학의 중요성   importance

06 _____ a problem 문제를 해결하다   solve

07 _____ of carbon 탄소로 이루어져 있다   consist

08 do _____ on the rare animal   research
    희귀 동물에 대해 연구하다

09 _____ the effects of diet   investigate
    식습관의 효과를 연구하다

10 _____ if their ideas are true or false   prove
    그들의 생각이 사실인지 거짓인지 증명하다

11 too many _____s 너무 많은 오류들   error

12 _____ nature 자연을 관찰하다   observe

13 wear special _____ 특수 장비를 착용하다   equipment

14 a lot of _____ 많은 박테리아   bacteria

15 _____ for information 정보를 검색하다   search

16 _____ the information 정보를 분석하다   analyze

17 live inside the _____s 세포 안에서 살다   cell

18 _____ vitamin A 비타민 A가 들어 있다   contain

19 _____ with water 물과 섞이다   blend

20 the _____ formula 화학식   chemical

21 the Nobel Prize in _____ 노벨 화학상   Chemistry

22 remove the dust from the _____   filter
   필터의 먼지를 제거하다

23 a _____ of electrical power 전력의 단위   unit

24 be _____ed in oceans 바다에서 형성되다   form

25 a _____ roof 금속 지붕   metal

26 _____ the plastic cup 플라스틱 컵을 녹이다   melt

27 a _____ at room temperature 실온에서 액체   liquid

28 a _____ attracting iron 철을 끌어당기는 자석   magnet

29 a new _____ 새로운 재료   material

30 through a _____ 망원경을 통해   telescope

			Check
0961	**experiment**	몡 실험 동 실험을 하다	☐
0962	**laboratory**	몡 실험실	☐
0963	**method**	몡 방법	☐
0964	**substance**	몡 물질; 본질	☐
0965	**importance**	몡 중요성	☐
0966	**solve**	동 해결하다; 풀다	☐
0967	**consist**	동 ~로 되어 있다	☐
0968	**research**	동 연구하다, 조사하다 몡 연구, 조사	☐
0969	**investigate**	동 연구하다, 조사하다	☐
0970	**prove**	동 증명하다; 드러나다	☐
0971	**error**	몡 실수, 오류	☐
0972	**observe**	동 관찰하다; (규칙 등을) 준수하다	☐
0973	**equipment**	몡 장비, 용품	☐
0974	**bacteria**	몡 (pl.) 박테리아, 세균	☐
0975	**search**	동 찾아보다, 검색하다 몡 검색	☐

			Check
0976	**analyze**	동 분석하다	☐
0977	**cell**	몡 세포	☐
0978	**contain**	동 ~이 들어 있다	☐
0979	**blend**	동 섞다, 혼합하다; 섞이다	☐
0980	**chemical**	형 화학의 몡 화학 물질	☐
0981	**chemistry**	몡 화학	☐
0982	**filter**	몡 필터, 여과 장치 동 여과하다	☐
0983	**unit**	몡 구성단위; 한 개	☐
0984	**form**	동 형성하다 몡 종류; 서식	☐
0985	**metal**	몡 금속	☐
0986	**melt**	동 녹다; 녹이다	☐
0987	**liquid**	몡 액체 형 액체 형태의	☐
0988	**magnet**	몡 자석	☐
0989	**material**	몡 재료; 물질; 자료 형 물질적인	☐
0990	**telescope**	몡 망원경	☐

외우지 않은 단어가 있으면 미니 단어장에서 다시 한번 정리해 보세요.

DAY **34** 자연, 우주

📖 오늘 학습할 단어를 공부하고, 가리개를 사용해서 암기해 보세요.

0991 **natural**
[nǽtʃərəl]

(형) 자연의, 천연의; 타고난

Birds that hunt at night find their way by **natural** light. 교과서
밤에 사냥하는 새들은 **자연**광에 의해 길을 찾는다.

➕ naturally (부) 자연스럽게
🔄 unnatural (형) 비정상적인, 이상한

🔆 VOCA TIP

* natural gas 천연 가스
* natural resource 천연 자원
* natural ability 타고난 능력

How Different

0992 **clay**
[klei]

(명) 점토, 찰흙

The bricks are made of **clay**.
그 벽돌들은 **점토**로 만들어졌다.

0993 **soil**
[sɔil]

(명) 토양, 흙; 땅

Earthworms live in moist **soil**.
지렁이는 축축한 **흙**에서 산다.

• clay 벽돌이나 도자기를 만드는데 사용하는 흙
• soil 지구의 표면을 구성하는 물질을 나타내는 흙으로, 이곳에서 식물이 자람

0994 **sunrise**
[sʌ́nràiz]

(명) 일출, 해돋이

There was a beautiful **sunrise** over the mountains.
산 너머로 아름다운 **일출**이 있었다.

🔄 sunset (명) 일몰, 해넘이

🔆 VOCA TIP

dawn, daybreak도 동이 틀 무렵,
새벽쯤을 나타내는 말이에요.

0995 **shade**
[ʃeid]

(명) 그늘

A cloud provides **shade** for plants on the ground. 성취도
구름은 땅에 있는 식물에게 **그늘**을 제공한다.

➕ in the shade 그늘에서; 은퇴하여

0996 **tide**
[taid]

(명) 조수; 조류

Strong **tides** make swimming very dangerous.
강한 **조수**는 수영을 매우 위험하게 만든다.

🔆 VOCA TIP

* high tide 만조
* low tide 간조

---

05   10   15   20

내신빈출

0997 **disaster**
[dizǽstər]

명 재난, 참사, 재해

Robots can help us in **disaster** areas. 교과서
로봇은 **재난** 지역에서 우리를 도울 수 있다.

disaster는 자연 현상과 관련된 '재난, 재해'라는 의미 외에도, '엄청난 불행'이라는 의미도 나타내요. 문맥에 맞게 의미를 이해할 수 있도록 기억하세요.

Q 빈칸에 공통으로 알맞은 것은?

• One person's mistakes can bring _____ to someone else.
• The tsunami was one of the worst natural _____.

① mess   ② failure   ③ disaster   답 ③

0998 **flood**
[flʌd]

명 홍수 동 물에 잠기게 하다

After the **flood**, nothing remained of the village.
홍수가 난 후, 그 마을은 아무것도 남아 있지 않았다.

0999 **flow**
[flou]

동 흐르다 명 흐름

The river **flows** into the sea. 교과서
그 강은 바다로 **흘러들어간다**.

1000 **hurricane**
[hə́:rəkèin]

명 허리케인

Central America has been hit hard by a series of **hurricanes**. 학평
중앙아메리카가 일련의 **허리케인**으로 큰 타격을 받았다.

VOCA TIP
열대저기압은 발생 지역에 따라 다른 이름으로 불려요. 북태평양 남서부에서 발생하면 Typhoon, 대서양, 북태평양 동부에서 발생하면 Hurricane, 인도양에서 발생하면 Cyclone이라고 해요.

1001 **storm**
[stɔ:rm]

명 폭풍

Natural disasters like **storms** can be very dangerous. 교과서
폭풍과 같은 자연 재해는 매우 위험할 수 있다.

1002 **earthquake**
[ə́:rθkwèik]

명 지진

He must search for his missing family during an **earthquake**. 교과서
그는 **지진**이 발생하는 동안 실종된 그의 가족을 찾아야 한다.

VOCA TIP
earthquake은 대중적인 표현으로 quake라고도 하는데요. 특히 언론에서 많이 쓰여요. quake은 흔들리다라는 뜻인데, 땅을 나타내는 earth와 합쳐져서 지진이라는 밀이 되었어요.

1003 **volcano**
[valkéinou]

명 화산

Indonesia has over 120 active **volcanoes**. 교과서
인도네시아에는 120개 이상의 활**화산**이 있다.

1004 **erupt**
[irʌ́pt]

동 (화산이) 폭발하다, 분출하다

The volcano may **erupt** in the near future.
교과서 그 화산은 가까운 미래에 **폭발할지도** 모른다.

+ **eruption** 명 폭발, 분화; 돌발, 발생

1005 **pole**
[poul]

명 (지구의) 극; 막대기, 기둥

The South **Pole** is the coldest place on Earth.
교과서 남**극**은 지구에서 가장 추운 곳이다.

VOCA TIP
* South Pole 남극
* North Pole 북극

1006 **globe**
[gloub]

명 세계; 지구; 지구본

Fireflies have been disappearing across the **globe**. 학평
반딧불이는 전 **세계**적으로 사라지고 있다.

+ **global** 형 지구의; 세계적인

1007 **spaceship**
[spéisʃip]

명 우주선

The next day, her family got on a **spaceship**.
교과서 다음 날, 그녀의 가족은 **우주선**을 탔다.

= **spacecraft** 명 우주선

VOCA TIP
spaceship은 우주를 나타내는 space와 배를 나타내는 ship이 합쳐진 단어예요. 지구와 우주를 왕복하는 우주 왕복선은 space shuttle이라고 해요.

1008 **explore**
[iksplɔ́:r]

동 탐험하다; 탐구하다

He wanted to **explore** the Amazon, the unknown and mysterious world. 수능
그는 미지의 신비스러운 세계인 아마존을 **탐험하고** 싶었다.

+ **exploration** 명 탐사, 탐험; 탐구 **explorer** 명 탐험가

1009 discover
[diskÁvər]

(동) 발견하다

Scientists have **discovered** a new star. 교과서
과학자들은 새로운 별을 **발견했다**.

➕ discovery (명) 발견

discover는 It is discovered that ~(~라는 것이 밝혀지다)의 형태로 자주 쓰이며, 이때 that절이 진주
어이므로 discover가 is discovered의 수동태 형태가 된다는 것을 잘 기억해 두세요.

Q 괄호 안에서 일맞은 것을 고르시오.

It [discovered / was discovered] that Bill was in New York.

(답) **was discovered**

1010 solar
[sóulər]

(형) 태양의

They have used **solar** power to provide sunlight to their homes. 성취도
그들은 태양광을 그들의 집에 공급하기 위해 **태양** 에너지를 사용해 왔다.

* solar system 태양계
* solar cell 태양 전지
* solar panel 태양 전지판

1011 lunar
[lú:nər]

(형) 달의

I can see **lunar** rock samples in that museum.
나는 저 박물관에서 **달** 암석 표본을 볼 수 있다.

VOCA TIP
* lunar calendar 음력
* solar calendar 양력

1012 planet
[plǽnit]

(명) 행성

Earth is the third **planet** from the Sun. 성취도
지구는 태양에서 세 번째 **행성**이다.

1013 Mars
[mɑːrz]

(명) 화성

Can people live on **Mars**? 교과서
사람이 **화성**에서 살 수 있을까?

1014 Jupiter
[dʒúːpitər]

(명) 목성

Saturn is between **Jupiter** and Uranus.
토성은 **목성**과 천왕성 사이에 있다.

VOCA TIP
집게손가락을 Jupiter finger라고
하는데요. 이것은 손금을 볼 때 손가
락을 위치에 따라 대양계 천세에
빗대어 부른 이름이라고 해요.

1015 satellite
[sǽtəlàit]

® 인공위성; 위성

Images of the planet were sent by **satellite**.
그 행성의 이미지는 **인공위성**에 의해 전송되었다.

VOCA TIP
* weather satellite 기상 위성
* communication satellite
통신 위성
* satellite broadcasting 위성 방송

1016 galaxy
[gǽləksi]

® 은하, 은하계

They observed the distant **galaxy**.
그들은 멀리 떨어진 **은하**를 관찰했다.

1017 universe
[júːnəvə̀ːrs]

® 우주

There is nothing faster than light in the **universe**. 교과서
우주에서 빛보다 더 빠른 것은 없다.

➕ universal ® 일반적인, 전 세계적인

1018 comet
[kámit]

® 혜성

When is the best time to see the **comet**?
혜성을 볼 수 있는 가장 좋은 시간은 언제인가요?

1019 eclipse
[iklíps]

® (일식·월식의) 식

A solar **eclipse** is when the moon covers up the sun.
일식은 달이 태양을 가리는 것이다.

VOCA TIP
* solar eclipse 일식
* lunar eclipse 월식

1020 gravity
[grǽvəti]

® 중력

An apple falls to the ground because of **gravity**.
사과는 **중력** 때문에 땅으로 떨어진다.

VOCA TIP
* zero gravity 무중력 (상태)
* the law of gravity 중력의 법칙

자연, 우주
Use Words

빈칸을 채우며 단어를 외우고, 쓰면서 한 번 더 익히세요.

01 by _____ light 자연광에 의해

natural   natural

02 be made of _____ 점토로 만들어지다

clay

03 in moist _____ 축축한 흙에서

soil

04 a beautiful _____ 아름다운 일출

sunrise

05 provide _____ for plants
식물에게 그늘을 제공하다

shade

06 strong _____s 강한 조수

tide

07 in _____ areas 재난 지역에서

disaster

08 after the _____ 홍수가 난 후에

flood

09 _____ into the sea 바다로 흘러들어가다

flow

10 a series of _____s 일련의 허리케인

hurricane

11 natural disasters like _____s
폭풍과 같은 자연 재해

storm

12 during an _____ 지진이 발생하는 동안

earthquake

13 an active _____ 활화산

volcano

14 _____ in the near future
가까운 미래에 폭발하다

erupt

15 the South _____ __ 남극

Pole

16 across the _____ 전 세계적으로 globe

17 get on a _____ 우주선을 타다 spaceship

18 _____ the Amazon 아마존을 탐험하다 explore

19 _____ a new star 새로운 별을 발견하다 discover

20 use _____ power 태양 에너지를 사용하다 solar

21 _____ rock samples 달 암석 표본 lunar

22 the third _____ from the Sun planet
     태양에서 세 번째 행성

23 live on _____ 화성에서 살다 Mars

24 between _____ and Uranus Jupiter
     목성과 천왕성 사이에

25 be sent by _____ 인공위성에 의해 전송되다 satellite

26 the distant _____ 멀리 떨어진 은하 galaxy

27 in the _____ 우주에서 universe

28 see the _____ 혜성을 보다 comet

29 a solar _____ 일식 eclipse

30 because of _____ 중력 때문에 gravity

			Check
0991	**natural**	🔵 자연의, 천연의; 타고난	☐
0992	**clay**	🔵 점토, 찰흙	☐
0993	**soil**	🔵 토양, 흙; 땅	☐
0994	**sunrise**	🔵 일출, 해돋이	☐
0995	**shade**	🔵 그늘	☐
0996	**tide**	🔵 조수; 조류	☐
0997	**disaster**	🔵 재난, 참사, 재해	☐
0998	**flood**	🔵 홍수 🔵 물에 잠기게 하다	☐
0999	**flow**	🔵 흐르다 🔵 흐름	☐
1000	**hurricane**	🔵 허리케인	☐
1001	**storm**	🔵 폭풍	☐
1002	**earthquake**	🔵 지진	☐
1003	**volcano**	🔵 화산	☐
1004	**erupt**	🔵 (화산이) 폭발하다, 분출하다	☐
1005	**pole**	🔵 (지구의) 극; 막대기, 기둥	☐

			Check
1006	**globe**	🔵 세계; 지구; 지구본	☐
1007	**spaceship**	🔵 우주선	☐
1008	**explore**	🔵 탐험하다; 탐구하다	☐
1009	**discover**	🔵 발견하다	☐
1010	**solar**	🔵 태양의	☐
1011	**lunar**	🔵 달의	☐
1012	**planet**	🔵 행성	☐
1013	**Mars**	🔵 화성	☐
1014	**Jupiter**	🔵 목성	☐
1015	**satellite**	🔵 인공위성; 위성	☐
1016	**galaxy**	🔵 은하, 은하계	☐
1017	**universe**	🔵 우주	☐
1018	**comet**	🔵 혜성	☐
1019	**eclipse**	🔵 (일식·월식의) 식	☐
1020	**gravity**	🔵 중력	☐

외우지 않은 단어가 있으면 미니 단어장에서 다시 한번 정리해 보세요.

DAY 35
경제

📖 오늘 학습할 단어를 공부하고, 가리개를 사용해서 암기해 보세요.

1021 economy
[ikάnəmi]

몧 경제

What do you think of the sharing **economy**?

교과서 당신은 공유 **경제**에 대해 어떻게 생각하나요?

➕ economic 톙 경제의 economics 몧 경제학

VOCA TIP
특정 국가의 경제 시스템에 대해 이야기할 때는 the economy처럼 앞에 관사를 꼭 써야 해요.

1022 borrow
[bárou]

똥 빌리다

She can **borrow** books from the library. 교과서

그녀는 도서관에서 책을 **빌릴** 수 있다.

➕ borrow A from B B에게서 A를 빌리다

내신빈출

1023 lend
[lend]

똥 빌려주다

The bank refused to **lend** the money to me.

은행은 나에게 돈을 **빌려주는** 것을 거절했다.

➕ lend A to B B에게 A를 빌려주다
↔ borrow 빌리다

'빌리다'라는 의미의 borrow와 '빌려주다'라는 의미의 lend를 혼동하는 경우가 많아요. 시험에서 선택지로 제시하여 고르는 문제가 출제될 수 있으니 정확한 의미를 알아두세요.

Q 우리말과 일치하도록 괄호 안에서 알맞은 것을 고르시오.

I [borrowed / lent] Susan's laptop for three days.
나는 3일 동안 Susan의 노트북을 빌렸다.

답 borrowed

1024 cash
[kæʃ]

몧 현금

I'd like to pay in **cash**. 학평

저는 **현금**으로 계산하고 싶습니다.

1025 cost
[kɔ(:)st]

똥 (값·비용이) ~이다 몧 값, 비용

It'll **cost** 50 dollars by airmail. 듣기

항공 우편으로는 50달러**입니다**.

➕ at a cost of ~의 비용으로

1026 credit
[krédit]

몧 신용; 신용 거래

Payment can be made only by **credit** card.

수능 요금 지불은 **신용** 카드로만 할 수 있습니다.

VOCA TIP
* credit rating 신용 등급, 신용도
* credit information 신용 정보

---

05   10   15   20

1027 deal
[di:l]

동 다루다, 처리하다　명 거래

His speech will **deal** with the nation's economy.
그의 연설은 국가 경제를 **다룰** 것입니다.

▶ **deal with** ~을 다루다, 처리하다
a great deal of 다량의, 많은　**make a deal** 거래하다
➕ **dealer** 명 딜러, 중개인

1028 debt
[det]

명 빚

Within a few months, she was out of **debt**. 학평
몇 달 이내에 그녀는 **빚**에서 벗어났다.

▶ **be in debt** 빚이 있다, 빚을 지다

1029 demand
[diménd]

명 수요; 요구　동 요구하다

There was little **demand** for tickets.
표에 대한 **수요**가 거의 없었다.

➕ **in demand** 수요가 많은

How Different

1030 supply
[səplái]

명 공급; 보급품　동 공급하다

House prices reflect the money **supply**.
주택 가격은 통화 **공급**량을 반영한다.

1031 provide
[prəváid]

동 제공하다, 공급하다

Eco-friendly buildings **provide** people with a good quality of life. 교과서
친환경 건물은 사람들에게 좋은 삶의 질을 **제공한다**.

• **supply** 전기나 수도 공급처럼 지속적으로 상당한 양을 장기간에 걸쳐서 공급하는 것을 나타냄
• **provide** 난민에게 물품을 공급하는 것처럼 필요한 것을 공급하는 것을 나타냄

1032 amount
[əmáunt]

명 총액, 액수; 양

Please choose the **amount** of money you want to add. 교과서
추가하고자 하는 돈의 **액수**[금액]를 선택하세요.

1033 fortune
[fɔ́ːrtʃən]

(명) 재산, 부; 운

He invented the machine and made a **fortune**.
모평 그는 그 기계를 발명하여 **재산**을 모았다.

▶▶ **make a fortune** 재산을 모으다
↔ **misfortune** (명) 불운, 불행

* good fortune 행운
* fortune-teller 점쟁이
* fortune cookie
  운수를 적은 쪽지가 든 과자

1034 fund
[fʌnd]

(명) 자금, 기금

The hospital has set up a special **fund** to buy new equipment.
그 병원은 새 장비를 구입하기 위해 특별 **기금**을 조성했다.

➕ **fund-raiser** (명) 기금 모금자; 기금 모금 행사

1035 capital
[kǽpitəl]

(명) 자본; 수도; 대문자

He put $10,000 **capital** into the business.
그는 그 사업에 만 달러의 **자본**을 투입했다.

* foreign capital 외국 자본, 외자
* human capital 인적 자본
* capitals 대문자

1036 produce
[prədjúːs]

(동) 생산하다, 만들어 내다

Volcanoes can be used to **produce** electricity.
교과서 화산은 전기를 **생산하는** 데 사용될 수 있다.

➕ **product** (명) 생산물, 상품　　**production** (명) 생산, 생산량

produce는 '생산하다, 만들어 내다' 이외에도 '(자식 새끼 등을) 낳다, (식물이 열매 등을) 맺다'의 의미도 나타내요. produce는 다양한 의미로 출제되고 있으니 문맥에 맞게 그 의미를 잘 파악해두세요.

Q 밑줄 친 부분의 의미로 알맞은 것은?

An adult dog produced three puppies last week.

① 생산하다　　② 낳다　　③ 제작하다　　　　　　　**답** ②

1037 offer
[ɔ́(ː)fər]

(동) 제안하다; 제공하다　(명) 제안

They decided to **offer** the job to him.
그들은 그에게 그 일자리를 **제안하기로** 결정했다.

* accept the offer
  제안을 수락하다
* special offer 특가품, 특가 판매

1038 budget
[bʌ́dʒit]

(명) 예산, 비용

I have a really tight **budget**.
나는 **예산**이 정말 빠듯합니다.

* within budget
  예산의 범위 안에서
* budget cut 예산 삭감
* national budget 국가 예산

How Different

1039 □□ **growth** [grouθ]

[명] 성장, 증가

The lecture was about policies for economic **growth** in the world. [모평]
그 강의는 세계의 경제 **성장**을 위한 정책들에 관한 것이었다.

⊕ **grow** [동] 자라다, 성장하다

> **VOCA TIP**
> * growth ring (나무의) 나이테
> * growth rate 성장률, 증가율
> * population growth 인구 증가, 인구 성장

1040 □□ **rise** [raiz]

[동] 오르다 [명] 증가; 임금 인상

Oil prices are **rising** again slightly. [교과서]
유가가 다시 소폭 **오르고 있다**.

> **VOCA TIP**
> * sharp rise 급증, 급상승
> * the rise and fall 흥망성쇠
> * ask for a rise 임금 인상을 요구하다

1041 □□ **increase** [inkríːs]

[동] 증가하다 [명] 증가, 인상

They suggest creative ideas that **increase** sales. [학평]
그들은 매출을 **증가시키는** 창의적인 아이디어를 제안한다.

- **growth** 점차적이고 점진적인 증가나 성장을 나타냄
- **rise** increase와 같은 의미이지만 좀 더 공식적이고 형식적인 느낌을 줌
- **increase** rise와 같은 의미이며 통상적으로 쓰이는 표현임

1042 □□ **decrease** [동] [dikríːs] [명] [díːkriːs]

[동] 감소하다, 줄이다 [명] 감소

Our share of the market has **decreased** sharply.
우리의 시장 점유율이 급격하게 **감소했다**.

↔ **increase** [동] 증가하다 [명] 증가, 인상

1043 □□ **loss** [lɔ(ː)s]

[명] 손실; 분실

I think they are responsible for the **loss**. [학평]
나는 그들이 **손실**에 책임이 있다고 생각한다.

» **be at a loss** 어쩔 줄을 모르다

1044 □□ **tax** [tæks]

[명] 세금 [동] 세금을 부과하다

The room is $150 per night including **tax** and breakfast. [학평]
그 방은 **세금**과 조식을 포함하여 하룻밤에 150달러이다.

1045 trade
[treid]

(동) 거래하다 (명) 무역, 거래

In the past, Thai people **traded** goods on rivers.

(교과서) 과거에 태국 사람들은 강에서 상품을 **거래했다**.

➕ trader (명) 상인, 거래자

1046 promote
[prəmóut]

(동) 촉진하다; 홍보하다; 승진시키다

Government should adopt the polices to **promote** economic growth.

정부는 경제 성장을 **촉진하기** 위해 그 정책들을 채택해야 한다.

➕ promotion (명) 홍보 (활동); 승진

1047 value
[vǽljuː]

(명) 가치 (동) 소중히 여기다

If more than 80 percent of the paper money is missing, it has no **value**. (학평)

지폐의 80% 이상이 없어진다면, 그것은 **가치**가 없다.

➕ valuable (형) 가치 있는, 귀중한

VOCA TIP
* property values 부동산 가치
* traditional values 전통적인 가치

1048 wealth
[welθ]

(명) 부, 재산

The country's **wealth** comes from its natural resources.

그 나라의 **부**는 천연자원에서 나온다.

➕ wealthy (형) 부유한, 재산이 많은

1049 account
[əkáunt]

(명) 계좌; 설명, 기술; 계정

I've opened an **account** with BTC Bank.

저는 BTC 은행에 **계좌**를 개설했습니다.

» take into account ~을 고려하다, 계산에 넣다

➕ accountant (명) 회계사

VOCA TIP
* account balance 계좌 잔고
* savings account 보통 예금 (계좌)
* email account 이메일 계정

1050 insurance
[inʃú(ː)ərəns]

(명) 보험

Do you have **insurance** on your house?

당신의 집에 대한 **보험**에 가입되어 있습니까?

VOCA TIP
* life insurance 생명 보험
* car insurance 자동차 보험
* travel insurance 여행자 보험

01 the sharing _____ 공유 경제 economy economy

02 _____ books 책을 빌리다 borrow

03 _____ the money 돈을 빌려주다 lend

04 pay in _____ 현금으로 계산하다 cash

05 _____ 50 dollars 50달러이다 cost

06 by _____ card 신용 카드로 credit

07 _____ with the nation's economy deal
국가 경제를 다루다

08 be out of _____ 빚에서 벗어나다 debt

09 _____ for tickets 표에 대한 수요 demand

10 the money _____ 통화 공급 supply

11 _____ people with a good quality of life provide
사람들에게 좋은 삶의 질을 제공하다

12 the _____ of money 돈의 액수[금액] amount

13 make a _____ 재산을 모으다 fortune

14 set up a special _____ 특별 기금을 조성하다 fund

15 put $10,000 _____ into the business capital
그 사업에 만 달러의 자본을 투입하다

16 _____ electricity 전기를 생산하다   produce _____

17 _____ the job 그 일자리를 제안하다   offer _____

18 a tight _____ 빠듯한 예산   budget _____

19 economic _____ 경제 성장   growth _____

20 _____ slightly 소폭 오르다   rise _____

21 _____ sales 매출을 증가시키다   increase _____

22 _____ sharply 급격하게 감소하다   decrease _____

23 be responsible for the _____
손실에 책임이 있다   loss _____

24 including _____ 세금을 포함하여   tax _____

25 _____ goods on rivers 강에서 상품을 거래하다   trade _____

26 _____ economic growth
경제 성장을 촉진하다   promote _____

27 have no _____ 가치가 없다   value _____

28 the country's _____ 그 나라의 부   wealth _____

29 open an _____ 계좌를 개설하다   account _____

30 have _____ 보험에 들다   insurance _____

		Check				Check
1021 **economy**	똉 경제	☐	1036 **produce**	똉 생산하다, 만들어 내다		☐
1022 **borrow**	똉 빌리다	☐	1037 **offer**	똉 제안하다; 제공하다 똉 제안		☐
1023 **lend**	똉 빌려주다	☐	1038 **budget**	똉 예산, 비용		☐
1024 **cash**	똉 현금	☐	1039 **growth**	똉 성장, 증가		☐
1025 **cost**	똉 (값·비용이) ~이다 똉 값, 비용	☐	1040 **rise**	똉 오르다 똉 증가; 임금 인상		☐
1026 **credit**	똉 신용; 신용 거래	☐	1041 **increase**	똉 증가하다 똉 증가, 인상		☐
1027 **deal**	똉 다루다, 처리하다 똉 거래	☐	1042 **decrease**	똉 감소하다, 줄이다 똉 감소		☐
1028 **debt**	똉 빚	☐	1043 **loss**	똉 손실; 분실		☐
1029 **demand**	똉 수요; 요구 똉 요구하다	☐	1044 **tax**	똉 세금 똉 세금을 부과하다		☐
1030 **supply**	똉 공급; 보급품 똉 공급하다	☐	1045 **trade**	똉 거래하다 똉 무역, 거래		☐
1031 **provide**	똉 제공하다, 공급하다	☐	1046 **promote**	똉 촉진하다; 홍보하다; 승진시키다		☐
1032 **amount**	똉 총액, 액수; 양	☐	1047 **value**	똉 가치 똉 소중히 여기다		☐
1033 **fortune**	똉 재산, 부; 운	☐	1048 **wealth**	똉 부, 재산		☐
1034 **fund**	똉 자금, 기금	☐	1049 **account**	똉 계좌; 설명, 기술; 계정		☐
1035 **capital**	똉 자본; 수도; 대문자	☐	1050 **insurance**	똉 보험		☐

외우지 않은 단어가 있으면 미니 단어장에서 다시 한번 정리해 보세요.

Wrap Up

A 영어는 우리말로, 우리말은 영어로 쓰시오.

01	shortage	_____	11	빌리다	_____
02	effect	_____	12	실험실	_____
03	experiment	_____	13	보호하다	_____
04	disaster	_____	14	발명하다	_____
05	capital	_____	15	가상의; 사실상의	_____
06	improve	_____	16	예산, 비용	_____
07	explore	_____	17	분석하다	_____
08	produce	_____	18	해로운, 유해한	_____
09	melt	_____	19	지진	_____
10	endangered	_____	20	인공위성; 위성	_____

B 〈보기〉에서 알맞은 단어를 골라 문장을 완성하시오.

> 〈보기〉
>
> survive   combine   search   decrease   erupt

01 It is possible to _____ Computer science with Physics.

02 The volcano may _____ in the near future.

03 Students can _____ for information on the Internet during science class.

04 Our share of the market has _____d sharply.

05 Bees cannot _____ in extremely hot weather.

C 주어진 단어를 바르게 배열하여 문장을 완성하시오.

01 사람이 화성에서 살 수 있을까? (Mars, on, people, can, live)

⇨ _____

02 우리는 새로운 기술들에 적응하려고 노력하고 있다. (adapt, trying, are, new, technologies, to, we, to, the)

⇨ _____

03 많은 훌륭한 아이디어들은 자연을 관찰하는 것으로부터 나온다. (come, ideas, nature, many, from, great, observing)

⇨ _____

04 저는 BTC 은행에 계좌를 개설했습니다. (BTC Bank, I've, an, opened, with, account)

⇨ _____

05 우리는 대기 오염을 줄이기 위한 계획이 필요하다. (air, reduce, we, a, plan, need, pollution, to)

⇨ _____

D 영영풀이에 해당하는 단어를 〈보기〉에서 골라 쓰시오.

┌─〈보기〉───┐
│   solar   spaceship   develop   cash   repair   │
└──┘

01 money in the form of coins and bills: _____

02 using the power of the sun's light and heat: _____

03 a vehicle for carrying people through space: _____

04 to fix something that is broken or damaged: _____

05 to grow or change into something bigger, stronger, or more advanced: _____

정치

📖 오늘 학습할 단어를 공부하고, 가리개를 사용해서 암기해 보세요.

1051
☐☐ **activity**
[æktívəti]

명 활동

We have the right to engage in political **activity**.
우리는 정치적 **활동**에 참여할 권리가 있다.

➕ active 형 활동적인. 능동적인

내신 빈출

1052
☐☐ **rule**
[ruːl]

명 규칙; 통치 동 통치하다

They made some **rules** for themselves. 성취도
그들은 몇 가지 **규칙**을 스스로 만들었다.

rule은 '규칙'이라는 의미 외에도 '지배, 통치; 통치하다'의 의미를 가져요. 특히 rule이 동사로 쓰이면 의미 파악을 어려워하는 경우가 많으므로 의미를 잘 알아 두세요.

Q 밑줄 친 단어의 우리말 뜻을 쓰시오.
1. The queen ruled for 30 years.
2. We should follow the rule.

답 1. 지배했다/통치했다 2. 규칙

1053
☐☐ **foundation**
[faundéiʃən]

명 기초, 토대; 재단

The theory provided the **foundation** for social reform. 학평
그 이론은 사회 개혁의 **토대**를 제공했다.

> 💡 **VOCA TIP**
> * set up a foundation
>   기초를 확립하다
> * build a solid foundation
>   탄탄한 토대를 만들다
> * non-profit foundation
>   비영리 법인

1054
☐☐ **campaign**
[kæmpéin]

명 (사회적·정치적) 운동, 캠페인

We set every Friday as the **campaign** day.
성취도 우리는 매주 금요일을 **캠페인** 날로 정했다.

> 💡 **VOCA TIP**
> campaign은 사회, 정치적 운동 뿐만 아니라 an advertising campaign(광고 선전)처럼 상업적 활동을 가리킬 때도 쓰여요.

1055
☐☐ **leader**
[líːdər]

명 지도자, 리더

Brian was asked to be the **leader** of the team.
교과서 Brian은 그 팀의 **리더**가 되어 달라고 부탁받았다.

1056
☐☐ **support**
[səpɔ́ːrt]

동 지지하다; 지원하다 명 지지; 지원

His rival became a good friend and politically **supported** him. 교과서
그의 경쟁자는 좋은 친구가 되었고 그를 정치적으로 **지지했다**.

➕ supporter 명 지지자, 후원자 supportive 형 지지하는

05　　10　　15　　20

1057 crowd
[kraud]

(명) 무리, 군중　(동) 붐비다

She will address the **crowd** later.
그녀는 나중에 **군중**에게 연설을 할 것이다.

How Different

1058 vote
[vout]

(동) 투표하다　(명) 투표

Everyone **voted** for the change. 교과서
모두가 변화에 **투표했다**.

▸ vote against ~에 반대 투표를 하다

1059 elect
[ilékt]

(동) 선출하다, 뽑다

He was **elected** as Vice President.
그는 부통령으로 **선출되었다**.

➕ election (명) 선거, 당선

• vote 종이에 표시하거나 손을 드는 방식으로 어떤 사람, 정당, 방안을 지지하는지 보여 주는 것
• elect 투표를 통해 새로운 지도자, 대표, 정권을 뽑는 것

1060 government
[gávərnmənt]

(명) 정부; 통치

The **government** of Brazil launched the campaign last year. 학평
브라질 **정부**는 작년에 그 캠페인을 시작했다.

➕ govern (동) 통치하다, 지배하다

1061 majority
[mədʒɔ́(ː)rəti]

(명) 대다수, 과반수

The **majority** of students are not happy with the decision. 교과서
대다수의 학생들은 그 결정에 만족하지 않는다.

➕ major (형) 주요한, 중대한
↔ minority (명) 소수

1062 liberty
[líbərti]

(명) 자유

People fought for justice and **liberty**.
사람들은 정의와 **자유**를 위해 싸웠다.

▬ freedom (명) 자유

1063 minister
[mínistər]

(명) 장관; 성직자

He became the **Minister** of Education.
그는 교육부 **장관**이 되었다.

1064 mayor
[méiər]

(명) 시장

I saw what people posted at the **mayor**'s office. 교과서
나는 사람들이 **시장**실에 게시한 것을 보았다.

1065 necessary
[nésəsèri]

(형) 필요한, 필수의

They should take the **necessary** steps immediately. 학평
그들은 즉시 **필요한** 조치를 취해야 한다.

➕ **necessity** (명) 필요(성); 필수품
🟰 **essential** (형) 필수적인

1066 president
[prézidənt]

(명) 대통령; 회장, 사장

Nelson Mandela was South Africa's first black **president**. 교과서
Nelson Mandela는 남아프리카 공화국의 최초 흑인 **대통령**이었다.

How Different

1067 council
[káunsəl]

(명) (지방 자치) 의회; 협의회

This is an announcement from the student **council**. 성취도
이것은 학생**회**로부터의 공지사항입니다.

1068 committee
[kəmíti]

(명) 위원회

The Senate maintains three types of **committees**.
상원은 세 가지 종류의 **위원회**를 운영하고 있다.

• **council** 규칙 또는 법률을 결정 내리거나 조언을 하기 위해 선거로 뽑힌 집단을 가리킴
• **committee** 더 큰 집단에 의해 특정 문제를 다루거나 결정을 내리도록 선택된 집단을 가리킴

내신빈출

1069 **loyal** [lɔ́iəl]

㊙ 충실한; 충성스러운

He is one of the president's **loyal** supporters.
그는 대통령의 **충실한** 지지자 중 한 명이다.

⊕ loyalty ⓝ 충실; 충성(심)

loyal(충실한, 충성스러운)과 royal(국왕의, 왕실의)의 철자가 비슷해서 혼동하기 쉬워요. 두 단어의 의미와 철자 차이를 정확히 알아 두세요.

Q 괄호 안에서 알맞은 것을 고르시오.

The dog is brave and [royal / loyal] to its master.

답 loyal

1070 **power** [páuər]

ⓝ 권력, 힘; 에너지

She always feared the loss of **power**. 학평
그녀는 항상 **권력**의 상실을 두려워했다.

⊕ powerful ⓐ 강력한, 영향력 있는

VOCA TIP
power는 동사로 '동력을 공급하다, 작동시키다'라는 의미를 나타내요. 이때 보통 수동태로 쓰이며, 주어와 동사 power의 관계를 잘 생각해야 해요.

1071 **policy** [pɑ́ləsi]

ⓝ 정책, 방침

He defended the new foreign **policy**.
그는 새로운 외교 **정책**을 옹호했다.

1072 **strict** [strikt]

ⓐ 엄한, 엄격한

We have a **strict** immigration policy. 학평
우리는 **엄격한** 이민 정책을 가지고 있다.

⊜ severe ⓐ 극심한; 엄격한

1073 **personal** [pə́rsənəl]

ⓐ 개인의, 개인적인

They want to establish a good **personal** relationship with voters.
그들은 유권자들과 좋은 **개인적인** 관계를 맺기를 원한다.

⊕ person ⓝ 사람; 개인
⊜ private ⓐ 개인적인, 사적인

VOCA TIP
* personal space 개인 공간
* personal belongings 개인 소지품
* personal needs 개인적 욕구

1074 **motto** [mɑ́tou]

ⓝ 좌우명, 모토

"The Only Thing We Have To Fear Is Fear Itself" is my **motto**.
"우리가 두려워해야 할 유일한 것은 두려움 그 자체이다"는 나의 **좌우명**이다.

1075 wisdom
[wízdəm]

(명) 지혜, 현명함

To test his officials' **wisdom**, the king asked them strange questions. 교과서
신하들의 **지혜**를 시험하기 위해, 왕은 그들에게 이상한 질문을 했다.

VOCA TIP
형용사 wise에 접미사 -dom이 붙어 명사인 wisdom이 되었어요.

1076 select
[silékt]

(동) 선택하다, 고르다

Pittsburgh was **selected** as the site for the next Annual Assembly.
피츠버그가 차기 연례 의회 장소로 **선정되었다**.

➕ selection (명) 선택, 선발
🟰 choose (동) 선택하다

VOCA TIP
생활 영어에서는 보통 select보다 choose를 사용해요.

1077 continuous
[kəntínjuəs]

(형) 계속되는, 끊임없는

Through **continuous** effort, they made success happen. 한평
지속적인 노력을 통해, 그들은 성공을 실현했다.

➕ continue (동) 계속되다; 계속하다
🟰 constant (형) 지속적인, 끊임없는

1078 candidate
[kǽndidèit]

(명) 후보자, 지원자

Ms. Thomson stood as a **candidate** in the local election.
Thomson 씨는 지방 선거에 **후보자**로 출마했다.

1079 silence
[sáiləns]

(명) 침묵; 고요, 정적

Tom entered the classroom in the middle of the strange **silence**. 교과서
Tom은 이상한 **침묵** 속에 교실에 들어섰다.

➕ silent (형) 침묵을 지키는, 조용한

VOCA TIP
* keep silence 침묵을 지키다
* break silence 침묵을 깨다
* two minutes' silence 2분간의 침묵

1080 diplomat
[dípləmæ̀t]

(명) 외교관

Diplomats from France and Italy are staying in this hotel.
프랑스와 이탈리아의 **외교관**들이 이 호텔에 묵고 있다.

01 engage in political _____   activity   activity
정치적 활동에 참여하다

02 make some _____s 몇 가지 규칙을 만들다   rule

03 the _____ for social reform 사회 개혁의 토대   foundation

04 the _____ day 캠페인 날   campaign

05 the _____ of the team 팀의 리더   leader

06 politically _____ him 정치적으로 그를 지지하다   support

07 address the _____ 군중에게 연설하다   crowd

08 _____ for the change 변화에 투표하다   vote

09 be _____ed as Vice President   elect
부통령으로 선출되다

10 the _____ of Brazil 브라질 정부   government

11 the _____ of students 대다수의 학생들   majority

12 fight for justice and _____   liberty
정의와 자유를 위해 싸우다

13 the _____ of Education 교육부 장관   Minister

14 the _____'s office 시장실   mayor

15 take the _____ steps 필요한 조치를 취하다   necessary

16 South Africa's first black _____   president
남아프리카 공화국의 최초 흑인 대통령

17 the student _____   학생회   council

18 three types of _____s 세 종류의 위원회   committee

19 the president's _____ supporters   loyal
대통령의 충실한 지지자들

20 the loss of _____   권력의 상실   power

21 the new foreign _____   새로운 외교 정책   policy

22 a _____ immigration policy 엄격한 이민 정책   strict

23 a good _____ relationship 좋은 개인적인 관계   personal

24 my _____   나의 좌우명   motto

25 test his officials' _____   wisdom
그의 신하들의 지혜를 시험하다

26 be _____ed as the site for the next Annual   select
Assembly 차기 연례 의회 장소로 선정되다

27 through _____ effort 지속적인 노력을 통해   continuous

28 stand as a _____   후보자로 출마하다   candidate

29 the strange _____   이상한 침묵   silence

30 a _____ from France 프랑스 외교관   diplomat

		Check				Check
1051 **activity**	몡 활동	☐	1066 **president**	몡 대통령; 회장, 사장		☐
1052 **rule**	몡 규칙; 통치 동 통치하다	☐	1067 **council**	몡 (지방 자치) 의회; 협의회		☐
1053 **foundation**	몡 기초, 토대; 재단	☐	1068 **committee**	몡 위원회		☐
1054 **campaign**	몡 (사회적·정치적) 운동, 캠페인	☐	1069 **loyal**	혱 충실한; 충성스러운		☐
1055 **leader**	몡 지도자, 리더	☐	1070 **power**	몡 권력, 힘; 에너지		☐
1056 **support**	동 지지하다; 지원하다 몡 지지; 지원	☐	1071 **policy**	몡 정책, 방침		☐
1057 **crowd**	몡 무리, 군중 동 붐비다	☐	1072 **strict**	혱 엄한, 엄격한		☐
1058 **vote**	동 투표하다 몡 투표	☐	1073 **personal**	혱 개인의, 개인적인		☐
1059 **elect**	동 선출하다, 뽑다	☐	1074 **motto**	몡 좌우명, 모토		☐
1060 **government**	몡 정부; 통치	☐	1075 **wisdom**	몡 지혜, 현명함		☐
1061 **majority**	몡 대다수, 과반수	☐	1076 **select**	동 선택하다, 고르다		☐
1062 **liberty**	몡 자유	☐	1077 **continuous**	혱 계속되는, 끊임없는		☐
1063 **minister**	몡 장관; 성직자	☐	1078 **candidate**	몡 후보자, 지원자		☐
1064 **mayor**	몡 시장	☐	1079 **silence**	몡 침묵; 고요, 정적		☐
1065 **necessary**	혱 필요한, 필수의	☐	1080 **diplomat**	몡 외교관		☐

외우지 않은 단어가 있으면 미니 단어장에서 다시 한번 정리해 보세요.

DAY 37

범죄, 법

📖 오늘 학습할 단어를 공부하고, 가리개를 사용해서 암기해 보세요.

1081 crime
[kraim]

(명) 범죄

The **crime** rate in the city is rising.
그 도시의 **범죄**율이 증가하고 있다.

➕ **criminal** (형) 범죄의 (명) 범인

💡 VOCA TIP
* commit a crime 범죄를 저지르다
* prevent crime 범죄를 예방하다
* crime scene 범죄 현장

1082 judge
[dʒʌdʒ]

(명) 판사 (동) 판단하다

The robber was caught and taken to the **judge**. 학평
그 강도는 잡혀서 **판사**에게 보내졌다.

➕ **judgement** (명) 판단, 판결

1083 blame
[bleim]

(동) 비난하다, 탓하다

She has no one to **blame** but herself. 학평
그녀는 자신 이외에는 **탓할** 사람이 없다.

▶ **blame A for B** B에 대해 A를 탓하다

1084 control
[kəntróul]

(명) 통제 (동) 통제하다

The police **controlled** the crowd.
경찰이 군중을 **통제했다**.

💡 VOCA TIP
app, drone, phone과 같은 기기를 조종한다는 표현을 할 때 control을 주로 사용해요.

1085 case
[keis]

(명) 사건; 경우; 용기

After a lot of effort, he solved the **case**. 교과서
많은 노력 끝에 그는 그 **사건**을 해결했다.

💡 VOCA TIP
* in some cases 어떤 경우에는
* if that is the case 사실이 그러하다면, 그런 이유라면
* a murder case 살인 사건
* a pencil case 필통

1086 force
[fɔːrs]

(동) ~하게 만들다, 강요하다 (명) 힘

Conflict **forces** us to act. 학평
갈등은 우리가 행동**하게 만든다**.

05　　10　　15　　20

1087 escape
[iskéip]

(동) 탈출하다 (명) 탈출, 도망

The slaves **escaped** from the house and ran away. 학평
노예들은 그 집에서 **탈출해서** 도망쳤다.

1088 steal
[sti:l]

(동) 훔치다, 도둑질하다

He didn't really **steal** the necklace. 교과서
그는 실제로 그 목걸이를 **훔치지** 않았다.

How Different

1089 sentence
[séntəns]

(명) 판결, 선고; 문장 (동) 판결하다

He received a death **sentence**.
그는 사형 **선고**를 받았다.

VOCA TIP
life sentence는 '생명 판결'이 아니라 교도소에서 평생 사는 '종신형'을 말해요.

1090 punish
[pʌ́niʃ]

(동) 처벌하다, 벌주다

Silvia will be **punished** for the crime.
Silvia는 그 범죄에 대해 **처벌받을** 것이다.
➕ punishment (명) 처벌

VOCA TIP
punish yourself는 '자책하다'라는 의미로 쓰여요.

• sentence　재판부가 누군가에게 특정 처벌을 공식적으로 발표할 때 사용
• punish　법을 어기거나 잘못을 저지른 사람이 고통 받게 할 때 사용

1091 arrest
[ərést]

(동) 체포하다 (명) 체포

The police **arrested** him for drinking and driving.
경찰은 그를 음주운전으로 **체포했다**.
➖ release (동) 석방하다; 놓아주다

1092 evidence
[évidəns]

(명) 증거

The teenagers offered no hard **evidence** about the story. 교과서
그 십 대들은 그 이야기에 대해 확실한 **증거**를 제시하지 않았다.
➕ evident (형) 분명한, 눈에 띄는
➖ proof (명) 증거

VOCA TIP
* fresh evidence 새로운 증거
* gather(collect) evidence
　증거를 수집하다
* give evidence 증언하다

1093 **court**
[kɔːrt]

몡 법정, 법원; 경기장, 코트

DNA left behind was used as evidence in **court**. 학평

남겨진 DNA가 **법정**에서 증거로 사용되었다.

1094 **correct**
[kərékt]

혱 옳은, 정확한 동 수정하다

The teacher **corrected** my mistake on the spot. 교과서

선생님은 그 자리에서 나의 실수를 **바로잡았다**.

1095 **justice**
[dʒʌ́stis]

몡 정의, 공정; 사법, 재판

People demanded equal rights and **justice**.

사람들은 평등한 권리와 **정의**를 요구했다.

> 🔆 VOCA TIP
> 미국에서는 판사를 justice라고 부르기도 해요.

1096 **law**
[lɔː]

몡 법, 법률

Joshua trees are protected by **law**. 학평

Joshua 나무는 **법**으로 보호되고 있다.

> 🔆 VOCA TIP
> * copyright law 저작권법
> * break(violate) the law
>   법을 어기다
> * make a law 법을 제정하다

1097 **illegal**
[ilíːgəl]

혱 불법의, 불법적인

We have problems with **illegal** hunting. 학평

우리는 **불법** 사냥으로 문제가 있다.

↔ legal 혱 합법적인

1098 **charge**
[tʃɑːrdʒ]

몡 혐의, 기소; 책임 동 청구하다

He was found guilty of all six **charges** against him. 그는 자신에 대한 여섯 가지 **혐의** 모두에 대해 유죄 판결을 받았다.

▶▶ be in charge of ~을 담당하다, ~을 맡다

> 🔆 VOCA TIP
> charge는 '(상품·서비스에 대한) 요금'의 의미와 배터리나 전자 기기를 '충전하다'라는 의미로도 쓰여요.

be in charge of는 '~을 담당하다'라는 의미예요. 주어와 시제에 따른 be동사의 사용과 어떤 전치사를 쓰는지 묻는 문제가 자주 출제되고 있어요.

Q 괄호 안에서 알맞은 것을 고르시오.

Sally is [in / on] charge of sales this year.

 답 in

05 10 15 20

1099 **victim**
[víktim]

® 희생자, 피해자

They will support **victims** of crime.
그들은 범죄의 **희생자**들을 지원할 것이다.

VOCA TIP
victim은 범죄 이외에도 사고나 질병 등의 피해자나 희생자도 나타내요.

1100 **chase**
[tʃeis]

® 뒤쫓다, 추격하다 ® 추적, 추격

Alex **chased** after the thief but couldn't catch him.
Alex는 도둑을 **뒤쫓았지만** 잡을 수 없었다.

» **chase after** ~의 뒤를 쫓다

1101 **jail**
[dʒeil]

® 감옥, 구치소, 교도소

He had been in **jail** because he couldn't pay his debts. 학평
그는 그의 빚을 갚을 수 없었기 때문에 **감옥**에 있었다.

» **in jail** 수감되어

VOCA TIP
jail(prison) sentence는 '징역형'을 의미해요.

1102 **prison**
[prízən]

® 감옥, 교도소

The man spent a year in **prison**. 교과서
그 남자는 **감옥**에서 1년을 보냈다.

➕ **prisoner** ® 죄수; 포로

VOCA TIP
미국에서 prison은 주로 '교도소'에 쓰고, jail은 경범죄자나 재판을 기다리는 사람들이 있는 '구치소'에 써요.

1103 **guard**
[gɑːrd]

® 경비원 ® 보호하다

A **guard** was talking to a boy with a cap. 성취도
경비원이 모자를 쓴 소년에게 말하고 있었다.

1104 **accuse**
[əkjúːz]

® 고발하다, 비난하다

She was **accused** of being asleep on duty. 학평
그녀는 근무 시간에 잠들었던 것으로 인해 **고소되었다**.

» **accuse A of B** A를 B로 고소하다

내신 빈출

1105 **order** [ɔ́ːrdər]

[명] 명령; 순서; 주문 [동] 명령하다; 주문하다

The king **ordered** Jack to go to the military school. [교과서]

왕은 Jack에게 군사학교에 가라고 **명령했다**.

VOCA TIP
* court order 법원 명령
* alphabetical order 알파벳 순서
* last orders 마지막 주문

order는 목적격보어로 to부정사를 사용해요. '~에게 …을 명령하다'의 의미로 <order + 목적어 + to부정사>의 형태로 쓴다는 걸 알아두세요.

[Q] 괄호 안에서 알맞은 것을 고르시오.

They ordered me [**leave / leaving / to leave**] the room.

[답] to leave

1106 **attack** [ətǽk]

[동] 공격하다 [명] 공격

The terrorists **attacked** on September 11, 2001. [학평]

그 테러범들은 2001년 9월 11일에 **공격했다**.

↔ **defend** [동] 방어하다

VOCA TIP
* heart attack 심장 마비, 심근 경색
* panic attack 공황 발작
* under attack 공격을 받고 있는
* nuclear attack 핵 공격

1107 **quarrel** [kwɔ́(ː)rəl]

[동] 다투다 [명] (말)다툼, 언쟁

They had a **quarrel** about money.

그들은 돈 문제로 **말다툼**을 했다.

1108 **suspect** [명] [sʌ́spekt] [동] [səspékt]

[명] 용의자 [동] 의심하다

Harry is the prime **suspect** of the case.

Harry는 그 사건의 주요 **용의자**이다.

VOCA TIP
suspect가 동사로 '의심하다'의 의미로 쓰일 때는 진행형이나 명령문으로는 쓰지 않아요.

1109 **thief** [θiːf]

[명] 도둑

The man met a group of **thieves** there. [교과서]

그 남자는 그곳에서 **도둑** 무리를 만났다.

1110 **warn** [wɔːrn]

[동] 경고하다

The police **warned** citizens that the criminal was very dangerous. [교과서]

경찰은 시민들에게 그 범인이 매우 위험하다고 **경고했다**.

01 the _____ rate 범죄율　　　　　　　crime　　　　　　*crime*

02 be taken to the _____ 판사에게 보내지다　　judge

03 no one to _____ 탓할 사람이 없다　　　blame

04 _____ the crowd 군중을 통제하다　　　control

05 solve the _____ 그 사건을 해결하다　　case

06 _____ us to act 우리가 행동하게 만들다　force

07 _____ from the house 그 집에서 탈출하다　escape

08 _____ the necklace 목걸이를 훔치다　　　steal

09 receive a death _____ 사형 선고를 받다　　sentence

10 be _____ed for the crime 그 범죄로 처벌받다　punish

11 _____ him for drinking and driving　　arrest
　그를 음주운전으로 체포하다

12 offer no hard _____ 확실한 증거를 제시하지 않다　evidence

13 evidence in _____ 법정에서의 증거　　　court

14 _____ my mistake 내 실수를 바로잡다　　correct

15 equal rights and _____ 평등한 권리와 정의　justice

16 be protected by _____ 법으로 보호되다   law

17 _____ hunting 불법 사냥   illegal

18 guilty of six _____s 여섯 가지 혐의가 유죄인   charge

19 _____s of crime 범죄의 희생자들   victim

20 _____ after the thief 도둑을 뒤쫓다   chase

21 be in _____ 감옥에 있다   jail

22 spend a year in _____ 감옥에서 1년을 보내다   prison

23 a _____ talking to a boy   guard
소년과 이야기하는 경호원

24 be _____d of being asleep on duty   accuse
근무 시간에 잠들었던 것으로 인해 고소되다

25 _____ Jack to go to the military school   order
Jack에게 군사학교에 가라고 명령하다

26 _____ on September 11, 2001   attack
2001년 9월 11일에 공격하다

27 have a _____ 말다툼을 하다   quarrel

28 the prime _____ 주요 용의자   suspect

29 meet a _____ 도둑을 만나다   thief

30 _____ citizens about the criminal   warn
시민들에게 범인에 대해 경고하다

		Check				Check
1081 **crime**	똉 범죄	☐	1096 **law**	똉 법, 법률	☐
1082 **judge**	똉 판사 통 판단하다	☐	1097 **illegal**	휑 불법의, 불법적인	☐
1083 **blame**	통 비난하다, 탓하다	☐	1098 **charge**	똉 혐의, 기소; 책임 통 청구하다	☐
1084 **control**	똉 통제 통 통제하다	☐	1099 **victim**	똉 희생자, 피해자	☐
1085 **case**	똉 사건; 경우; 용기	☐	1100 **chase**	통 뒤쫓다, 추격하다 똉 추적, 추격	☐
1086 **force**	통 ~하게 만들다, 강요하다 똉 힘	☐	1101 **jail**	똉 감옥, 구치소, 교도소	☐
1087 **escape**	통 탈출하다 똉 탈출, 도망	☐	1102 **prison**	똉 감옥, 교도소	☐
1088 **steal**	통 훔치다, 도둑질하다	☐	1103 **guard**	똉 경비원 통 보호하다	☐
1089 **sentence**	똉 판결, 선고; 문장 통 판결하다	☐	1104 **accuse**	통 고발하다, 비난하다	☐
1090 **punish**	통 처벌하다, 벌주다	☐	1105 **order**	똉 명령; 순서, 주문 통 명령하다; 주문 하다	☐
1091 **arrest**	통 체포하다 똉 체포	☐	1106 **attack**	통 공격하다 똉 공격	☐
1092 **evidence**	똉 증거	☐	1107 **quarrel**	통 다투다 똉 (말)다툼, 언쟁	☐
1093 **court**	똉 법정, 법원; 경기장, 코트	☐	1108 **suspect**	똉 용의자 통 의심하다	☐
1094 **correct**	휑 옳은, 정확한 통 수정하다	☐	1109 **thief**	똉 도둑	☐
1095 **justice**	똉 정의, 공정; 사법, 재판	☐	1110 **warn**	통 경고하다	☐

외우지 않은 단어가 있으면 미니 단어장에서 다시 한번 정리해 보세요.

DAY 38

사회, 미디어

📖 오늘 학습할 단어를 공부하고, 가리개를 사용해서 암기해 보세요.

1111 broadcast
[brɔ́ːdkæst]

동 방송하다 명 방송

Watch CBS Sports to enjoy our live **broadcasts** at 9 p.m. 교과서
밤 9시에 하는 CBS Sports의 생**방송**을 시청하세요.

1112 announce
[ənáuns]

동 알리다, 발표하다

We are sorry to **announce** the delay of the train. 성취도
열차가 연착됨을 **알려드리게** 되어 유감입니다.

➕ announcement 명 발표 announcer 명 아나운서

내신 빈출

1113 important
[impɔ́ːrtənt]

형 중요한

Pets are **important** in the treatment of depressed patients. 수능
반려동물은 우울증이 있는 환자들의 치료에 **중요하다**.

➕ importance 명 중요성

important는 '~하는 것은 중요하다'라는 뜻의 문장으로, 가주어 it과 진주어(to부정사구)를 쓰는 형태를 묻는 문제가 자주 출제되고 있어요.

Q 괄호 안에서 알맞은 것을 고르시오.

It is important [wash / washing / to wash] hands often.

답 to wash

1114 affect
[əfékt]

동 영향을 미치다

Throwing away plastic can seriously **affect** the environment. 교과서
플라스틱을 버리는 것은 환경에 심각한 **영향을 미칠** 수 있다.

= influence 동 ~에 영향을 미치다

💡 **VOCA TIP**
affect는 명사로 쓰이지 않아요. 명사를 이용해 같은 뜻을 표현하고 싶다면 have an effect on으로 쓰면 돼요.

1115 comment
[káment]

명 논평, 의견 동 논평하다

It feels good for someone to hear positive **comments**. 학평
누군가에게 긍정적인 **의견**을 듣는 것은 기분이 좋다.

1116 international
[ìntərnǽʃənəl]

형 국제적인, 국제의

The **international** film festival will be held in our city next week. 학평
국제 영화제가 다음 주에 우리 도시에서 열릴 것이다.

💡 **VOCA TIP**
* international trade 국제 무역
* international law 국제법
* international politics 국제 정치

1117 **advertise**
[ǽdvərtàiz]

(동) 광고하다

How can you **advertise** the new service? 교과서
여러분은 어떻게 새로운 서비스를 **광고할** 수 있나요?

➕ advertisement(= ad) (명) 광고

1118 **daily**
[déili]

(형) 매일의, 일상의 (부) 매일

Insects may be added to our **daily** meals. 교과서
우리의 **일상** 식사에 곤충이 추가될지도 모른다.

> **VOCA TIP**
> dairy는 철자가 비슷하지만 '유제품 의'라는 뜻이에요.

How Different

1119 **difference**
[difərəns]

(명) 차이, 다름

I believe a small act can make a huge **difference** in protecting the environment. 성취도
나는 환경을 보호하기 위해 작은 행동이 큰 **차이**를 만들 수 있다는 것을 믿는다.

▶ make a difference 변화를 가져오다
➕ different (형) 다른, 다양한
➕ similarity (명) 유사성

1120 **gap**
[gæp]

(명) 격차, 차이; 틈

There is a big **gap** between the rich and the poor. 교과서
빈부 **격차**가 크다.

> **VOCA TIP**
> * generation gap 세대 차이
> * cultural gap 문화 차이
> * age gap 나이 차이

• difference 어떤 것을 다른 것과 구분 짓게 하는 세부 사항이나 특징을 말함
• gap 양, 연령, 집단 간의 큰 차이를 말함

1121 **donate**
[dóuneit]

(동) 기부하다

I want to **donate** money to children in Africa.
교과서 나는 아프리카의 아이들에게 돈을 **기부하고** 싶다.

➕ donation (명) 기부

1122 **crisis**
[kráisis]

(명) 위기

The country now faces an economic **crisis**.
그 국가는 지금 경제 **위기**에 직면해 있다.

> **VOCA TIP**
> crisis point는 문제가 위기가 되는 시점을 말하며, '최악의 고비'를 뜻해요.

1123 newspaper
[njúːzpèipər]

(명) 신문; 신문사

Do you usually get news online or from the **newspaper**? 교과서
당신은 보통 소식을 온라인으로 얻나요, 아니면 **신문**으로 얻나요?

1124 focus
[fóukəs]

(동) 집중하다 (명) 초점, 중점

The study **focused** on how people communicated while watching TV. 학평
그 연구는 사람들이 TV를 보는 동안 어떻게 의사소통하는지에 **초점을 두었다**.

🔁 concentrate (동) 집중하다

1125 handle
[hǽndl]

(동) 다루다, 처리하다 (명) 손잡이

I thought she **handled** the situation very well.
나는 그녀가 그 상황을 아주 잘 **처리했다고** 생각했다.

VOCA TIP
우리가 흔히 말하는 자동차의 '핸들'은 일종의 콩글리시예요. 영어로는 보통 (steering) wheel이라고 해요. handle은 '손잡이'라는 의미로 쓰여요.

1126 significant
[signífikənt]

(형) 중대한, 상당한

Your work has shown a **significant** improvement.
네 성적이 **상당한** 향상을 보여 주었다.

🔁 important (형) 중요한

VOCA TIP
significant는 큰 변화를 일으키는 데 영향을 미칠 때나, 크기나 규모, 정도가 눈에 띌 정도로 크다는 의미로 쓰기도 해요.

How Different

1127 article
[áːrtikl]

(명) 기사, 논설

I read an interesting **article** on the Roman Empire.
나는 로마 제국에 관한 흥미로운 **기사**를 읽었다.

1128 feature
[fíːtʃər]

(명) 특집 기사; 특징 (동) 대서특필하다

The magazine ran a **feature** on new children's books.
그 잡지는 새 아동 도서에 대한 **특집 기사**를 실었다.

VOCA TIP
feature에는 '~의 특징을 이루다, ~의 특색이 있다'라는 의미도 있어요.

• **article** 뉴스나 잡지의 기사를 가리킴
• **feature** 많은 사람들이 관심과 흥미를 보이는 최신 사건에 관한 기사를 가리킴

05   10   15   20

1129 require
[rikwáiər]

(동) 요구하다; 필요로 하다

Swedish law **requires** that at least two newspapers be published in every town. (학평)
스웨덴 법은 모든 마을마다 적어도 두 개의 신문들이 발행되어야 한다고 **요구하고** 있다.

➕ requirement (명) 필요; 필요조건

VOCA TIP
require는 격식 표현으로, 일상 영어에서는 보통 need를 써요.

1130 journal
[dʒə́ːrnəl]

(명) 학술지, 잡지; 일기

His paper was published in a medical **journal**.
그의 논문이 의학 **학술지**에 실렸다.

➕ journalist (명) 저널리스트, 기자

1131 fame
[feim]

(명) 명성, 평판

Thanks to his **fame**, UNICEF collected more money. (교과서)
그의 **명성** 덕분에 유니세프는 더 많은 기금을 모았다.

➕ famous (형) 유명한

1132 commercial
[kəmə́ːrʃəl]

(형) 상업의 (명) 광고 방송

The movie was a huge **commercial** success.
그 영화는 큰 **상업적인** 성공을 거두었다.

내신 빈출

1133 press
[pres]

(명) 언론, 신문; 기자 (동) 누르다

The story was only reported in the local **press**.
그 이야기는 지역 **언론**에만 보도되었다.

VOCA TIP
* the freedom of the press
  언론의 자유
* press reports 언론 보도
* press the pedal 페달을 밟다

press 보통 명사로는 '언론, 신문; 기자'의 의미를, 동사로는 '누르다'라는 의미를 나타내요. 품사에 따른 의미와 쓰임을 잘 파악할 수 있어야 해요.

Q 빈칸에 공통으로 알맞은 것은?

• The case has been widely reported in the _____.
• You should _____ this button to start the machine.

① newspaper   ② push   ③ press   답 ③

1134 official
[əfíʃəl]

(형) 공식적인 (명) 공무원, 관리

Please visit the **official** website to buy tickets.
(듣기) 표를 구입하기 위해서는 **공식** 웹사이트를 방문하세요.

1135 protest
⑤ [prətést]
⑩ [próutest]

(동) 항의하다 (명) 항의; 시위

The victim's family **protested** against the judge's sentence.
그 희생자의 가족은 판사의 판결에 **항의했다**.

▶ protest against ~에 대해서 항의하다, 이의를 제기하다

1136 movement
[múːvmənt]

(명) (사회·정치적) 운동; 움직임

He was arrested for taking part in an independence **movement**. 교과서
그는 독립 **운동**에 가담했기 때문에 체포되었다.

+ move (동) 움직이다 **moving** (형) 움직이는; 감동시키는

1137 survey
[sə́ːrvei]

(명) (설문) 조사 (동) (설문) 조사하다

Many advertisements cite statistical **surveys**.
학평 많은 광고들이 통계 **조사**를 인용한다.

> VOCA TIP
> '설문 조사를 하다'는 carry out (do/conduct) a survey라고도 표현할 수 있어요.

1138 tend
[tend]

(동) ~하는 경향이 있다, ~하기 쉽다

You **tend** to say what's on your mind too strongly. 교과서
너는 자기 생각을 너무 강하게 말하는 **경향이 있다**.

+ tendency (명) 경향, 추세

> VOCA TIP
> tend는 주로 to부정사와 함께 tend to ~의 형태로 쓰여요.

1139 series
[sí(ː)əriːz]

(명) 시리즈, 연속물; 일련

Lucy starred in her own video **series** about cooking. 성취도
Lucy는 요리에 관한 자신의 비디오 **시리즈**에 출연했다.

▶ a series of 일련의, 시리즈의

1140 vary
[vέ(ː)əri]

(동) 다르다; 다양하다

The political conditions **vary** from country to country.
정치적 상황은 나라마다 **다르다**.

+ various (형) 다양한 **variety** (명) 다양(성), 여러 가지

01 a live _____ 생방송   broadcast   broadcast

02 _____ the delay of the train   announce
    열차의 연착을 알리다

03 _____ in the treatment 치료에서 중요한   important

04 _____ the environment 환경에 영향을 미치다   affect

05 hear positive _____s 긍정적인 의견을 듣다   comment

06 the _____ film festival 국제 영화제   international

07 _____ the new service   advertise
    새로운 서비스를 광고하다

08 our _____ meals 우리의 일상 식사에서   daily

09 a huge _____ 큰 차이   difference

10 a big _____ between the rich and the poor   gap
    큰 빈부 격차

11 _____ money to children in Africa   donate
    아프리카의 아이들에게 돈을 기부하다

12 an economic _____ 경제 위기   crisis

13 get news from the _____   newspaper
    신문에서 소식을 얻다

14 _____ on how people communicate   focus
    사람들이 어떻게 의사소통하는지에 초점을 두다

15 _____ the situation 그 상황을 처리하다   handle

16 a _____ improvement 상당한 향상   significant

17 an _____ on the Roman Empire   article
로마 제국에 관한 기사

18 a _____ on new children's books   feature
새 아동 도서에 대한 특집 기사

19 _____ that two newspapers be published   require
두 개의 신문이 발행되어야 한다고 요구하다

20 a medical _____ 의학 학술지   journal

21 thanks to his _____ 그의 명성 덕분에   fame

22 a huge _____ success 큰 상업적인 성공   commercial

23 in the local _____ 지역 언론에   press

24 the _____ website 공식 웹사이트   official

25 _____ against the judge's sentence   protest
판사의 판결에 항의하다

26 an independence _____ 독립 운동   movement

27 statistical _____s 통계 조사   survey

28 _____ to say (~라고) 말하는 경향이 있다   tend

29 video _____ about cooking   series
요리에 관한 비디오 시리즈

30 _____ from country to country   vary
나라마다 다르다

			Check
1111 **broadcast**	동 방송하다 명 방송		
1112 **announce**	동 알리다, 발표하다		
1113 **important**	형 중요한		
1114 **affect**	동 영향을 미치다		
1115 **comment**	명 논평, 의견 동 논평하다		
1116 **international**	형 국제적인, 국제의		
1117 **advertise**	동 광고하다		
1118 **daily**	형 매일의, 일상의 부 매일		
1119 **difference**	명 차이, 다름		
1120 **gap**	명 격차, 차이; 틈		
1121 **donate**	동 기부하다		
1122 **crisis**	명 위기		
1123 **newspaper**	명 신문; 신문사		
1124 **focus**	동 집중하다 명 초점, 중점		
1125 **handle**	동 다루다, 처리하다 명 손잡이		

			Check
1126 **significant**	형 중대한, 상당한		
1127 **article**	명 기사, 논설		
1128 **feature**	명 특집 기사; 특징 동 대서특필하다		
1129 **require**	동 요구하다; 필요로 하다		
1130 **journal**	명 학술지, 잡지; 일기		
1131 **fame**	명 명성, 평판		
1132 **commercial**	형 상업의 명 광고 방송		
1133 **press**	명 언론, 신문; 기자 동 누르다		
1134 **official**	형 공식적인 명 공무원, 관리		
1135 **protest**	동 항의하다 명 항의; 시위		
1136 **movement**	명 (사회·정치적) 운동; 움직임		
1137 **survey**	명 (설문) 조사 동 (설문) 조사하다		
1138 **tend**	동 ~하는 경향이 있 다, ~하기 쉽다		
1139 **series**	명 시리즈, 연속물; 일련		
1140 **vary**	동 다르다; 다양하다		

외우지 않은 단어가 있으면 미니 단어상에서 다시 한번 정리해 보세요.

DAY 39

국가, 세계

📖 오늘 학습할 단어를 공부하고, 가리개를 사용해서 암기해 보세요.

내신빈출

1141 opinion
[əpínjən]

(명) 의견

The government will have to take notice of public **opinion**. 교과서
정부는 대중들의 **의견**(여론)에 주목해야 할 것이다.

> '내 생각에는'이라고 말할 때는 in my opinion이라고 할 수 있어요. 전치사 in을 묻는 문제가 자주 출제되므로 잘 알아두세요.

Q 괄호 안에서 알맞은 것을 고르시오.

[**In** / On] my opinion, smartphones are useful for studying.

답 In

> **VOCA TIP**
> 의견을 말하라고 할 때 say를 쓰지 않고, give(express) your opinion이라고 해요.

1142 country
[kʌ́ntri]

(명) 나라; 시골

Türkiye is a **country** where East meets West.
교과서 튀르키예는 동과 서가 만나는 **나라**이다.

⊜ nation (명) 국가

1143 border
[bɔ́ːrdər]

(명) 국경, 경계; 가장자리

The soldiers crossed the **border** in the dark.
교과서 군인들은 어둠 속에서 **국경**을 넘었다.

> **VOCA TIP**
> border는 두 나라의 경계를 짓는 공식적인 선을 의미하며, 영국에서는 frontier라고 말하기도 해요.

1144 society
[səsáiəti]

(명) 사회

I think police play an important role in our **society**. 교과서
나는 경찰이 우리 **사회**에서 중요한 역할을 한다고 생각한다.

➕ social (형) 사회의

1145 community
[kəmjúːnəti]

(명) 지역 사회, 공동체

We meet twice a month to discuss **community** problems.
우리는 **지역 사회** 문제를 논의하기 위해 한 달에 두 번 만난다.

1146 population
[pàpjuléiʃən]

(명) 인구

Around half of Cambodia's **population** is under the age of 15. 교과서
캄보디아 **인구**의 약 절반이 15세 미만이다.

> **VOCA TIP**
> * population growth 인구 증가
> * population explosion 인구 폭발, 급격한 인구 증가
> * population aging 인구 노령화

05 10 15 20

1147 **native**
[néitiv]

(형) 출생지의, 원주민의 (명) ~ 출신자

Early **native** Americans had to make everything they needed. [학평]

초기 아메리카 **원주민**들은 필요한 모든 것을 만들어야만 했다.

VOCA TIP
* native language 모국어
* native country 모국, 고국
* native speaker
  원어민(모국어로 하는 사람)
* native to ~에 고유한

1148 **generation**
[dʒènəréiʃən]

(명) 세대

We need to protect the natural resources for future **generations**.

우리는 미래 **세대**를 위해 천연 자원을 보호해야 한다.

1149 **national**
[nǽʃənəl]

(형) 국가의

We should preserve our **national** heritage.

우리는 **국가적** 유산을 보존해야 한다.

➕ **nation** (명) 국가 **nationality** (명) 국적; 민족

1150 **symbol**
[símbəl]

(명) 상징, 기호

The Berlin Wall was the **symbol** of the Cold War.

베를린 장벽은 **냉전**의 상징이었다.

➕ **symbolic** (형) 상징적인 **symbolize** (동) 상징하다

1151 **citizen**
[sítizən]

(명) 시민

All of us are **citizens** of a world community.

[학평] 우리 모두는 세계 공동체의 **시민**이다.

VOCA TIP
citizen은 특정 도시나 국가에 사는 사람을 말할 뿐만 아니라 그곳에 살지 않더라도 구성원으로서 법적인 권리와 책임을 지닌 사람을 말해요.

1152 **aid**
[eid]

(명) 도움, 원조 (동) 돕다

The government has given millions of dollars in economic **aid** to developing countries.

정부는 개발도상국들에 수백만 달러의 경제적 **원조**를 제공했다.

VOCA TIP
first aid는 '응급 처치'를 의미하고, first-aid kit는 '구급상자'를 의미해요.

VOCA TIP
generally(일반적으로) 외에도 in general, as a general rule 모두 유사한 뜻으로 사용돼요.

1153 **general**
[dʒénərəl]

(형) 일반적인 (명) 장군

There is a **general** agreement on the issue at the WTO.
WTO(세계 무역 기구)에서 그 문제에 대한 **일반적인** 합의가 있다.

» generally speaking 일반적으로 말해서
+ generally (부) 일반적으로

How Different

1154 **organization**
[ɔ̀ːrgənizéiʃən]

(명) 조직, 단체, 기구

She created an **organization** to support girls' education in Africa. 교과서
그녀는 아프리카 소녀들의 교육을 지원하기 위한 **단체**를 만들었다.

+ organize (동) 조직하다, 구성하다

1155 **charity**
[tʃǽrəti]

(명) 자선 단체; 자선

All money raised will be donated to **charity**.
수능 마련된 기금은 모두 **자선 단체**에 기부될 것이다.

• organization 특정한 목적을 달성하기 위하여 모인 사람들의 집단
• charity 자신의 이익을 추구하지 않고 아프거나 가난한 사람들에게 돈이나 물품을 제공하는 집단

1156 **volunteer**
[vɑ̀ləntíər]

(명) 자원봉사자 (동) 자원하다

He worked as a **volunteer** for the Red Cross.
그는 적십자사에서 **자원봉사자**로 일했다.

1157 **conflict**
(명) [kɑ́nflikt]
(동) [kənflíkt]

(명) 갈등, 충돌 (동) 상충하다

What causes **conflicts** among countries? 학평
무엇이 국가 간의 **갈등**을 초래하는가?

1158 **minority**
[minɔ́(ː)rəti]

(명) 소수; 소수 집단

Only a **minority** of citizens supported military action.
소수의 시민들만이 군사적 행동을 지지했다.

↔ majority (명) 대다수, 과반수

VOCA TIP
minority가 한 나라에 거주하는 대다수의 사람들과 다른 인종, 종교 등을 가지고 있는 소수 집단[민족]을 나타낼 때는 주로 복수형 (minorities)으로 써요.

05 10 15 20

1159 **democracy**
[dimákrəsi]

몡 민주주의

The Greeks developed the idea of **democracy**. 학평

그리스인들은 **민주주의** 사상을 발전시켰다.

➕ democratic 혱 민주주의의

1160 **freedom**
[frí:dəm]

몡 자유

In 1824, Peru won its **freedom** from Spain.
학평 1824년에 페루는 스페인으로부터 **자유**를 쟁취했다[독립했다].

➕ free 혱 자유의; 무료의   freely 㡧 자유롭게
➖ liberty 몡 자유

1161 **war**
[wɔːr]

몡 전쟁

He captured scenes from the Korean **War** as a photographer.

그는 사진작가로서 한국 **전쟁** 장면을 포착했다.

VOCA TIP
fight a war는 '전쟁을 벌이다'라는 뜻이고 fight in a war는 '(병사로서) 전쟁에 참가하다'라는 뜻이에요.

내신빈출

1162 **belong**
[bilɔ́(ː)ŋ]

동 ~에 속하다; ~의 소유이다

Think about the groups that you **belong** to.
교과서 여러분이 **속한** 그룹에 대해 생각해 보세요.

belong은 진행형으로 사용하지 않아요. belong을 진행형으로 쓰면 틀리다는 걸 알고 있는지 묻는 문제가 자주 출제되고 있어요.

Q 괄호 안에서 알맞은 것을 고르시오.

My cousin [belongs / is belonging] to the school band.   답 belongs

1163 **hunger**
[hʌ́ŋgər]

몡 배고픔, 기아

The goal of the project was to bring an end to **hunger** around the world. 학평

그 프로젝트의 목표는 전 세계의 **기아**를 끝내는 것이었다.

➕ hungry 혱 배고픈

1164 **moral**
[mɔ́(ː)rəl]

혱 도덕적인 몡 도덕, 윤리

I think we have a **moral** duty to help refugees.

나는 우리가 난민들을 도울 **도덕적** 의무가 있다고 생각한다.

➕ morality 몡 도덕; 도덕성
➖ immoral 혱 부도덕한

VOCA TIP
* moral judgment 도덕적 판단
* moral principle 도덕적 원리
* moral value 도덕적 가치

1165 share
[ʃɛər]

(동) 공유하다, 함께 쓰다 (명) 몫

The international conference was a good place to **share** information.
그 국제회의는 정보를 **공유하기에** 좋은 곳이었다.

» share A with B A와 B를 공유하다

1166 advantage
[ədvǽntidʒ]

(명) 이점, 유리한 점, 장점

Speaking Russian can be an **advantage** in your future career. 학평
러시아어를 말하는 것은 네 장래 직업에서 **이점**이 될 수 있다.

» take advantage of ~을 이용하다
↔ disadvantage (명) 불리한 점, 약점

VOCA TIP
'커다란 이점'이라고 표현할 때, a good advantage라고 쓰지 않고 a big advantage라고 해요.

1167 private
[práivit]

(형) 사적인, 개인의; 민간의

A **private**, nonprofit organization, MSF is at the forefront of emergency health care. 학평
민간 비영리 단체인 MSF는 응급 의료서비스의 가장 선두에 위치해 있다.

↔ public (형) 공공의, 대중의, 일반의

1168 individual
[indəvídʒuəl]

(형) 각각의; 개인의 (명) 개인

They are concerned to protect the rights of the **individual**.
그들은 **개인**의 권리를 보호하는 것에 관심이 있다.

+ individually (부) 개인적으로, 개별적으로

1169 relate
[riléit]

(동) 관련시키다, 관련이 있다

The accidents can be **related** to current events.
교과서 그 사고는 최근의 사건들과 **관련이 있을** 수 있다.

+ relation (명) 관계, 관련

1170 various
[vέ(:)əriəs]

(형) 다양한, 여러 가지의

The organization continues to do **various** projects to help children in Rwanda. 교과서
그 단체는 르완다의 어린이들을 돕기 위한 **다양한** 프로젝트를 계속하고 있다.

+ variety (명) 다양(성), 여러 가지   vary (동) 다르다; 다양하다

VOCA TIP
vary에 접미사 -ous가 붙어 형용사인 various가 되었어요.

01 public _____ 대중들의 의견   opinion   opinion

02 a _____ where East meets West   country
동과 서가 만나는 나라

03 cross the _____ 국경을 넘다   border

04 in our _____ 우리 사회에서   society

05 discuss _____ problems   community
지역 사회 문제를 논의하다

06 half of Cambodia's _____ 캄보디아 인구의 절반   population

07 early _____ Americans 초기 아메리카 원주민들   native

08 future _____s 미래 세대   generation

09 _____ heritage 국가적 유산   national

10 the _____ of the Cold War 냉전의 상징   symbol

11 _____s of a world community   citizen
세계 공동체의 시민

12 economic _____ 경제적 원조   aid

13 a _____ agreement 일반적인 합의   general

14 create an _____ 단체를 만들다   organization

15 be donated to _____ 자선 단체에 기부되다   charity

16 work as a _____ 자원봉사자로 일하다   volunteer

17 _____s among countries 국가 간의 갈등들   conflict

18 a _____ of citizens 소수의 시민들   minority

19 the idea of _____ 민주주의 사상   democracy

20 win the _____ 자유를 쟁취하다   freedom

21 the Korean _____ 한국 전쟁   War

22 the groups that you _____ to   belong
여러분이 속한 그룹들

23 bring an end to _____ 기아를 끝내다   hunger

24 have a _____ duty 도덕적 의무를 가지다   moral

25 _____ information 정보를 공유하다   share

26 be an _____ 이점이 되다   advantage

27 a _____, nonprofit organization   private
민간 비영리 단체

28 the rights of the _____ 개인의 권리   individual

29 be _____d to current events   relate
최근의 사건들과 관련이 있다

30 do _____ projects 다양한 프로젝트를 하다   various

			Check					Check
1141	**opinion**	몡 의견	☐		1156	**volunteer**	몡 자원봉사자 동 자원하다	☐
1142	**country**	몡 나라; 시골	☐		1157	**conflict**	몡 갈등, 충돌 동 상충하다	☐
1143	**border**	몡 국경, 경계; 가장자리	☐		1158	**minority**	몡 소수; 소수 집단	☐
1144	**society**	몡 사회	☐		1159	**democracy**	몡 민주주의	☐
1145	**community**	몡 지역 사회, 공동체	☐		1160	**freedom**	몡 자유	☐
1146	**population**	몡 인구	☐		1161	**war**	몡 전쟁	☐
1147	**native**	형 출생지의, 원주민 의 몡 ~ 출신자	☐		1162	**belong**	동 ~에 속하다; ~의 소유이다	☐
1148	**generation**	몡 세대	☐		1163	**hunger**	몡 배고픔, 기아	☐
1149	**national**	형 국가의	☐		1164	**moral**	형 도덕적인 몡 도덕, 윤리	☐
1150	**symbol**	몡 상징, 기호	☐		1165	**share**	동 공유하다, 함께 쓰다 몡 몫	☐
1151	**citizen**	몡 시민	☐		1166	**advantage**	몡 이점, 유리한 점, 장점	☐
1152	**aid**	몡 도움, 원조 동 돕다	☐		1167	**private**	형 사적인, 개인의; 민간의	☐
1153	**general**	형 일반적인 몡 장군	☐		1168	**individual**	형 각각의; 개인의 몡 개인	☐
1154	**organization**	몡 조직, 단체, 기구	☐		1169	**relate**	동 관련시키다, 관련이 있다	☐
1155	**charity**	몡 자선 단체; 자선	☐		1170	**various**	형 다양한, 여러 가지의	☐

외우지 않은 단어가 있으면 미니 단어장에서 다시 한번 정리해 보세요.

역사, 종교

📖 오늘 학습할 단어를 공부하고, 가리개를 사용해서 암기해 보세요.

1171
traditional
[trədíʃənəl]

형 전통의, 전통적인

We took pictures of Korean **traditional** dancers. 교과서
우리는 한국 **전통** 무용수들의 사진을 찍었다.

➕ tradition 명 전통 traditionally 부 전통적으로

1172
historical
[histɔ́(ː)rikəl]

형 역사의, 역사적인

You must place the event in **historical** context.
너는 그 사건을 **역사적인** 맥락에 놓고 봐야 한다.

➕ history 명 역사

> 🔅 **VOCA TIP**
> 철자가 유사한 historic은 '역사적으로 중요한'이라는 뜻이에요.

1173
independence
[indipéndəns]

명 독립

He sent the money to the **independence** fighters.
교과서 그는 **독립**투사들에게 돈을 보냈다.

➕ independent 형 독립적인

1174
ancestor
[ǽnsestər]

명 조상, 선조

The queen is one of my distant **ancestors**.
그 여왕은 나의 먼 **조상**들 중 한 명이다.

↔ descendant 명 후손

1175
modern
[mádərn]

형 근대의, 현대의

Modern history is concerned with the future as well as the past.
근대의 역사는 과거뿐만 아니라 미래와도 관련이 있다.

➕ modernize 동 현대화하다

> 🔅 **VOCA TIP**
> * modern technology 현대 기술
> * modern society 현대 사회
> * modern history 근대사

1176
royal
[rɔ́iəl]

형 왕실의, 국왕의

In 2011, a collection of **royal** books came back to Korea. 교과서
2011년에 **왕실** 도서 소장품이 한국으로 돌아왔다.

05   10   15   20

How Different

1177
honor
[ánər]

명 명예, 영광, 경의   동 경의를 표하다

They fought for the **honor** of their country.
그들은 조국의 **명예**를 위해 싸웠다.

➕ honorable 형 명예로운

> **VOCA TIP**
> 영국 영어에서는 주로 honour로 써요.

1178
glory
[glɔ́:ri]

명 영광, 영예

David enjoyed his moment of **glory**.
David는 **영광**의 순간을 즐겼다.

➕ glorious 형 영광스러운

• honor 업적이 알려져서 사람들에게 존경받게 되었음을 의미함
• glory 업적이 매우 뛰어나서 열성적인 찬사를 받고 사람들의 이목이 쏠림을 의미함

1179
army
[á:rmi]

명 군대; 육군

The Greek **army** ordered him to tell the people of Athens about their victory in 490 B.C.
기원전 490년에 그리스 **군대**는 그에게 아테네 사람들에게 그들의 승리를 전하라고 명령했다.

> **VOCA TIP**
> the army는 육지에서 싸우는 군대를 의미해요.

1180
empire
[émpaiər]

명 제국

They destroyed the remains of the Roman **Empire**. 학평
그들은 로마 **제국**의 유적을 파괴했다.

> **VOCA TIP**
> '거대 기업'을 나타낼 때도 empire을 사용해서 a business empire로 나타내기도 해요.

1181
dynasty
[dáinəsti]

명 왕조

Hangeul was created by King Sejong in the period of the Joseon **Dynasty**. 교과서
한글은 조선 **왕조** 시대에 세종대왕에 의해 창제되었다.

1182
century
[séntʃəri]

명 세기, 100년

At the beginning of the twentieth **century**, a new technology was introduced: the airplane.
학평 20**세기** 초기에 새로운 기술인 비행기가 도입되었다.

> **VOCA TIP**
> 21st century가 가리키는 기간은 언제일까요? 2001년에서 2100년의 기간을 의미해요.

1183 enemy
[énəmi]

명 적; 적군

The king took shelter in a cave from his **enemy**. 성취도
그 왕은 그의 **적**으로부터 동굴로 피신했다.

1184 battle
[bǽtl]

명 전투, 싸움 동 싸우다

They were defeated in a **battle**. 성취도
그들은 **전투**에서 패배했다.

VOCA TIP
war가 한 국가 내에서 반대 집단 간 또는 국가 간에 벌이는 전쟁을 의미한다면, battle은 그 전쟁 중에 벌어지는 전투를 의미해요.

1185 weapon
[wépən]

명 무기

He chose not to eat anything instead of fighting with **weapons**. 교과서
그는 **무기**로 싸우는 대신 아무것도 먹지 않는 것을 선택했다.

내신빈출

1186 peace
[piːs]

명 평화

The emperor enjoyed nationwide **peace** and a life of luxury. 학평
그 황제는 국가적인 **평화**와 호화로운 삶을 즐겼다.

➕ peaceful 형 평화로운

VOCA TIP
* world peace 세계 평화
* international peace 국제 평화
* peace conference 평화 회담

make peace (with)는 '(~와) 화해하다'라는 의미의 숙어예요. 이때 동사 make와 함께 쓰인다는 것과 숙어의 의미를 잘 알아두어야 해요.

Q 괄호 안에서 알맞은 것을 고르시오.

Jenny wanted to [live / **make**] peace with her best friend.　　답 make

1187 forgive
[fərgív]

동 용서하다

When his father tore up the letter, Gandhi knew he was **forgiven**. 학평
그의 아버지가 편지를 찢었을 때, 간디는 그가 **용서**받았다는 것을 알았다.

➕ forgiveness 명 용서

1188 revolution
[rèvəlúːʃən]

명 혁명

Some people became wealthy during the Industrial **Revolution**. 학평
어떤 사람들은 산업 **혁명** 중에 부자가 되었다.

➕ revolutionary 형 혁명적인

VOCA TIP
철자가 비슷한 evolution은 (생물학적인) 진화 또는 발전을 의미해요.

1189 essential
[isénʃəl]

(형) 필수적인, 본질적인

Americans consider freedom an **essential** right. 학평

미국인들은 자유를 필수적인 권리로 여긴다.

➕ essence (명) 본질

1190 treasure
[tréʒər]

(명) 보물

The French army took many of our national **treasures**. 교과서

프랑스군은 우리의 국가적 **보물**을 많이 가져갔다.

How Different

1191 soul
[soul]

(명) 영혼, 정신

The girl has a pure **soul**.

그 여자아이는 순수한 **영혼**을 가지고 있다.

1192 spirit
[spírit]

(명) 영혼, 정신; 기분

Many people believe the **spirit** lives on after death.

많은 사람들은 죽은 뒤에도 **영혼**은 살아있다고 믿는다.

1193 ghost
[goust]

(명) 유령

They left a pair of shoes at the door to prevent a **ghost** from entering the house. 학평

그들은 **유령**이 집안으로 들어오는 것을 막기 위해 신발을 문에 남겨 두었다.

• soul 육체와 구분되는 정신을 가리킴
• spirit 정신을 가리키기도 하고 마술적인 힘을 지닌 영적인 존재를 가리키기도 함
• ghost 어떤 장소에서 느끼거나 볼 수 있다고 생각하는 죽은 사람의 영혼

1194 Buddhism
[bú(:)dizəm]

(명) 불교

To learn more about **Buddhism**, I decided to go to India.

불교에 대해 더 배우기 위해, 나는 인도에 가기로 결정했다.

1195 temple
[témpl]

(명) 사원, 사찰, 신전

They went to pray in the **temple**.
그들은 **사원**에 기도하러 갔다.

VOCA TIP
사찰에 머물면서 불교 문화와 사찰 생활을 체험하는 것을 temple stay(템플스테이)라고 해요.

1196 bless
[bles]

(동) 축복하다, 축복을 빌다

The priest **blessed** their marriage.
신부는 그들의 결혼을 **축복했다**.

➕ blessing (명) 축복

VOCA TIP
누군가 재채기를 했을 때 (God) Bless you!라고 말해요.

1197 original
[ərídʒənəl]

(형) 원래의; 독창적인 (명) 원작

Marie Curie's husband stopped his **original** research. (학평)
Marie Curie의 남편은 그의 **원래의** 연구를 중단했다.

➕ originality (명) 독창성

original은 '독창적인, 창조적인'이라는 뜻도 있다는 걸 기억하세요. 보통 '원래의, 본래의' 뜻으로만 알아서 의미 파악에 어려운 경우가 있어요.

Q 밑줄 친 original의 의미로 알맞은 것은?

She has a very original and creative mind.

① 원래의   ② 독창적인   답 ②

1198 mission
[míʃən]

(명) 임무, 사명

I'm the perfect person for this **mission**. (교과서)
나는 이 **임무**에 완벽한 사람입니다.

1199 miracle
[mírəkl]

(명) 기적

Do you believe in **miracles**?
여러분은 **기적**을 믿나요?

1200 evil
[íːvəl]

(명) 악 (형) 사악한

I'm afraid of **evil** spirits. (교과서)
나는 **악령**들이 두렵다.

VOCA TIP
* necessary evil 필요악
* social evil 사회악
* drive away evil spirits
악령[귀신]을 내쫓다

01 Korean _____ dancers 한국 전통 무용수들   traditional   *traditional*

02 in _____ context 역사적인 맥락에서   historical

03 the _____ fighters 독립투사들   independence

04 one of my distant _____s
나의 먼 조상들 중 한 명   ancestor

05 _____ history 근대의 역사   modern

06 a collection of _____ books
왕실 도서 소장품   royal

07 the _____ of their country 그들의 조국의 명예   honor

08 his moment of _____ 그의 영광의 순간   glory

09 the Greek _____ 그리스 군대   army

10 the Roman _____ 로마 제국   Empire

11 the Joseon _____ 조선 왕조 시대   Dynasty

12 the twentieth _____ 20세기   century

13 take shelter from his _____
그의 적으로부터 피신하다   enemy

14 in a _____ 전투에서   battle

15 fight with _____s 무기로 싸우다   weapon

16 enjoy nationwide _____   peace

국가적인 평화를 즐기다

17 _____ his son   그의 아들을 용서하다   forgive

18 the Industrial _____   산업 혁명   Revolution

19 an _____ right   필수적인 권리   essential

20 our national _____s   우리의 국가적 보물   treasure

21 a pure _____   순수한 영혼   soul

22 believe the _____ lives on after death   spirit

죽은 뒤에도 영혼은 살아있다고 믿다

23 prevent a _____ from entering the house   ghost

유령이 집안으로 들어오는 것을 막다

24 learn more about _____   Buddhism

불교에 대해 더 배우다

25 pray in the _____   사원에서 기도하다   temple

26 _____ their marriage   그들의 결혼을 축복하다   bless

27 his _____ research   그의 원래의 연구   original

28 the perfect person for this _____   mission

이 임무에 완벽한 사람

29 believe in _____s   기적을 믿다   miracle

30 _____ spirits   악령   evil

3-Minute Check

		Check				Check
1171 **traditional**	⑲ 전통의, 전통적인	☐	1186 **peace**	⑲ 평화		☐
1172 **historical**	⑲ 역사의, 역사적인	☐	1187 **forgive**	⑧ 용서하다		☐
1173 **independence**	⑲ 독립	☐	1188 **revolution**	⑲ 혁명		☐
1174 **ancestor**	⑲ 조상, 선조	☐	1189 **essential**	⑲ 필수적인, 본질적인		☐
1175 **modern**	⑲ 근대의, 현대의	☐	1190 **treasure**	⑲ 보물		☐
1176 **royal**	⑲ 왕실의, 국왕의	☐	1191 **soul**	⑲ 영혼, 정신		☐
1177 **honor**	⑲ 명예, 영광, 경의 ⑧ 경의를 표하다	☐	1192 **spirit**	⑲ 영혼, 정신; 기분		☐
1178 **glory**	⑲ 영광, 영예	☐	1193 **ghost**	⑲ 유령		☐
1179 **army**	⑲ 군대; 육군	☐	1194 **Buddhism**	⑲ 불교		☐
1180 **empire**	⑲ 제국	☐	1195 **temple**	⑲ 사원, 사찰, 신전		☐
1181 **dynasty**	⑲ 왕조	☐	1196 **bless**	⑧ 축복하다, 축복을 빌다		☐
1182 **century**	⑲ 세기, 100년	☐	1197 **original**	⑲ 원래의; 독창적인 ⑲ 원작		☐
1183 **enemy**	⑲ 적; 적군	☐	1198 **mission**	⑲ 임무, 사명		☐
1184 **battle**	⑲ 전투, 싸움 ⑧ 싸우다	☐	1199 **miracle**	⑲ 기적		☐
1185 **weapon**	⑲ 무기	☐	1200 **evil**	⑲ 악 ⑲ 사악한		☐

외우지 않은 단어가 있으면 미니 단어장에서 다시 한번 정리해 보세요.

Wrap Up

A 영어는 우리말로, 우리말은 영어로 쓰시오.

01	necessary	11	임무, 사명
02	article	12	방송하다; 방송
03	illegal	13	사회
04	advantage	14	용서하다
05	revolution	15	희생자, 피해자
06	elect	16	기부하다
07	community	17	지혜, 현명함
08	traditional	18	인구
09	announce	19	정책, 방침
10	evidence	20	공격하다; 공격

B 〈보기〉에서 알맞은 단어를 골라 문장을 완성하시오.

〔보기〕
border　　gap　　candidate　　quarrel　　battle

01 They were defeated in a _____.

02 The soldiers crossed the _____ in the dark.

03 Ms. Thomson stood as a _____ in the local election.

04 There is a big _____ between the rich and the poor.

05 They had a _____ about money.

C 밑줄 친 우리말에 해당하는 영어 단어를 찾아 밑줄을 치시오.

01 그는 대통령의 <u>충실한</u> 지지자 중 한 명이다.
⇨ He is one of the president's <u>loyal</u> supporters.

02 사람들은 평등한 권리와 <u>정의</u>를 요구했다.
⇨ People demanded equal rights and <u>justice</u>.

03 정치적 상황은 나라마다 <u>다르다</u>.
⇨ The political conditions <u>vary</u> from country to country.

04 그들은 조국의 <u>명예</u>를 위해 싸웠다.
⇨ They fought for the <u>honor</u> of their country.

05 WTO(세계 무역 기구)에서 그 문제에 대한 <u>일반적인</u> 합의가 있다.
⇨ There is a <u>general</u> agreement on the issue at the WTO.

D 우리말과 일치하도록 빈칸에 알맞은 말을 쓰시오.

01 여러분은 어떻게 새 서비스를 광고할 수 있나요?
⇨ How can you _____ the new service?

02 그의 경쟁자는 좋은 친구가 되었고 그를 정치적으로 지지했다.
⇨ His rival became a good friend and politically _____ed him.

03 베를린 장벽은 냉전의 상징이었다.
⇨ The Berlin Wall was the _____ of the Cold War.

04 Marie Curie의 남편은 그의 원래의 연구를 중단했다.
⇨ Marie Curie's husband stopped his _____ research.

05 노예들은 그 집에서 탈출해서 도망쳤다.
⇨ The slaves _____d from the house and ran away.

교과서 필수 단어 확인하기

01 짝지어진 단어의 관계가 나머지와 <u>다른</u> 것은? **DAY 31, 32, 33, 36**

① blend – mix
② error – mistake
③ reduce – increase
④ repair – fix
⑤ necessary – essential

02 빈칸에 공통으로 알맞은 것은? **DAY 31**

- Doctors tried to _____ his life.
- What can we do to _____ the earth?

① cause
② ruin
③ protect
④ save
⑤ survive

03 우리말과 일치하도록 할 때, 빈칸에 알맞은 것은? **DAY 37**

그 강도는 잡혀서 판사에게 보내졌다.
= The robber was caught and taken to the _____.

① guard
② candidate
③ diplomat
④ president
⑤ judge

04 빈칸에 알맞은 단어를 〈보기〉에서 골라 쓰시오. **DAY 34, 38, 39, 40**

〔보기〕
crisis   opinion   gravity   fame   temple

(1) The country now faces an economic _____.

(2) An apple falls to the ground because of _____.

(3) They went to pray in the _____.

(4) Thanks to his _____, UNICEF collected more money.

(5) The government will have to take notice of public _____.

[05-06] 밑줄 친 단어의 의미로 알맞지 않은 것을 고르시오. 🔗 DAY 31, 32, 34, 40

05
① When you <u>recycle</u> cans, make sure they are emptied. (재활용하다)

② They have <u>discovered</u> a new star. (발견하다)

③ The smart weight scale can <u>measure</u> your body fat. (측정하다)

④ Thomas Edison <u>invented</u> the light bulb in 1879. (발명하다)

⑤ He wanted to <u>explore</u> the Amazon. (개발하다)

06
① We took pictures of Korean <u>traditional</u> dancers. (전통의)

② The website allows you to take a <u>virtual</u> tour of the museum. (가상의)

③ When do we use <u>electric</u> lights? (태양의)

④ Plastic waste are <u>harmful</u> to birds and fish. (해로운)

⑤ Birds that hunt at night find their way by <u>natural</u> light. (자연의)

07 우리말과 일치하도록 주어진 단어를 배열하여 문장을 완성하시오. 🔗 DAY 39

> 그들은 개인의 권리를 보호하는 것에 관심이 있다.
> (the rights, are, to, they, the individual, of, concerned, protect)

→ _____

08 우리말과 일치하도록 〈조건〉에 맞게 문장을 완성하시오. 🔗 DAY 35

> ─ 조건 ─
> • decide와 offer를 사용할 것
> • 필요한 경우, 주어진 말을 알맞은 형태로 바꿀 것

그녀는 그에게 그 일자리를 제안하기로 결정했다.

→ She _____ to him.

수능 유형 확인하기

DAY 21~40

☑ANSWERS p. 400

| 무관한 문장 찾기 |

수능 35번 유형

글의 흐름을 잘 이해하는지 평가하기 위한 문제 유형으로, 세부 정보를 꼼꼼하게 확인하기 보다는 글의 전체 흐름을 빨리 파악하는 것이 중요해요!

다음 글에서 전체 흐름과 관계 없는 문장은? [기출 변형]

The water that is embedded in our food and manufactured products is called "**virtual** water." For example, about 265 gallons of water is needed to produce two pounds of wheat. ① So, the **virtual** water of these two pounds of wheat is 265 gallons. ② **Virtual** water is also **present** in dairy products, soups, beverages, and **liquid medicines**. ③ However, it is **necessary** to drink as much water as possible to stay healthy. ④ Every day, humans take in lots of **virtual** water, and the **amount** of **virtual** water in a product needed is different depending on the product. ⑤ For instance, to produce two pounds of meat **requires** about 5 to 10 times as much water as to produce two pounds of **vegetables**.

Word Check 윗글에서 그동안 학습한 단어를 확인하고 각각의 우리말 뜻을 쓰시오.

virtual	________	present	________
liquid	________	medicine	________
necessary	________	amount	________
require	________	vegetable	________

New Words

embed	[동] 포함하다	manufacture	[동] 제조하다
gallon	[명] 용량 단위(갤런)	pound	[명] 무게 단위(파운드)
wheat	[명] 밀	beverage	[명] 음료, 마실 것
meat	[명] 고기		

다음 글의 주제로 가장 적절한 것은? 기출 변형

　　Have you ever wondered why a dog doesn't fall over when he changes directions while running? When a dog is running and has to turn quickly, he throws the front part of his body in the direction he wants to go. His back then bends, but his *hind part will still continue in the **original** direction. Naturally, this turning **movement** might **result in** the dog's hind part **swinging** wide. And this could greatly slow his rate of **movement** or even **cause** the dog to fall over as he tries to make a high-speed turn. However, the dog's tail helps to **prevent** this. Throwing his tail in the same direction that his body is turning serves to **reduce** the tendency to spin off course.

*hind: 뒤쪽의

① effects of a dog's weight on its speed
② role of a dog's tail in keeping balance
③ factors **causing** a dog's bad behaviors
④ **importance** of training a dog properly
⑤ reasons why a dog jumps on people

☑ **Word Check**　윗글에서 그동안 학습한 단어를 확인하고 각각의 우리말 뜻을 쓰시오.

original	_____	movement	_____
result in	_____	swing	_____
cause	_____	prevent	_____
reduce	_____	importance	_____

New Words

| wonder | 동 궁금해하다 | bend | 동 구부러지다 |
| tendency | 명 경향 | properly | 부 올바르게, 적절하게 |

REPEAT

빈출도순
중등 실력
어휘

빈출도 170회 이상

✎ 단어와 뜻을 읽으며 빈칸에 알맞은 말을 쓰세요.

0349 **own** 동 소유하다
[oun] 형 자기 자신의

0631 **interest** 명 _____
명 [íntərəst] 동 ~의 관심을 끌다
동 [íntərèst]

1165 **share** 동 공유하다, 함께 쓰다
[ʃɛər] 명 몫

0103 **experience** 명 경험, 경력
[ikspí(:)əriəns] 동 경험하다

0666 **create** 동 _____
[kriéit]

0605 **information** 명 정보
[ìnfərméiʃən]

0217 **language** 명 언어, 말
[læŋgwidʒ]

0956 **result** 명 _____
[rizʌ́lt]

0522 **follow** 동 따라가다; 따르다
[fálou]

1041 **increase** 동 _____
[ínkrìːs] 명 증가, 인상

0633 **picture** 명 사진; 그림
[píktʃər]

0871 **plant** 명 식물; 공장
[plænt] 동 심다

1168 **individual** 형 _____
[ìndəvídʒuəl] 명 개인

0397 **lead** 동 _____
[liːd]

0454 **complete** 형 완전한
[kəmplíːt] 동 완료하다

0662 **happen** 동 일어나다, 발생하다
[hǽpən]

0186 **allow** 동 허락하다, 허용하다
[əláu]

0331 **spend** 동 (돈·시간·에너지 등을) 쓰다
[spend]

0303 **special** 형 _____
[spéʃəl]

0181 **express** 동 표현하다
[iksprés] 형 급행의

1031 **provide** 동 _____
[prəváid]

0342 **check** 동 확인[점검]하다
[tʃek] 명 점검; 수표

0907 **cause** 동 ~을 야기하다
[kɔːz] 명 원인; 이유

0926 **environment** 명 _____
[inváiərənmənt]

0357 **product** 명 제품, 상품, 생산물
[prɑ́dəkt]

0553 **tip** 명 _____
[tip]

0049 **sense**	명 감각	0184 **consider**	동 _____
[sens]	동 느끼다	[kənsídər]	
0406 **process**	명 _____	0470 **situation**	명 상황, 상태; 위치
[práses]	동 처리하다	[sìtʃuéiʃən]	
0942 **develop**	동 발전시키다; 개발하다	1037 **offer**	동 제안하다; 제공하다
[divéləp]		[ɔ́(:)fər]	명 제안
1036 **produce**	동 생산하다, 만들어 내다	0396 **skill**	명 _____
[prádʒu:s]		[skil]	
1047 **value**	명 _____	0410 **report**	명 보고(서); 보도
[vǽlju:]	동 소중히 여기다	[ripɔ́:rt]	동 알리다; 보고하다
0469 **state**	명 상태; 주(州)	0692 **include**	동 _____
[steit]	동 진술하다	[inklú:d]	
0206 **reason**	명 _____	0368 **lesson**	명 수업; 과; 교훈
[rí:zən]		[lésən]	
0588 **challenge**	동 도전하다	0549 **view**	명 견해; 전망, 경관; 시야
[tʃǽlindʒ]	명 도전; 난제	[vju:]	
0968 **research**	동 연구하다, 조사하다	1052 **rule**	명 _____
[risə́:rtʃ]	명 연구, 조사	[ru:l]	동 통치하다
1105 **order**	명 명령; 순서; 주문	1129 **require**	동 요구하다; 필요로 하다
[ɔ́:rdər]	동 명령하다; 주문하다	[rikwáiər]	
0954 **system**	명 체제, 제도; 체계, 시스템	1032 **amount**	명 _____
[sístəm]		[əmáunt]	
0957 **effect**	명 _____	0966 **solve**	동 해결하다; 풀다
[ifékt]		[sɑlv]	
0451 **possible**	형 가능한	0112 **relationship**	명 관계; 관련(성)
[pásəbl]		[riléiʃənʃip]	
0616 **wonder**	동 궁금하다	0121 **become**	동 ~이 되다
[wʌ́ndər]	명 경탄	[bikʌ́m]	
0457 **able**	형 _____	0504 **rate**	명 비율; 요금; 속도
[éibl]		[reit]	동 평가하다

Answer

0406 과정, 절차   1047 가치   0206 이유; 이성   0957 영향; 결과; 효과   0457 ~할 수 있는   0184 고려하다; (~로) 여기다
0396 기술; 솜씨   0692 포함하다   1052 규칙; 통치   1032 총액, 액수; 양

	05	10	15	20

0423 **sign** (명) 표지판, 신호; 기호
[sain] (동) 서명하다

0664 **popular** (형) 인기 있는; 대중적인
[pápjulər]

0661 **culture** (명) _____
[kʌ́ltʃər]

0003 **reach** (동) ~에 도착하다; (손이) 닿다
[riːtʃ]

0081 **positive** (형) _____
[pázitiv]

0327 **item** (명) 물품, 품목
[áitem]

0364 **university** (명) 대학교
[jùːnəvə́ːrsəti]

0234 **suggest** (동) _____
[səgdʒést]

1056 **support** (동) 지지하다; 지원하다
[səpɔ́ːrt] (명) 지지; 지원

0621 **attention** (명) 주목, 주의
[əténʃən]

0663 **public** (형) 대중의; 공공의 (명) 대중
[pʌ́blik]

1138 **tend** (동) ~하는 경향이 있다,
[tend] ~하기 쉽다

1145 **community** (명) _____
[kəmjúːnəti]

0084 **creative** (형) 창의적인
[kriéitiv]

0917 **reduce** (동) 줄이다, 축소하다
[ridjúːs]

0337 **prefer** (동) _____
[prifə́ːr]

0212 **communicate** (동) 의사소통하다
[kəmjúːnəkèit]

0371 **explain** (동) _____
[ikspléin]

0002 **appear** (동) 나타나다; ~처럼 보이다
[əpíər]

0067 **beauty** (명) 아름다움; 미인
[bjúːti]

0622 **notice** (명) _____
[nóutis] (동) 알아차리다

0939 **improve** (동) 향상시키다; 개선하다;
[imprúːv] 나아지다

0511 **moment** (명) _____
[móumənt]

0819 **local** (형) 지역의, 현지의
[lóukəl]

0854 **expect** (동) 예상하다, 기대하다
[ikspékt]

0080 **honesty** (명) _____
[ánisti]

0695 **actually** (부) 실제로, 사실은
[ǽktʃuəli]

0961 **experiment** (명) 실험
[ikspérəmənt] (동) 실험을 하다

0231 **object** (동) 반대하다
(동) [əbdʒékt] (명) 물건; 목적
(명) [ábdʒikt]

0028 **set** (동) _____
[set] (명) 세트

0196 **realize** (동) 깨닫다; 실현하다
[rí(ː)əlàiz]

1051 **activity** (명) 활동
[æktívəti]

1144 **society** [səsáiəti]	명 사회		0487 **half** [hæf]	명 ＿＿＿＿＿＿＿ 형 절반의
1086 **force** [fɔːrs]	동 ~하게 만들다, 강요하다 명 ＿＿＿＿＿＿＿		0669 **performance** [pərfɔ́ːrməns]	명 공연; 수행; 성과
0038 **physical** [fízikəl]	형 신체의; 물질의, 물리적인		0343 **change** [tʃeindʒ]	명 거스름돈; 변화 동 바꾸다
0106 **success** [səksés]	명 성공		0989 **material** [mətí(ː)əriəl]	명 재료; 물질; 자료 형 물질적인
0485 **average** [ǽvəridʒ]	형 ＿＿＿＿＿＿＿ 명 평균		0908 **source** [sɔːrs]	명 ＿＿＿＿＿＿＿
0308 **simple** [símpl]	형 단순한; 간단한		0226 **accept** [əksépt]	동 받아들이다
0949 **link** [liŋk]	동 ＿＿＿＿＿＿＿ 명 관련성; 연결		1182 **century** [séntʃəri]	명 ＿＿＿＿＿＿＿
0392 **task** [tæsk]	명 일, 과업		0483 **several** [sévərəl]	형 몇몇의, 여러 가지의
0624 **firework** [fáiərwə̀ːrk]	명 ＿＿＿＿＿＿＿		1073 **personal** [pə́rsənəl]	형 개인의, 개인적인
1009 **discover** [diskʌ́vər]	동 발견하다		1170 **various** [vɛ́(ː)əriəs]	형 다양한, 여러 가지의
0914 **protect** [prətékt]	동 보호하다		0229 **negative** [négətiv]	형 ＿＿＿＿＿＿＿
0632 **draw** [drɔː]	동 그리다; 끌어당기다		0932 **machine** [məʃíːn]	명 기계
0634 **animation** [æ̀nəméiʃən]	명 ＿＿＿＿＿＿＿		0571 **match** [mætʃ]	명 경기, 시합 동 어울리다
0519 **within** [wiðín]	전 ~ 이내에		0215 **avoid** [əvɔ́id]	동 피하다; 막다
0109 **usual** [júːʒuəl]	형 보통의, 평소의		0674 **opera** [ápərə]	명 ＿＿＿＿＿＿＿
0199 **imagine** [imǽdʒin]	동 상상하다		0696 **probably** [prábəbli]	부 아마도

Answer

1086 힘　　0485 평균의; 보통의　　0949 연결하다, 잇다　　0624 불꽃놀이; 폭죽　　0634 애니메이션, 만화 영화　　0487 반, 절반
0908 원천, 근원; 출처　　1182 세기, 100년　　0229 부정적인; 음성의　　0674 오페라, 가극

빈출도 115회 이상

✎ 단어와 뜻을 읽으며 빈칸에 알맞은 말을 쓰세요.

1027 **deal**
[di:l]
동 다루다, 처리하다
명 거래

0489 **per**
[pər;]
전 ~당, ~마다

0492 **quality**
[kwɑ́ləti]
명 _____

0612 **continue**
[kəntínju(:)]
동 계속하다; 계속되다

0497 **whole**
[houl]
형 _____
명 전체, 전부

0841 **cold**
[kould]
형 추운, 차가운; 냉담한
명 추위; 감기

0576 **throw**
[θrou]
동 _____

0705 **scene**
[si:n]
명 장면; 현장

0748 **care**
[kɛər]
명 돌봄; 주의 동 상관하다

1089 **sentence**
[séntəns]
명 _____
동 판결하다

1142 **country**
[kʌ́ntri]
명 나라; 시골

1146 **population**
[pɑ̀pjuléiʃən]
명 인구

0024 **direct**
[dirékt]
동 _____
형 직접적인

0030 **approach**
[əpróutʃ]
동 _____

0601 **event**
[ivént]
명 행사; 사건; 한 경기

0721 **advice**
[ədváis]
명 충고, 조언

0941 **invent**
[invént]
동 _____

0761 **risk**
[risk]
명 위험

1141 **opinion**
[əpínjən]
명 의견

0190 **compare**
[kəmpɛ́ər]
동 _____

0707 **text**
[tekst]
명 본문; 글
동 문자를 보내다

0378 **achieve**
[ətʃíːv]
동 달성하다, 성취하다

0848 **prevent**
[privént]
동 _____

0833 **shape**
[ʃeip]
명 모양, 형태
동 모양으로 만들다

0944 **measure**
[méʒər]
동 측정하다
명 조치; 척도

0235 **encourage**
[inkə́ːridʒ]
동 _____

Answer

0492 질; 양질; 자질   0497 전체의, 모든   0576 던지다   1089 판결, 선고; 문장   0024 지도하다, 감독하다   0030 ~에 다가가다
0941 발명하다   0190 비교하다   0848 막다, 예방하다   0235 용기를 북돋우다, 장려하다

0299 **serve**	동 _____
[sə:rv]	

0915 **save**	동 구하다; 절약하다; 저축하다
[seiv]	

1114 **affect**	동 영향을 미치다
[əfékt]	

0361 **education**	명 _____
[èdʒukéiʃən]	

1092 **evidence**	명 증거
[évidəns]	

0515 **period**	명 기간, 시기; 시대
[pí(:)əriəd]	

0572 **race**	명 경주; 인종
[reis]	동 경주하다

0411 **record**	동 _____
동 [rikɔ́:rd]	
명 [rékərd]	명 기록

0891 **tool**	명 _____
[tu:l]	

0904 **waste**	명 쓰레기; 낭비
[weist]	동 낭비하다

0200 **contrast**	명 대조, 차이
명 [kɑ́:ntræst]	
동 [kəntræst]	동 대조하다

0560 **available**	형 _____
[əvéiləbl]	

1094 **correct**	형 옳은, 정확한
[kərékt]	동 수정하다

1117 **advertise**	동 광고하다
[ǽdvərtàiz]	

1042 **decrease**	동 감소하다, 줄이다
[dikrí:s, dí:kri:s]	명 감소

0005 **pull**	동 _____
[pul]	

0191 **guess**	동 추측하다 명 추측
[ges]	

0398 **prepare**	동 준비하다
[pripέər]	

0111 **friendship**	명 _____
[fréndʃip]	

0233 **respond**	동 대답하다; 반응하다
[rispánd]	

0579 **competition**	명 대회, 시합; 경쟁
[kàmpitíʃən]	

0333 **purchase**	명 구매
[pə́:rtʃəs]	동 구매하다

0967 **consist**	동 _____
[kənsíst]	

0850 **hot**	형 더운, 뜨거운; (맛이) 매운
[hɑt]	

0496 **total**	형 _____
[tóutl]	명 합계, 총액

0943 **function**	명 기능; (수학) 함수
[fʌ́ŋkʃən]	동 기능하다

0909 **resource**	명 자원, 재원
[rí:sɔ̀:rs]	

0370 **review**	명 _____
[rivjú:]	동 복습하다; 비평하다

0375 **effort**	명 노력, 수고
[éfərt]	

0611 **present**	명 선물; 현재 형 현재의;
명 형 [prézənt]	참석한 동 주다; 나타내다
동 [prizént]	

0459 **exist** [동] 존재하다, (~에) 있다
[igzíst]

0975 **search** [동] ____________
[səːrtʃ] [명] 검색

0502 **major** [형] 큰 쪽의, 주요한 [명] 전공
[méidʒər]

0691 **character** [명] 등장인물; 성격; 문자
[kǽriktər]

0241 **field** [명] ____________
[fiːld]

0402 **detail** [명] 상세, 세부 사항
[ditéil]

0542 **tourist** [명] 관광객, 여행자
[tú(ː)ərist]

0543 **recommend** [동] 추천하다, 권하다
[rèkəménd]

0151 **emotion** [명] ____________
[imóuʃən]

0774 **dangerous** [형] 위험한
[déindʒərəs]

0874 **ground** [명] 땅; 땅바닥
[graund]

0977 **cell** [명] ____________
[sel]

0482 **piece** [명] 조각, 한 부분
[piːs]

1113 **important** [형] 중요한
[impɔ́ːrtənt]

0017 **spread** [동] 펼치다; 퍼뜨리다; (얇게) 바르다
[spred]

0213 **introduce** [동] ____________
[ìntrədjúːs]

0221 **conversation** [명] ____________
[kɑ̀nvərséiʃən]

0532 **forward** [부] 앞으로
[fɔ́ːrwərd]

0381 **master** [명] 거장; 주인; 석사
[mǽstər] [동] 숙달하다

0935 **energy** [명] ____________
[énərdʒi]

0706 **common** [형] 보통의; 흔한; 공통의
[kɑ́mən]

0723 **condition** [명] 상태, 건강 상태; 상황
[kəndíʃən]

0787 **feed** [동] ____________
[fiːd]

0880 **stick** [명] 나뭇가지
[stik] [동] 찌르다; 붙이다

0071 **attitude** [명] 태도
[ǽtitjùːd]

0475 **describe** [동] 묘사하다
[diskráib]

0310 **pattern** [명] ____________
[pǽtərn]

1154 **organization** [명] 조직, 단체, 기구
[ɔ̀ːrgənizéiʃən]

0152 **nervous** [형] 긴장한, 불안해하는
[nə́ːrvəs]

0242 **station** [명] 역; 정거장; (관공)서; 방송국
[stéiʃən]

1119 **difference** [명] ____________
[dífərəns]

0506 **figure** [명] 수치; 모양; 인물
[fígjər] [동] ~라고 생각하다

Answer

0975 찾아보다, 검색하다 0241 들판; 분야; 현장; 경기장 0151 감정 0977 세포 0213 소개하다; 도입하다 0221 대화
0935 에너지; 활기 0787 밥을 먹이다, 먹이를 주다 0310 무늬; 양식, 패턴 1119 차이, 다름

0529 **position** [pəzíʃən]	명 위치; 입장; 지위	0764 **hurt** [həːrt]	동 _____
1166 **advantage** [ədvǽntidʒ]	명 _____	1040 **rise** [raiz]	동 오르다 / 명 증가; 임금 인상
0791 **female** [fíːmèil]	형 암컷의; 여성의 / 명 암컷; 여성	0287 **pot** [pɑt]	명 (깊은) 냄비; 단지
1175 **modern** [mádərn]	형 근대의, 현대의	0972 **observe** [əbzə́ːrv]	동 _____
0274 **meal** [miːl]	명 _____	1029 **demand** [dimǽnd]	명 수요; 요구 동 요구하다
0488 **single** [síŋgl]	형 단 하나의	0207 **concern** [kənsə́ːrn]	명 걱정; 관심 동 걱정하다
1065 **necessary** [nésəsèri]	형 필요한, 필수의	0245 **spot** [spɑt]	명 _____
1153 **general** [dʒénərəl]	형 일반적인 명 장군	0827 **remain** [riméin]	동 남아 있다; 계속 ~이다
0019 **hide** [haid]	동 _____	1098 **charge** [tʃɑːrdʒ]	명 혐의, 기소; 책임 / 동 청구하다
0500 **quite** [kwait]	부 꽤, 상당히; 완전히	0959 **advance** [ədvǽns]	명 진보; 전진 / 동 진보하다; 나아가다
0548 **apply** [əplái]	동 신청하다, 지원하다; 적용하다	1189 **essential** [isénʃəl]	형 _____
0856 **temperature** [témpərətʃər]	명 _____	0698 **novel** [nάvəl]	명 소설
0377 **mistake** [mistéik]	명 실수, 잘못 / 동 실수하다	0861 **perfect** [pə́ːrfikt]	형 완벽한
0630 **successful** [səksésfəl]	형 성공적인, 성공한	0481 **enough** [inʌ́f]	형 _____ / 부 충분히
1043 **loss** [lɔ(ː)s]	명 손실; 분실	0495 **balance** [bǽləns]	명 균형 동 균형을 잡다
0183 **desire** [dizáiər]	명 _____ / 동 바라다	0670 **stage** [steidʒ]	명 무대; 단계

Answer

1166 이점, 유리한 점, 장점　0274 식사, 끼니　0019 숨기다; 숨다　0856 온도, 기온; 체온　0183 욕구, 갈망　0764 다치게 하다; 아프다　0972 관찰하다; (규칙 등을) 준수하다　0245 장소; 반점　1189 필수적인, 본질적인　0481 충분한

빈출도 80회 이상

✎ 단어와 뜻을 읽으며 빈칸에 알맞은 말을 쓰세요.

0814 **island** 몡 _____
[áilənd]

0978 **contain** 동 ~이 들어 있다
[kəntéin]

0408 **manage** 동 관리하다, 운영하다
[mǽnidʒ]

0437 **fee** 몡 _____
[fi:]

0404 **fire** 동 해고하다; 불을 붙이다
[fáiər] 몡 화재

0645 **film** 몡 영화; 필름
[film] 동 촬영하다

0702 **publish** 동 _____
[pábliʃ]

0818 **desert** 몡 사막
[dézərt]

0056 **sweet** 혱 달콤한
[swi:t]

0188 **respect** 동 존경하다; 존중하다
[rispékt] 몡 _____

0697 **suddenly** 뷔 갑자기
[sádnli]

0963 **method** 몡 방법
[méθəd]

0980 **chemical** 혱 _____
[kémikəl] 몡 화학 물질

0203 **quickly** 뷔 빨리, 신속히
[kwíkli]

0505 **degree** 몡 _____
[digrí:]

0923 **survive** 동 살아남다, 생존하다
[sərváiv]

1136 **movement** 몡 _____
[mú:vmənt]

0160 **amaze** 동 _____
[əméiz]

0394 **career** 몡 직업; 경력
[kəríər]

0717 **meaning** 몡 의미, 뜻
[mí:niŋ]

1082 **judge** 동 판단하다 몡 판사
[dʒʌdʒ]

1096 **law** 몡 _____
[lɔ:]

0055 **taste** 몡 맛; 미각
[teist] 동 맛이 나다; 맛보다

1157 **conflict** 몡 갈등, 충돌
몡 [kánflikt] 동 상충하다
동 [kənflíkt]

0671 **talent** 몡 _____
[tǽlənt]

0829 **surface** 몡 표면; 지면, 수면
[sə́:rfis]

0796 **male** [meil]	휑 수컷의; 남성의 몡 수컷; 남성	0745 **patient** [péiʃənt]	몡 _____ 휑 참을성 있는
0197 **decide** [disáid]	통 _____	0872 **vegetable** [védʒitəbl]	몡 채소
0356 **goods** [gudz]	몡 상품, 물품	0875 **seed** [si:d]	몡 씨앗, 씨
0373 **grade** [greid]	몡 성적; 등급; 학년	1049 **account** [əkáunt]	몡 계좌; 설명, 기술; 계정
0379 **award** [əwɔ́:rd]	몡 상 통 수여하다	0118 **promise** [prámis]	몡 _____ 통 약속하다
0620 **board** [bɔ:rd]	몡 _____ 통 탑승하다; 하숙하다	0855 **predict** [pridíkt]	통 예측하다
1106 **attack** [ətǽk]	통 공격하다 몡 공격	0625 **purpose** [pə́:rpəs]	몡 목적; 의도
0015 **lie** [lai]	통 눕다; 거짓말하다 몡 거짓말	0700 **truth** [tru:θ]	몡 _____
0545 **memory** [méməri]	몡 기억, 추억; 기억력	0905 **trash** [træʃ]	몡 쓰레기
0794 **wild** [waild]	휑 _____	0101 **adult** [ədʌ́lt]	몡 어른 휑 어른의
1060 **government** [gʌ́vərnmənt]	몡 정부; 통치	0116 **human** [hjú:mən]	휑 인간의 몡 인간
0073 **proud** [praud]	휑 자랑스러워하는	0304 **unique** [ju:ní:k]	휑 _____
0244 **site** [sait]	몡 _____	1045 **trade** [treid]	통 거래하다 몡 무역, 거래
0260 **structure** [strʌ́ktʃər]	몡 구조; 건축물	1171 **traditional** [trədíʃənəl]	휑 전통의, 전통적인
0290 **mix** [miks]	통 _____ 몡 혼합(물)	0604 **contest** [kántest]	몡 _____

0683 **appreciate** [əpríːʃièit] [동] 감상하다, 인식하다; 고마워하다

1008 **explore** [ikspló:r] [동] ____________

1124 **focus** [fóukəs] [동] 집중하다 [명] 초점, 중점

1164 **moral** [mɔ́(:)rəl] [형] 도덕적인 [명] 도덕, 윤리

0340 **option** [ápʃən] [명] ____________

0920 **recycle** [riːsáikl] [동] 재활용하다

0025 **catch** [kætʃ] [동] 잡다

0346 **expensive** [ikspénsiv] [형] ____________

0749 **treat** [triːt] [동] 치료하다; 대하다; 대접하다

0751 **pain** [pein] [명] 통증, 고통

0970 **prove** [pruːv] [동] ____________

1128 **feature** [fíːtʃər] [명] 특집 기사; 특징 [동] 대서특필하다

0223 **reply** [riplái] [동] 대답하다 [명] 대답

0313 **strange** [streindʒ] [형] ____________

0931 **device** [diváis] [명] 장치, 기기

0210 **attract** [ətrǽkt] [동] 끌어들이다; (마음을) 끌다

0498 **exactly** [igzǽktli] [부] 정확히, 바로

0531 **toward** [tɔːrd] [전] ~ 쪽으로, ~을 향하여

0592 **muscle** [mʌ́sl] [명] ____________

0648 **amusement** [əmjúːzmənt] [명] 재미; 오락

0779 **mop** [mɑp] [동] 대걸레로 닦다 [명] 대걸레

1156 **volunteer** [vɑ̀ləntíər] [명] ____________ [동] 자원하다

0586 **coach** [koutʃ] [명] 코치 [동] 지도하다

0826 **region** [ríːdʒən] [명] 지방, 지역

1046 **promote** [prəmóut] [동] 촉진하다; 홍보하다; 승진시키다

0172 **disappointed** [dìsəpɔ́intid] [형] ____________

0857 **climate** [kláimit] [명] 기후

1030 **supply** [səplái] [명] 공급; 보급품 [동] 공급하다

1116 **international** [ìntərnǽʃənəl] [형] ____________

1150 **symbol** [símbəl] [명] 상징, 기호

0011 **stand** [stænd] [동] 서다, 서 있다

0169 **upset** [ʌpsét] [형] ____________ [동] 속상하게 하다

Answer

1008 탐험하다; 탐구하다 0340 선택, 옵션 0346 (값이) 비싼 0970 증명하다; 드러나다 0313 이상한; 낯선 0592 근육 1156 자원봉사자 0172 실망한, 낙담한 1116 국제적인, 국제의 0169 화가 난

0580 **fair** [fɛər]	형 공정한, 공평한 명 박람회		0355 **exchange** [ikstʃéindʒ]	동 _____ 명 교환	
0783 **insect** [ínsekt]	명 _____		0471 **colorful** [kʌ́lərfəl]	형 다채로운, 형형색색의	
0334 **sell** [sel]	동 판매하다, 팔다		0615 **represent** [rèprizént]	동 나타내다, 보여주다; 대표하다	
0525 **straight** [streit]	부 똑바로; 곧장 형 곧은, 똑바른		0627 **invitation** [ìnvitéiʃən]	명 초대; 초대장	
0960 **progress** 명 [prágres] 동 [pəgrés]	명 진보, 진전; 진행 동 진보하다; 진행하다		0026 **roll** [roul]	동 _____	
0154 **excited** [iksáitid]	형 _____		0365 **attend** [əténd]	동 (학교에) 다니다; 참석하다	
0822 **wave** [weiv]	명 파도 동 (손·팔을) 흔들다		0374 **mark** [mɑːrk]	명 점수; 표시 동 채점하다; 표시하다	
0993 **soil** [sɔil]	명 토양, 흙; 땅		0618 **participate** [pɑːrtísəpèit]	동 참가하다	
1137 **survey** [sə́ːrvei]	명 _____ 동 (설문) 조사하다		0742 **medicine** [médisin]	명 _____	
1139 **series** [sí(ː)əriːz]	명 시리즈, 연속물; 일련		0755 **damage** [dǽmidʒ]	동 손상을 주다 명 손상, 피해	
0232 **trust** [trʌst]	동 신뢰하다, 믿다 명 신뢰		0314 **normal** [nɔ́ːrməl]	형 평범한, 정상적인; 표준의	
0535 **location** [loukéiʃən]	명 _____		0486 **count** [kaunt]	동 세다, 계산하다	
0999 **flow** [flou]	동 흐르다 명 흐름		0546 **seat** [siːt]	명 _____ 동 앉히다	
1133 **press** [pres]	명 언론, 신문; 기자 동 누르다		0583 **beat** [biːt]	동 이기다; 두드리다 명 박동; 박자	
0126 **professor** [prəfésər]	명 _____		0092 **relative** [rélətiv]	명 친척	
0208 **argue** [áːrgjuː]	동 말다툼하다; 주장하다		0501 **entire** [intáiər]	형 _____	

Answer

0783 곤충   0154 흥분한, 신이 난   1137 (설문) 조사   0535 위치, 장소   0126 교수   0355 교환하다; 환전하다
0026 구르다, 굴리다   0742 약; 의학   0546 좌석, 자리   0501 전체의, 완전한

빈출도 60회 이상

✎ 단어와 뜻을 읽으며 빈칸에 알맞은 말을 쓰세요.

1071	**policy** [páləsi]	명 정책, 방침	1169	**relate** [riléit]	동 _____
1120	**gap** [gæp]	명 격차, 차이; 틈	0013	**exercise** [éksərsàiz]	동 운동하다 / 명 운동; 연습
0214	**speech** [spi:tʃ]	명 _____	0069	**personality** [pə̀rsənǽləti]	명 성격; 개성
0332	**consume** [kənsúːm]	동 소비하다	0163	**miss** [mis]	동 _____
0689	**humor** [hjúːmər]	명 유머, 익살	0228	**mind** [maind]	명 마음, 정신 / 동 신경쓰다
1197	**original** [ərídʒənəl]	형 _____ / 명 원작	0863	**regular** [régjulər]	형 규칙적인, 정기적인
0326	**fit** [fit]	동 맞다, 적합하다 / 형 적합한	1126	**significant** [signífikənt]	형 _____
1121	**donate** [dóuneit]	동 기부하다	1183	**enemy** [énəmi]	명 적; 적군
0220	**advise** [ədváiz]	동 _____	0117	**neighbor** [néibər]	명 이웃
0328	**useful** [júːsfəl]	형 유용한, 쓸모 있는	0427	**path** [pæθ]	명 _____
0350	**wrap** [ræp]	동 _____	0922	**separate** [sépəreit] 동 / [sépərit] 형	동 분리하다 / 형 분리된, 별개의
0421	**traffic** [trǽfik]	명 교통(량), 차량	0940	**combine** [kəmbáin]	동 결합하다; 병행하다
1021	**economy** [ikánəmi]	명 _____	1115	**comment** [kámənt]	명 _____ / 동 논평하다

Answer

0214 연설; 말   1197 원래의; 독창적인   0220 충고하다, 조언하다   0350 (포장지 등으로) 포장하다, 싸다   1021 경제
1169 관련시키다, 관련이 있다   0163 그리워하다; 놓치다   1126 중대한, 상당한   0427 (작은) 길, 오솔길; 경로   1115 논평, 의견

0192 **suppose**	동 _____	0638 **gather**	동 모이다, 모으다
[səpóuz]		[gǽðər]	
0739 **suffer**	동 (질병을) 앓다, (고통을) 겪다	0958 **adapt**	동 _____
[sʌ́fər]		[ədǽpt]	
0895 **crop**	명 농작물; 수확량	1127 **article**	명 기사, 논설
[krap]		[áːrtikl]	
1012 **planet**	명 _____	0001 **carry**	동 나르다; 가지고 다니다
[plǽnit]		[kǽri]	
1134 **official**	형 공식적인	0090 **curious**	형 호기심이 많은; 궁금한
[əfíʃəl]	명 공무원, 관리	[kjú(ː)əriəs]	
1140 **vary**	동 다르다; 다양하다	0104 **worth**	형 _____
[vɛ́(ː)əri]		[wəːrθ]	명 가치
1147 **native**	형 출생지의, 원주민의	0422 **signal**	명 신호
[néitiv]	명 ~ 출신자	[sígnəl]	동 신호를 보내다
0014 **float**	동 _____	0527 **opposite**	전 ~의 맞은편에
[flout]		[ápəzit]	형 맞은편의; 정반대의
0034 **breathe**	동 숨 쉬다, 호흡하다	0563 **flight**	명 _____
[briːð]		[flait]	
0283 **plate**	명 접시	0607 **congratulation**	명 축하해; 축하
[pleit]		[kəngrætʃəléiʃən]	
0389 **category**	명 부문, 범주	0694 **trouble**	명 어려움, 문제 동 괴롭히다
[kǽtəgɔ̀ːri]		[trʌ́bl]	
0811 **nature**	명 _____	0934 **electric**	형 전기의; 전기를 이용하는
[néitʃər]		[iléktrik]	
0077 **confident**	형 자신감 있는, 확신하는	0997 **disaster**	명 재난, 참사, 재해
[kánfidənt]		[dizǽstər]	
0171 **terrible**	형 무서운, 끔찍한, 지독한	0319 **tie**	명 _____
[térəbl]		[tai]	동 매다, 묶다
0338 **pick**	동 _____	0382 **graduate**	동 _____
[pik]		동 [grǽdʒuèit] 명 [grǽdʒuət]	명 (대학) 졸업생

0613 **project** 명 _____
[prɑ́dʒekt]

0945 **impossible** 형 불가능한
[impɑ́səbl]

0952 **data** 명 자료, 정보, 데이터
[déitə]

1034 **fund** 명 _____
[fʌnd]

0113 **familiar** 형 친숙한, 익숙한
[fəmíljər]

0147 **athlete** 명 (운동)선수
[ǽθliːt]

0464 **immediate** 형 즉각적인
[imíːdiət]

0782 **whale** 명 고래
[hweil]

0815 **square** 명 광장; 정사각형
[skwɛər] 형 정사각형의

1190 **treasure** 명 _____
[tréʒər]

0141 **guide** 명 안내인; 안내서
[gaid] 동 안내하다

0348 **discount** 명 할인 동 할인하다
[diskáunt]

0768 **harm** 명 _____
[hɑːrm] 동 해를 끼치다

0812 **stone** 명 돌
[stoun]

0238 **praise** 동 칭찬하다 명 칭찬
[preiz]

0403 **employ** 동 _____
[implɔ́i]

0575 **cheer** 동 _____
[tʃiər] 명 환호

0974 **bacteria** 명 박테리아, 세균
[bæktí(ː)əriə]

1148 **generation** 명 세대
[dʒènəréiʃən]

1193 **ghost** 명 유령
[goust]

0053 **touch** 동 _____
[tʌtʃ] 명 촉감; 접촉

0128 **soldier** 명 군인
[sóuldʒər]

0341 **pay** 동 지불하다 명 급료
[pei]

0430 **deliver** 동 배달하다, 전하다
[dilívər]

0584 **strike** 동 치다, 부딪치다;
[straik] (공 등을) 차다 명 치기

0655 **relax** 동 _____
[rilǽks]

0676 **classic** 형 고전적인; 일류의
[klǽsik]

1058 **vote** 동 투표하다 명 투표
[vout]

1076 **select** 동 _____
[silékt]

0617 **trick** 명 묘기; 속임수; 장난
[trik] 동 속이다

0870 **windy** 형 바람이 많이 부는
[wíndi]

0123 **musician** 명 _____
[mju(ː)zíʃən]

Answer
0613 과제; 계획   1034 자금, 기금   1190 보물   0768 피해   0403 고용하다; (수단·기술 등을) 이용하다   0575 환호하다; 응원하다   0053 만지다; 감동시키다   0655 휴식을 취하다; 편하게 하다   1076 선택하다, 고르다   0123 음악가

0614 **presentation** [prìːzəntéiʃən]	몡 발표	0507 **extra** [ékstrə]	혱 추가의, 여분의
0708 **subject** [sʌ́bdʒikt]	몡 주제; 학과; 대상	0329 **valuable** [vǽljuəbl]	혱 귀중한, 가치가 큰
0722 **stress** [stres]	몡 _____ 동 스트레스를 받다	0595 **rank** [ræŋk]	동 _____ 몡 계급; 지위
0844 **freeze** [friːz]	동 얼다; 얼리다	0693 **difficulty** [dífəkʌ̀lti]	몡 어려움; 곤란, 곤경
1151 **citizen** [sítizən]	몡 시민	0778 **safety** [séifti]	몡 안전, 안전성
1155 **charity** [tʃǽrəti]	몡 _____	1061 **majority** [mədʒɔ́(ː)rəti]	몡 대다수, 과반수
0150 **architect** [áːrkitèkt]	몡 건축가	0107 **overcome** [òuvərkʌ́m]	동 _____
0351 **pack** [pæk]	동 _____ 몡 꾸러미, 짐	0567 **pleasure** [pléʒər]	몡 즐거움, 기쁨
0428 **route** [ruːt]	몡 길, 경로, 항로	1163 **hunger** [hʌ́ŋgər]	몡 배고픔, 기아
0628 **host** [houst]	동 주최하다 몡 주인, 진행자	0114 **stranger** [stréindʒər]	몡 _____
0672 **prize** [praiz]	몡 _____	0193 **remind** [rimáind]	동 생각나게 하다, 상기시키다
0784 **lay** [lei]	동 (알을) 낳다; 놓다	0439 **wheel** [ʰwiːl]	몡 바퀴; 핸들
0813 **ocean** [óuʃən]	몡 바다, 대양	0608 **celebrate** [séləbrèit]	동 _____
0159 **surprised** [sərpráizd]	혱 _____	0879 **root** [ru(ː)t]	몡 (식물의) 뿌리; 근원, 핵심
0194 **belief** [bilíːf]	몡 믿음, 신뢰	0950 **screen** [skriːn]	몡 화면; 영화; 가리개
0460 **appropriate** [əpróupriət]	혱 적절한, 적당한	1174 **ancestor** [ǽnsestər]	몡 _____

빈출도 40회 이상

✎ 단어와 뜻을 읽으며 빈칸에 알맞은 말을 쓰세요.

0136 **director** [diréktər]	명 감독; 연출가	0541 **journey** [dʒə́ːrni]	명 _____	
0205 **narrow** [nǽrou]	형 _____	0832 **zone** [zoun]	명 구역, 지역	
0236 **repeat** [ripíːt]	동 반복하다 명 반복	0991 **natural** [nǽtʃərəl]	형 _____	
0339 **choice** [tʃɔis]	명 선택(권)	0182 **intend** [inténd]	동 의도하다	
0367 **classmate** [klǽsmèit]	명 _____	0508 **tiny** [táini]	형 _____	
0412 **print** [print]	동 인쇄하다; 출판하다 명 인쇄(물)	1013 **Mars** [mɑːrz]	명 화성	
0425 **block** [blɑk]	명 (도시의) 블록, 구역; 장애물 동 막다	1017 **universe** [júːnəvə̀ːrs]	명 우주	
0434 **transportation** [trænspərtéiʃən]	명 교통(수단), 수송 (기관)	0051 **vision** [víʒən]	명 _____	
0453 **satisfy** [sǽtisfài]	동 _____	0544 **foreign** [fɔ́ːrin]	형 외국의	
0479 **firm** [fəːrm]	형 굳은, 단단한 명 회사	0573 **track** [træk]	명 경주로, 트랙; 선로; 길	
0801 **creature** [kríːtʃər]	명 _____	0928 **destroy** [distrɔ́i]	동 _____	
0054 **smell** [smel]	명 냄새; 후각 동 냄새가 나다	1081 **crime** [kraim]	명 범죄	
0088 **responsible** [rispánsəbl]	형 _____	1132 **commercial** [kəmə́ːrʃəl]	형 상업의 명 광고 방송	

1192 **spirit** [spírit]	몡 _____	0070 **manner** [mǽnər]	몡 _____
1198 **mission** [míʃən]	몡 임무, 사명	0255 **shelter** [ʃéltər]	몡 피난처; 보호 시설
0007 **behave** [bihéiv]	동 행동하다; 예의 바르게 행동하다	0449 **connect** [kənékt]	동 연결하다, 잇다
0010 **bend** [bend]	동 _____	0061 **appearance** [əpí(:)ərəns]	몡 외모; 출현
0209 **conclusion** [kənklú:ʒən]	몡 결론, 결말	0187 **doubt** [daut]	몡 _____ 동 의심하다
0477 **giant** [ʤáiənt]	혱 거대한 몡 거인	0216 **react** [riǽkt]	동 반응하다
0490 **equal** [í:kwəl]	혱 _____ 동 ~와 같다	0399 **client** [kláiənt]	몡 _____
0781 **crow** [krou]	몡 까마귀 동 (수탉이) 울다	0976 **analyze** [ǽnəlàiz]	동 분석하다
1087 **escape** [iskéip]	동 탈출하다 몡 탈출, 도망	0305 **suit** [su:t]	몡 정장; ~옷[복] 동 ~에 어울리다
0091 **household** [háushòuld]	몡 가정, 가구 혱 가정의	0452 **asleep** [əslí:p]	혱 _____
0407 **operate** [ápərèit]	동 _____	0465 **gradually** [grǽʤuəli]	믿 점차적으로, 서서히
0503 **weigh** [wei]	동 무게가 ~이다, 무게를 달다	0747 **examine** [igzǽmin]	동 진찰하다; 조사하다
0534 **apart** [əpá:rt]	믿 떨어져	1112 **announce** [ənáuns]	동 _____
0817 **forest** [fɔ́(:)rist]	몡 _____	1162 **belong** [bilɔ́(:)ŋ]	동 ~에 속하다; ~의 소유이다
1070 **power** [páuər]	몡 권력, 힘; 에너지	0050 **sight** [sait]	몡 보기; 시력, 시각

0127 **officer** [ɔ́(:)fisər]	명 공무원; 장교		0510 **rarely** [rέərli]	부 _____
0175 **ashamed** [əʃéimd]	형 _____		0710 **literature** [lítərətʃùər]	명 문학; 문헌
0577 **chance** [tʃæns]	명 기회; 가능성; 우연		0736 **cancer** [kǽnsər]	명 암
0587 **stretch** [stretʃ]	동 (팔·다리를) 뻗다; 늘이다		1055 **leader** [líːdər]	명 지도자, 리더
0709 **poem** [póuəm]	명 _____		1177 **honor** [ánər]	명 _____ 동 경의를 표하다
0775 **recover** [rikʌ́vər]	동 회복하다; 복구되다		0165 **depressed** [diprést]	형 우울한, 의기소침한
0839 **mine** [main]	명 광산 동 채굴하다		0438 **passenger** [pǽsəndʒər]	명 승객
0847 **shine** [ʃain]	동 빛나다; 비추다		0480 **attractive** [ətrǽktiv]	형 _____
0021 **stare** [stɛər]	동 _____		0626 **schedule** [skédʒuːl]	명 일정, 스케줄
0037 **shoulder** [ʃóuldər]	명 어깨		0677 **classical** [klǽsikəl]	형 (음악이) 클래식의, 고전파의
0137 **lawyer** [lɔ́ːjər]	명 변호사, 법률가		0843 **blow** [blou]	동 (바람이) 불다; (입으로) 불다
0284 **ingredient** [ingríːdiənt]	명 재료, 성분		0853 **flash** [flæʃ]	명 _____ 동 번쩍이다
0409 **document** [dákjəmənt]	명 _____		0973 **equipment** [ikwípmənt]	명 장비, 용품
0732 **blind** [blaind]	형 눈이 먼, 시각장애가 있는		0984 **form** [fɔːrm]	동 형성하다 명 종류; 서식
0823 **flat** [flæt]	명 평원, 평지 형 평평한; 납작한		1022 **borrow** [bárou]	동 빌리다
0276 **flavor** [fléivər]	명 _____		1035 **capital** [kǽpitəl]	명 _____

Answer

0175 부끄러워하는   0709 시   0021 빤히 쳐다보다   0409 서류, 문서   0276 맛, 풍미   0510 좀처럼 ~하지 않는
1177 명예, 영광, 경의   0480 마음을 끄는, 매력적인   0853 섬광, 번쩍임   1035 자본; 수도; 대문자

1044 **tax** [tæks]	명 _____ 동 세금을 부과하다
0100 **infant** [ínfənt]	명 유아
0134 **poet** [póuit]	명 시인
0202 **concentrate** [kánsəntrèit]	동 집중하다
0261 **roof** [ru(:)f]	명 _____
0433 **transport** 동 [trænspɔ́:rt] 명 [trǽnspɔ:rt]	동 수송[운송]하다 명 교통(수단), 수송 (기관)
0455 **empty** [émpti]	형 비어 있는 동 비우다
0603 **festival** [féstəvəl]	명 축제
0824 **cave** [keiv]	명 _____
0951 **code** [koud]	명 암호; (컴퓨터 프로그램의) 코드
1026 **credit** [krédit]	명 신용; 신용 거래
1066 **president** [prézidənt]	명 대통령; 회장, 사장
1072 **strict** [strikt]	형 _____
1088 **steal** [sti:l]	동 훔치다, 도둑질하다
0046 **stomach** [stʌ́mək]	명 위, 배
0286 **fry** [frai]	동 _____

0294 **bowl** [boul]	명 _____
0426 **cross** [krɔ(:)s]	동 건너다, 가로지르다 명 X표; 십자가
0777 **unexpected** [ʌ̀nikspéktid]	형 _____
0792 **snake** [sneik]	명 뱀
1075 **wisdom** [wízdəm]	명 지혜, 현명함
1125 **handle** [hǽndl]	동 다루다, 처리하다 명 손잡이
0185 **deny** [dinái]	동 _____
0270 **construct** [kənstrʌ́kt]	동 건설하다
0289 **chef** [ʃef]	명 요리사, 주방장
0565 **delay** [diléi]	동 미루다, 연기하다 명 지연, 지체
0637 **collect** [kəlékt]	동 모으다, 수집하다
0752 **scream** [skri:m]	명 비명 동 _____
1002 **earthquake** [ə́:rθkwèik]	명 지진
1167 **private** [práivit]	형 사적인, 개인의; 민간의
0020 **rush** [rʌʃ]	동 돌진하다; 서두르다 명 돌진
0432 **careful** [kéərfəl]	형 _____

빈출도 30회 이상

DAY 46

✎ 단어와 뜻을 읽으며 빈칸에 알맞은 말을 쓰세요.

0473 **artificial** 형 인공의
[à:rtəfíʃəl]

0820 **sand** 명 _____
[sænd]

0933 **technology** 명 기술
[teknálədʒi]

1028 **debt** 명 빚
[det]

1054 **campaign** 명 (사회적·정치적) 운동, 캠페인
[kæmpéin]

1186 **peace** 명 _____
[pi:s]

0033 **height** 명 키, 높이
[hait]

0102 **senior** 형 고령의, 손위의
[sí:njər] 명 연장자

0153 **lonely** 형 _____
[lóunli]

0295 **jar** 명 병; 단지
[dʒɑːr]

0551 **landscape** 명 _____
[lǽndskèip]

0556 **destination** 명 목적지, 행선지
[dèstənéiʃən]

0650 **sail** 동 _____
[seil] 명 돛; 항해

0715 **excellent** 형 _____
[éksələnt]

0810 **nest** 명 둥지
[nest]

0893 **tap** 명 수도꼭지; 두드리기
[tæp] 동 톡톡 두드리다

1179 **army** 명 _____
[á:rmi]

0110 **ordinary** 형 보통의, 평범한
[ɔ́:rdənèri]

0589 **defend** 동 _____
[difénd]

0599 **shot** 명 슛; 발사
[ʃat]

0643 **theater** 명 _____
[θí(ː)ətər]

0727 **painful** 형 고통스러운, 아픈
[péinfəl]

0834 **peak** 명 (산의) 봉우리
[pi:k]

0911 **fuel** 명 _____
[fjú(ː)əl] 동 연료를 공급하다

0938 **repair** 동 수리하다 명 수리, 보수
[ripɛ́ər]

1110 **warn** 동 경고하다
[wɔːrn]

1152 **aid**	몡 _____	0282 **recipe**	몡 _____
[eid]	동 돕다	[résəpì:]	
1172 **historical**	혱 역사의, 역사적인	0285 **slice**	몡 (얇게 썬) 조각
[histɔ́(:)rikəl]		[slais]	동 (얇게) 썰다
0198 **confuse**	동 _____	0892 **dig**	동 (구멍 등을) 파다
[kənfjú:z]		[dig]	
0259 **address**	몡 주소	0982 **filter**	몡 _____
몡 [ǽdres]	동 연설하다	[fíltər]	동 여과하다
동 [ədrés]			
0312 **tight**	혱 꽉 조이는	1038 **budget**	몡 예산, 비용
[tait]		[bʌ́dʒit]	
0570 **parasol**	몡 파라솔; 양산	1109 **thief**	몡 도둑
[pǽrəsɔ̀(:)l]		[θi:f]	
0590 **uniform**	몡 _____	0484 **plenty**	몡 _____
[jú:nəfɔ̀:rm]		[plénti]	
0619 **decorate**	동 장식하다, 꾸미다	0629 **message**	몡 메시지
[dékərèit]		[mésidʒ]	
0667 **artwork**	몡 예술품, 미술품	0649 **anywhere**	붑 어디에서도; 어디든지
[á:rtwə̀:rk]		[énihwèər]	
0740 **poison**	몡 독, 독약	0673 **theme**	몡 _____
[pɔ́izən]		[θi:m]	
0766 **sink**	동 _____	0763 **crash**	몡 충돌, 추락 (사고)
[siŋk]		[kræʃ]	동 충돌하다
0918 **harmful**	혱 해로운, 유해한	0849 **forecast**	몡 예측, 예보
[há:rmfəl]		[fɔ́:rkæ̀st]	동 예측하다, 예보하다
1053 **foundation**	몡 기초, 토대; 재단	0867 **snowy**	혱 _____
[faundéiʃən]		[snóui]	
1079 **silence**	몡 침묵; 고요, 정적	0937 **mobile**	혱 모바일의; 이동식의
[sáiləns]		[móubəl]	
0120 **fellow**	몡 _____	0983 **unit**	몡 구성단위; 한 개
[félou]		[jú:nit]	

0998 **flood**	명 _____
[flʌd]	동 물에 잠기게 하다

1001 **storm**	명 폭풍
[stɔːrm]	

1048 **wealth**	명 부, 재산
[welθ]	

1083 **blame**	동 _____
[bleim]	

1131 **fame**	명 명성, 평판
[feim]	

0474 **intelligent**	형 지능이 있는, 총명한
[intélidʒənt]	

0547 **ticket**	명 _____
[tíkit]	

0789 **wing**	명 날개
[wiŋ]	

0906 **garbage**	명 쓰레기; 쓰레기통
[gáːrbidʒ]	

1085 **case**	명 _____
[keis]	

1100 **chase**	동 뒤쫓다, 추격하다
[tʃeis]	명 추적, 추격

1130 **journal**	명 학술지, 잡지; 일기
[dʒə́ːrnəl]	

0027 **spin**	동 돌다, 회전시키다
[spin]	

0032 **skin**	명 _____
[skin]	

0108 **youth**	명 젊음; 청년 (시절)
[juːθ]	

0189 **anticipate**	동 예상하다, 기대하다
[æntísəpèit]	

0391 **company**	명 _____
[kʌ́mpəni]	

0642 **habit**	명 습관, 버릇
[hǽbit]	

0785 **feather**	명 (새의) 털, 깃털
[féðər]	

0889 **grocery**	명 _____
[gróusəri]	

0987 **liquid**	명 액체 형 액체 형태의
[líkwid]	

0176 **bother**	동 괴롭히다, 귀찮게 하다
[báðər]	

0330 **precious**	형 _____
[préʃəs]	

0384 **principal**	명 교장, (단체의) 장
[prínsəpəl]	형 주요한

0491 **volume**	명 양; (책의) 권; 음량
[váljuːm]	

0675 **rhythm**	명 _____
[ríðəm]	

0703 **edit**	동 편집하다; 교정하다
[édit]	

0830 **coast**	명 해안
[koust]	

0846 **heat**	명 _____
[hiːt]	동 뜨겁게 만들다

0448 **broad**	형 넓은, 광대한
[brɔːd]	

0528 **below**	전 ~보다 아래에
[bilóu]	부 아래에

0651 **shell**	명 조개껍데기; 껍질
[ʃel]	

Answer

0998 홍수　1083 비난하다, 탓하다　0547 표, 승차권, 입장권　1085 사건; 경우; 용기　0032 피부　0391 회사; 동료; 동반
0889 식료품 잡화점　0330 귀중한, 값비싼　0675 리듬, 율동　0846 열기, 열

0790 **parrot** [pǽrət]	명 _____	1033 **fortune** [fɔ́ːrtʃən]	명 _____
1080 **diplomat** [dípləmæt]	명 외교관	0122 **profession** [prəféʃən]	명 직업
0029 **shoot** [ʃuːt]	동 (총을) 쏘다; (영화·사진을) 찍다	0158 **mad** [mæd]	형 미친; 화가 난
0219 **mention** [ménʃən]	동 _____ 명 언급	0173 **regret** [rigrét]	동 후회하다 명 후회; 유감
0240 **pretend** [priténd]	동 ~인 체하다	0227 **disagree** [dìsəgríː]	동 _____
0418 **envelope** [énvəlòup]	명 봉투	0292 **pour** [pɔːr]	동 붓다, 따르다; (비가) 쏟아지다
0530 **distance** [dístəns]	명 거리, 간격	0352 **package** [pǽkidʒ]	명 소포, 꾸러미
0704 **courage** [kə́ːridʒ]	명 _____	0431 **convenient** [kənvíːnjənt]	형 편리한
0041 **chest** [tʃest]	명 가슴, 흉곽; 상자	0435 **transfer** 동 [trænsfə́ːr] 명 [trǽnsfər]	동 _____ 명 환승, 이동
0082 **sharp** [ʃɑːrp]	형 예리한, 날카로운; 급격한	0463 **alive** [əláiv]	형 살아 있는
0155 **awesome** [ɔ́ːsəm]	형 굉장한, 아주 멋진	0641 **fix** [fiks]	동 수리하다; 고정시키다
0450 **row** [rou]	명 열, 줄; 노 젓기 동 배를 젓다	0623 **audition** [ɔːdíʃən]	명 _____ 동 오디션을 보다
0476 **pile** [pail]	명 _____ 동 쌓아 올리다	0656 **leisure** [líːʒər]	명 여가
0559 **reservation** [rèzərvéiʃən]	명 예약	0731 **fever** [fíːvər]	명 열; 발열
0725 **illness** [ílnis]	명 병, 아픔	0738 **symptom** [símptəm]	명 증상; 징후
0869 **sunlight** [sʌ́nlàit]	명 _____	0776 **emergency** [imə́ːrdʒənsi]	명 _____

Answer

0790 앵무새　0219 언급하다, 말하다　0704 용기　0476 더미　0869 햇빛　1033 재산, 부; 운　0227 동의하지 않다, 의견이 다르다
0435 갈아타다　0623 오디션　0776 비상

빈출도 15회 이상

✎ 단어와 뜻을 읽으며 빈칸에 알맞은 말을 쓰세요.

0873 **grain** [grein]	몡 곡물		1161 **war** [wɔːr]	몡 전쟁		
0962 **laboratory** [lǽbrətɔ̀ːri]	몡 실험실		1173 **independence** [indipéndəns]	몡 독립		
1122 **crisis** [kráisəs]	몡 위기		0036 **knee** [niː]	몡 무릎		
0048 **throat** [θrout]	몡 목구멍		0254 **cafeteria** [kæfətíəriə]	몡 구내식당		
0211 **greet** [griːt]	동 인사하다, 맞이하다		0275 **diet** [dáiət]	몡 식사; 식단; 식습관		
0222 **chat** [tʃæt]	동 수다를 떨다 몡 수다		0278 **dessert** [dizə́ːrt]	몡 디저트, 후식		
0224 **nod** [nɑd]	동 끄덕이다 몡 끄덕임		0321 **powder** [páudər]	몡 (화장품) 파우더, 가루		
0237 **whisper** [hwíspər]	동 속삭이다 몡 속삭임		0363 **college** [kάlidʒ]	몡 대학, 단과 대학		
0256 **booth** [buːθ]	몡 작은 공간, 부스		0467 **brief** [briːf]	혱 짧은, 간단한		
0262 **stair** [stɛər]	몡 계단		0513 **anytime** [énitàim]	뭐 언제든지, 언제나		
0598 **sweat** [swet]	동 땀을 흘리다 몡 땀		0657 **swing** [swiŋ]	몡 그네 동 흔들리다		
0699 **fiction** [fíkʃən]	몡 소설; 허구		0679 **brush** [brʌʃ]	몡 붓 동 솔질하다		
0753 **accident** [ǽksidənt]	몡 사고		0682 **impress** [imprés]	동 감명을 주다		
0760 **rescue** [réskjuː]	동 구조하다 몡 구조		0724 **disease** [dizíːz]	몡 질병, 병		
0804 **dinosaur** [dáinəsɔ̀ːr]	몡 공룡		0769 **fault** [fɔːlt]	몡 잘못, 책임; 단점		
0840 **rural** [rú(ː)ərəl]	혱 시골의, 지방의		0773 **severe** [sivíər]	혱 심각한, 극심한		
0896 **harvest** [hάːrvist]	동 수확하다 몡 수확(기)		0786 **goat** [gout]	몡 염소		
0955 **virtual** [və́ːrtʃuəl]	혱 가상의; 사실상의		0825 **area** [ɛ́əriə]	몡 지역; 구역; 구분		
0985 **metal** [métəl]	몡 금속		0901 **dust** [dʌst]	몡 먼지 동 먼지를 털다		
1020 **gravity** [grǽvəti]	몡 중력		1095 **justice** [dʒʌ́stis]	몡 정의, 공정; 사법, 재판		

0023	skip [skip]	동 거르다; 깡충깡충 뛰다	0771	iron [áiərn]	명 다리미; 철
0145	crew [kru:]	명 승무원; 팀, 조	0916	pure [pjuər]	형 깨끗한; 순수한
0271	noodle [nú:dl]	명 국수, 면	0919	reserve [rizə́:rv]	명 보호 구역 동 예약하다
0272	seafood [sí:fù:d]	명 해산물	1123	newspaper [njú:zpèipər]	명 신문; 신문사
0288	pan [pɑn]	명 (얕은) 냄비, 팬	1143	border [bɔ́:rdər]	명 국경, 경계; 가장자리
0322	fabric [fǽbrik]	명 천, 직물	1176	royal [rɔ́iəl]	형 왕실의, 국왕의
0380	acknowledge [əknɑ́lidʒ]	동 인정하다	1188	revolution [rèvəljú:ʃən]	명 혁명
0393	duty [djú:ti]	명 근무, 임무; 의무	0039	palm [pɑ:m]	명 손바닥
0443	rough [rʌf]	형 거친, 힘든; 대강의	0307	image [ímidʒ]	명 이미지, 인상
0765	urgent [ə́:rdʒənt]	형 긴급한; 다급한	0415	launch [lɔ:ntʃ]	동 시작하다; 출시하다
0876	bean [bi:n]	명 콩	0512	someday [sʌ́mdèi]	부 (미래의) 언젠가, 훗날
1023	lend [lend]	동 빌려주다	0593	victory [víktəri]	명 승리
0031	brain [brein]	명 뇌; 지능	0602	crowded [kráudid]	형 붐비는, 혼잡한
0040	thumb [θʌm]	명 엄지손가락	0668	exhibition [èksəbíʃən]	명 전시회, 전시
0099	lifetime [láiftàim]	명 일생, 평생 형 일생의	1014	Jupiter [dʒú:pitər]	명 목성
0263	elevator [éləvèitər]	명 승강기, 엘리베이터	1099	victim [víktim]	명 희생자, 피해자
0335	customer [kʌ́stəmər]	명 고객, 손님	1181	dynasty [dáinəsti]	명 왕조
0405	quit [kwit]	동 그만두다, 중지하다	1200	evil [í:vəl]	명 악 형 사악한
0413	copy [kɑ́pi]	동 복사하다 명 복사본	0012	instruct [instrʌ́kt]	동 지시하다; 가르치다
0538	western [wéstərn]	형 서쪽의, 서양의	0204	rapid [rǽpid]	형 빠른, 신속한
0552	adventure [ədvéntʃər]	명 모험	0266	ceiling [sí:liŋ]	명 천장
0591	bet [bet]	동 돈을 걸다; 확신하다	0302	clothes [klouðz]	명 옷, 의복
0681	statue [stǽtʃu:]	명 조각상	0493	divide [diváid]	동 나누다, 분리하다
0716	tale [teil]	명 이야기	0561	cancel [kǽnsəl]	동 취소하다
0720	sheet [ʃi:t]	명 한 장; 시트	0578	league [li:g]	명 리그; 연맹

0582 **strength** [streŋkθ]	몡 힘, 체력; 강점	0555 **abroad** [əbrɔ́ːd]	톙 해외에, 해외로
0665 **harmony** [háːrməni]	몡 조화, 화합	0558 **impressive** [imprésiv]	톙 인상적인, 감명 깊은
0678 **folk** [fouk]	톙 민속의 몡 사람들	0647 **riddle** [rídl]	몡 수수께끼
0754 **hammer** [hǽmər]	몡 망치	0831 **shore** [ʃɔːr]	몡 해안, 물가
0788 **peacock** [píːkàk]	몡 공작	0921 **reuse** [riːjúːz]	동 재사용하다
0851 **harsh** [haːrʃ]	톙 혹독한; 냉혹한	0924 **pollution** [pəlúːʃən]	몡 오염, 공해
0157 **anxious** [ǽŋkʃəs]	톙 걱정하는; 열망하는	0979 **blend** [blend]	동 섞다, 혼합하다
0249 **yard** [jaːrd]	몡 마당, 뜰	1090 **punish** [pʌ́niʃ]	동 처벌하다, 벌주다
0336 **cart** [kaːrt]	몡 수레, 카트	1108 **suspect** [sʌ́spekt, səspékt]	몡 용의자 동 의심하다
0345 **receipt** [risíːt]	몡 영수증	0075 **rude** [ruːd]	톙 버릇없는, 무례한
0653 **blanket** [blǽŋkit]	몡 담요	0166 **thankful** [θǽŋkfəl]	톙 감사하는
0793 **spider** [spáidər]	몡 거미	0180 **delight** [diláit]	몡 (큰) 기쁨 동 매우 기쁘게 하다
0821 **hometown** [hóumtáun]	몡 고향	0301 **fashion** [fǽʃən]	몡 패션
0845 **foggy** [fɔ́ːgi]	톙 안개가 낀	0344 **bill** [bil]	몡 계산서; 청구서
0964 **substance** [sʌ́bstəns]	몡 물질; 본질	0354 **refund** [ríːfʌnd, rifʌ́nd]	몡 환불 동 환불하다
0969 **investigate** [invéstəgèit]	동 연구하다, 조사하다	0376 **fail** [feil]	동 떨어지다; 실패하다
0990 **telescope** [téləskòup]	몡 망원경	0523 **bottom** [bátəm]	몡 맨 아랫부분, 바닥
1005 **pole** [poul]	몡 극; 막대기, 기둥	0606 **flag** [flæg]	몡 깃발, 기
1084 **control** [kəntróul]	몡 통제 동 통제하다	0646 **puzzle** [pʌ́zl]	몡 퍼즐; 수수께끼 동 당황하게 하다
0096 **bury** [béri]	동 묻다, 매장하다	0735 **wound** [wuːnd]	동 부상을 입히다 몡 상처, 부상
0170 **annoy** [ənɔ́i]	동 짜증나게 하다	0757 **crack** [kræk]	몡 금 동 갈라지다
• DAY 48			
0296 **flour** [fláuər]	몡 밀가루, (곡물) 가루	0836 **abundant** [əbʌ́ndənt]	톙 풍부한
0461 **alike** [əláik]	톙 비슷한 톙 비슷하게	0860 **thunder** [θʌ́ndər]	몡 천둥
0478 **smooth** [smuːð]	톙 매끄러운	0897 **barn** [baːrn]	몡 헛간, 곳간
0540 **northern** [nɔ́ːrðərn]	톙 북쪽의, 북부의	0900 **output** [áutpùt]	몡 생산량

0902 **smoke** [smouk]	똉 연기 똉 담배를 피우다	0711 **tragedy** [trǽdʒidi]	똉 비극
0929 **ruin** [rú(:)in]	똉 파괴하다 똉 붕괴	0729 **headache** [hédèik]	똉 두통
0946 **invisible** [invízəbl]	똉 보이지 않는	0800 **seal** [si:l]	똉 바다표범
1064 **mayor** [méiər]	똉 시장	0802 **beast** [bi:st]	똉 짐승
1118 **daily** [déili]	똉 매일의 똉 매일	1006 **globe** [gloub]	똉 세계; 지구; 지구본
1185 **weapon** [wépən]	똉 무기	1025 **cost** [kɔ(:)st]	똉 (값·비용이) ~이다 똉 값
0658 **slide** [slaid]	똉 미끄럼틀 똉 미끄러지다	1103 **guard** [gɑ:rd]	똉 경비원 똉 보호하다
0750 **cure** [kjuər]	똉 치료하다 똉 치료법	0044 **chin** [tʃin]	똉 턱
0842 **rainfall** [réinfɔ̀:l]	똉 강우, 강우량	0076 **lively** [láivli]	똉 활기 넘치는
0858 **shower** [ʃáuər]	똉 소나기; 샤워	0201 **hesitate** [hézitèit]	똉 주저하다, 망설이다
0986 **melt** [melt]	똉 녹다; 녹이다	0311 **loose** [lu:s]	똉 헐렁한, 느슨한
0992 **clay** [klei]	똉 점토, 찰흙	0317 **wallet** [wάlit]	똉 지갑
1050 **insurance** [inʃú(:)ərəns]	똉 보험	0472 **wooden** [wúdən]	똉 나무로 된, 목재의
1067 **council** [káunsəl]	똉 의회; 협의회	0554 **outdoor** [áutdɔ̀:r]	똉 옥외의, 야외의
1093 **court** [kɔ:rt]	똉 법정, 법원; 경기장	0687 **celebrity** [səlébrəti]	똉 유명 인사; 명성
1180 **empire** [émpaiər]	똉 제국	0726 **sore** [sɔ:r]	똉 (상처·염증으로) 아픈
1195 **temple** [témpl]	똉 사원, 사찰, 신전	0741 **toxic** [táksik]	똉 유독성의
0043 **weight** [weit]	똉 체중, 무게	0925 **coal** [koul]	똉 석탄
0057 **bitter** [bítər]	똉 (맛이) 쓴	1000 **hurricane** [hə́:rəkèin]	똉 허리케인
0087 **realistic** [rì(:)əlístik]	똉 현실적인, 사실적인	1196 **bless** [bles]	똉 축복하다, 축복을 빌다
0138 **counselor** [káunsələr]	똉 상담역, 카운슬러	0004 **lean** [li:n]	똉 기대다; 기울다
0174 **shocking** [ʃάkiŋ]	똉 충격적인	0009 **fold** [fould]	똉 접다; 포개다
0315 **costume** [kάstju:m]	똉 복장, 의상	0045 **beard** [biərd]	똉 턱수염
0401 **interview** [íntərvjù:]	똉 면접 똉 면접하다	0164 **silly** [síli]	똉 바보 같은, 우스꽝스러운
0581 **gym** [dʒim]	똉 체육관; 체육	0279 **chew** [tʃu:]	똉 씹다

0300 **straw** [strɔ:]	몡 빨대; 짚		0886 **cabbage** [kǽbidʒ]	몡 양배추
0324 **fur** [fəːr]	몡 (동물의) 털, 모피		0894 **poisonous** [pɔ́izənəs]	혱 독성이 있는
0417 **chief** [tʃiːf]	몡 (단체의) 장 혱 최고의		0965 **importance** [impɔ́ːrtəns]	몡 중요성
0574 **relay** [ríːlèi]	몡 계주, 릴레이 경주		1003 **volcano** [vɑlkéinou]	몡 화산
0744 **digest** [daidʒést]	동 소화하다		1018 **comet** [kɑ́mit]	몡 혜성
0795 **migrate** [máigreit]	동 이동하다; 이주하다		0008 **wander** [wɑ́ndər]	동 돌아다니다, 헤매다
0816 **cliff** [klif]	몡 절벽		0095 **elderly** [éldərli]	혱 나이가 지긋한
0981 **chemistry** [kémistri]	몡 화학		0097 **death** [deθ]	몡 죽음
0995 **shade** [ʃeid]	몡 그늘		0179 **scary** [skɛ́(ː)əri]	혱 무서운, 겁나는
1078 **candidate** [kǽndidèit]	몡 후보자, 지원자		0424 **speed** [spiːd]	몡 속도, 속력
1191 **soul** [soul]	몡 영혼, 정신		0509 **modest** [mɑ́dist]	혱 그다지 크지 않은; 겸손한
0086 **generous** [dʒénərəs]	혱 관대한; 후한		0585 **medal** [médəl]	몡 메달, 훈장
0089 **sincere** [sinsíər]	혱 진실한, 성실한		0730 **stomachache** [stɑ́məkèik]	몡 복통, 위통
0131 **engineer** [èndʒəníər]	몡 기술자, 기사		0803 **octopus** [ɑ́ktəpəs]	몡 문어
0140 **photographer** [fətɑ́grəfər]	몡 사진사, 사진작가		0877 **bamboo** [bæmbúː]	몡 대나무
0143 **reporter** [ripɔ́ːrtər]	몡 기자, 리포터		1135 **protest** [prətést, próutèst]	동 항의하다 몡 항의
0291 **boil** [bɔil]	동 끓다, 끓이다		1158 **minority** [minɔ́(ː)rəti]	몡 소수; 소수 집단
0293 **peel** [piːl]	동 (껍질을) 벗기다 몡 껍질		1187 **forgive** [fərgív]	동 용서하다
0359 **tag** [tæg]	몡 꼬리표		0047 **slim** [slim]	혱 날씬한; 얇은
0400 **appointment** [əpɔ́intmənt]	몡 약속, 예약; 임명		0052 **audio** [ɔ́ːdiòu]	혱 음성의 몡 음성
0456 **fortunately** [fɔ́ːrtʃənitli]	부 다행스럽게도		0072 **cheerful** [tʃíərfəl]	혱 쾌활한, 즐거운
0537 **eastern** [íːstərn]	혱 동쪽의, 동양의		0074 **polite** [pəláit]	혱 예의 바른, 공손한
0714 **monster** [mɑ́nstər]	몡 괴물		0156 **awful** [ɔ́ːfəl]	혱 끔찍한, 지독한
0780 **panic** [pǽnik]	동 극심한 공포를 느끼다 몡 공포, 공황		0441 **sidewalk** [sáidwɔ̀ːk]	몡 인도, 보도
0878 **bloom** [bluːm]	동 꽃이 피다 몡 꽃; 개화		0442 **bump** [bʌmp]	동 부딪치다 몡 충돌

빈출도 14회 이하

0524	**base** [beis]	명 가장 밑 부분; 토대, 기초		
0609	**ceremony** [sérəmòuni]	명 의식, 식		
0686	**portrait** [pɔ́ːrtrit, pɔ́ːrtreit]	명 초상화		
1059	**elect** [ilékt]	동 선출하다, 뽑다		
1063	**minister** [mínistər]	명 장관; 성직자		
1069	**loyal** [lɔ́iəl]	형 충실한; 충성스러운		
1102	**prison** [prízən]	명 감옥, 교도소		
1104	**accuse** [əkjúːz]	동 고발하다, 비난하다		
0006	**push** [puʃ]	동 밀다; 누르다		
0060	**thirsty** [θə́ːrsti]	형 목이 마른		
0066	**curly** [kə́ːrli]	형 곱슬곱슬한		
0129	**pilot** [páilət]	명 조종사, 비행사		
0195	**unbelievable** [ʌnbilíːvəbl]	형 믿을 수 없는, 믿기 어려운		
0230	**gesture** [dʒéstʃər]	동 몸짓, 제스처		
0280	**swallow** [swálou]	동 삼키다		
0362	**elementary** [èləméntəri]	형 초등학교의; 초급의		
0383	**academy** [əkǽdəmi]	명 학원, 전문 학교; 학회		
0539	**southern** [sʌ́ðərn]	형 남쪽의, 남부의		
0597	**captain** [kǽptən]	명 주장; 선장; 기장		
0733	**deaf** [def]	형 귀가 먼, 청각장애가 있는		
0798	**rooster** [rúːstər]	명 수탉		
0828	**waterfall** [wɔ́ːtərfɔ̀ːl]	명 폭포		
0835	**bay** [bei]	명 만(灣)		
0883	**branch** [bræntʃ]	명 나뭇가지; 지점, 분점		
0890	**weed** [wiːd]	명 잡초		
0994	**sunrise** [sʌ́nràiz]	명 일출, 해돋이		
1007	**spaceship** [spéisʃìp]	명 우주선		
1015	**satellite** [sǽtəlàit]	명 인공위성; 위성		
1159	**democracy** [dimákrəsi]	명 민주주의		
0085	**gentle** [dʒéntl]	형 온화한		
0125	**astronaut** [ǽstrənɔ̀ːt]	명 우주 비행사		
0225	**bow** [bau]	동 인사하다, 절하다 명 절		
0239	**beg** [beg]	동 간청하다; 구걸하다		
0243	**factory** [fǽktəri]	명 공장		
0323	**cotton** [kátən]	명 면직물; 목화, 솜		
0419	**salary** [sǽləri]	명 급여		
0440	**curve** [kəːrv]	명 커브, 곡선 동 구부러지다		
0516	**dawn** [dɔːn]	명 새벽, 동틀 녘		
0557	**landmark** [lǽndmàːrk]	명 주요 지형지물, 랜드마크		
0767	**bulb** [bʌlb]	명 전구		
0898	**greenhouse** [gríːnhàus]	명 온실		
0927	**endangered** [indéindʒərd]	형 멸종 위기에 처한		
0947	**browse** [brauz]	동 인터넷을 검색하다		
1077	**continuous** [kəntínjuəs]	형 계속되는, 끊임없는		
0148	**conductor** [kəndʌ́ktər]	명 지휘자; 안내자		
0252	**port** [pɔːrt]	명 항구, 항만		
0265	**entrance** [éntrəns]	명 입구; 입장; 입학		
0298	**wipe** [waip]	동 닦다		
0429	**avenue** [ǽvənjùː]	명 ~가(街), 대로, 가로수 길		
0446	**rail** [reil]	명 (철도의) 레일; 기차		
0517	**daytime** [déitàim]	명 낮, 주간		
0610	**anniversary** [ǽnəvə́ːrsəri]	명 기념일		
0639	**hike** [haik]	동 하이킹하다 명 하이킹		
0743	**pill** [pil]	명 알약		
0837	**continent** [kántənənt]	명 대륙		
0859	**lightning** [láitniŋ]	명 번개		

0881	**mushroom** [mʌ́ʃru(ː)m]	몡 버섯
1057	**crowd** [kraud]	몡 무리, 군중 동 붐비다
1111	**broadcast** [brɔ́ːdkæst]	동 방송하다 몡 방송
1149	**national** [nǽʃənəl]	혱 국가의
0018	**nap** [næp]	몡 낮잠 동 낮잠을 자다
0062	**gorgeous** [gɔ́ːrdʒəs]	혱 아주 멋진
0115	**helpful** [hélpfəl]	혱 도움이 되는
0146	**detective** [ditéktiv]	몡 탐정; 형사
0247	**indoor** [índɔ̀ːr]	혱 실내의
0257	**fountain** [fáuntən]	몡 분수
0309	**plain** [plein]	혱 무늬가 없는, 수수한
0385	**consult** [kənsʌ́lt]	동 상담하다
0386	**counsel** [káunsəl]	동 상담하다 몡 상담
0388	**auditorium** [ɔ̀ːditɔ́ːriəm]	몡 강당; 객석
0447	**fence** [fens]	몡 울타리, 담
0514	**sometime** [sʌ́mtàim]	閉 언젠가; 어떤 때
0636	**magic** [mǽdʒik]	몡 마술, 마법 혱 마술의
0659	**aquarium** [əkwéːəriəm]	몡 수족관
0746	**clinic** [klínik]	몡 병원; 진료; 치료소
0806	**leopard** [lépərd]	몡 표범
0864	**drought** [draut]	몡 가뭄
0885	**bush** [buʃ]	몡 덤불, 관목
0930	**leak** [liːk]	몡 누출 동 새다; 누출하다
0953	**delete** [dilíːt]	동 삭제하다
0996	**tide** [taid]	몡 조수; 조류
1097	**illegal** [ilíːgəl]	혱 불법의, 불법적인
1160	**freedom** [fríːdəm]	몡 자유
1199	**miracle** [mírəkl]	몡 기적
0119	**partner** [páːrtnər]	몡 짝; 배우자
0139	**businessman** [bíznismæ̀n]	몡 사업가, 경영인
0142	**salesperson** [séilzpə̀ːrsən]	몡 판매원

0144	**carpenter** [káːrpəntər]	몡 목수
0167	**apologize** [əpɑ́lədʒàiz]	동 사과하다
0248	**lawn** [lɔːn]	몡 잔디(밭)
0250	**pasture** [pǽstʃər]	몡 초원, 목초지
0264	**chimney** [tʃímni]	몡 굴뚝
0347	**lower** [lóuər]	혱 더 낮은 동 낮추다
0360	**junk** [dʒʌŋk]	몡 잡동사니, 쓸모없는 물건
0372	**knowledge** [nɑ́lidʒ]	몡 지식
0390	**chart** [tʃɑːrt]	몡 도표
0566	**baggage** [bǽgidʒ]	몡 수하물, 짐
0568	**parade** [pəréid]	몡 행진 동 행진하다
0640	**chess** [tʃes]	몡 체스
0712	**biography** [baiɑ́grəfi]	몡 전기
0713	**mystery** [místəri]	몡 추리 소설; 불가사의
0734	**burn** [bəːrn]	동 화상을 입다, 타다
0948	**click** [klik]	동 클릭하다 몡 클릭
1019	**eclipse** [iklíps]	몡 (일식월식의) 식
1068	**committee** [kəmíti]	몡 위원회
1178	**glory** [glɔ́ːri]	몡 영광, 영예
0059	**spicy** [spáisi]	혱 양념 맛이 강한, 매운
0083	**optimistic** [ɑ̀ptəmístik]	혱 낙관적인
0218	**discuss** [diskʌ́s]	동 논의하다, 토론하다
0273	**pepper** [pépər]	몡 후추; 고추
0316	**mask** [mæsk]	몡 마스크; 가면
0353	**bundle** [bʌ́ndl]	몡 다발, 묶음
0358	**brand** [brænd]	몡 상표, 브랜드
0369	**textbook** [téksʈbùk]	몡 교과서
0462	**unlike** [ʌnláik]	젠 ~와 다른, ~와는 달리
0520	**lately** [léitli]	閉 최근에, 요즈음
0526	**beside** [bisáid]	젠 ~의 옆에
0533	**backward** [bǽkwərd]	閉 뒤쪽으로; 거꾸로

• **DAY 50**

0536	**compass** [kʌ́mpəs]	몡 나침반	
0652	**knit** [nit]	동 뜨다, 뜨개질하다	
0684	**gallery** [gǽləri]	몡 화랑, 미술관	
0759	**ladder** [lǽdər]	몡 사다리	
0805	**hatch** [hætʃ]	동 부화하다	
0808	**giraffe** [dʒərǽf]	몡 기린	
0910	**exhaust** [igzɔ́:st]	몡 배기가스 동 다 써버리다	
0988	**magnet** [mǽgnit]	몡 자석	
1091	**arrest** [ərést]	동 체포하다 몡 체포	
0079	**clever** [klévər]	혱 영리한	
0105	**failure** [féiljər]	몡 실패	
0124	**teller** [télər]	몡 금전 출납계원; 이야기꾼	
0258	**castle** [kǽsl]	몡 성(城), 성곽	
0268	**garage** [gərá:dʒ]	몡 차고	
0277	**appetizer** [ǽpətàizər]	몡 애피타이저	
0281	**bite** [bait]	몡 한 입 동 물다	
0318	**purse** [pəːrs]	몡 지갑, 핸드백	
0320	**jewelry** [dʒú:əlri]	몡 장신구, 보석류	
0325	**bare** [bɛər]	혱 맨-, 벌거벗은	
0494	**multiply** [mʌ́ltəplài]	동 곱하다; 증가하다	
0499	**double** [dʌ́bl]	혱 두 배의 동 두 배로 되다	
0550	**scenery** [sí:nəri]	몡 경치, 풍경	
0600	**surf** [səːrf]	동 파도타기를 하다	
0654	**pedal** [pédəl]	동 페달을 밟다 몡 페달	
0660	**circus** [sə́ːrkəs]	몡 서커스	
0685	**background** [bǽkgràund]	몡 배경	
0690	**comedy** [kámidi]	몡 코미디, 희극	
0701	**fable** [féibl]	몡 우화	
0737	**sneeze** [sni:z]	동 재채기하다	
0756	**injure** [índʒər]	동 부상을 입히다	
0772	**cautious** [kɔ́:ʃəs]	혱 조심스러운, 신중한	

0852	**breeze** [bri:z]	몡 미풍, 산들바람	
1039	**growth** [grouθ]	몡 성장, 증가	
0094	**niece** [ni:s]	몡 (여자) 조카	
0132	**operator** [ápərèitər]	몡 조작자, 기사	
0135	**accountant** [əkáuntənt]	몡 회계사	
0161	**pity** [píti]	몡 연민, 동정	
0269	**brick** [brik]	몡 벽돌	
0444	**cycle** [sáikl]	동 자전거를 타다 몡 자전거	
0445	**fasten** [fǽsən]	동 매다, 잠그다	
0758	**slippery** [slípəri]	혱 미끄러운	
0797	**hen** [hen]	몡 암탉	
0809	**mosquito** [məskí:tou]	몡 모기	
0838	**harbor** [há:rbər]	몡 항구	
1010	**solar** [sóulər]	혱 태양의	
1062	**liberty** [líbərti]	몡 자유	
0022	**dive** [daiv]	동 뛰어들다, 다이빙하다	
0035	**elbow** [élbou]	몡 팔꿈치	
0042	**bone** [boun]	몡 뼈	
0098	**childhood** [tʃáildhùd]	몡 어린 시절	
0162	**sympathy** [símpəθi]	몡 동정(심); 공감	
0168	**frustrate** [frʌ́strèit]	동 좌절시키다	
0178	**horrible** [hɔ́(:)rəbl]	혱 무서운, 끔찍한	
0267	**basement** [béismənt]	몡 지하실, 지하(층)	
0420	**stationery** [stéiʃənèri]	몡 필기도구; 문방구	
0569	**sightseeing** [sáitsì:iŋ]	몡 관광, 유람	
0635	**comic** [kámik]	혱 웃기는 몡 만화책	
0719	**catalog** [kǽtəlɔ̀(:)g]	몡 카탈로그, 목록	
0762	**glue** [glu:]	몡 접착제	
0807	**lizard** [lízərd]	몡 도마뱀	
0865	**humid** [hjú:mid]	혱 습한	
0868	**sticky** [stíki]	혱 끈적거리는	

0882	**cactus** [kǽktəs]	명 선인장	0596	**referee** [rèfərí:]	명 심판
0888	**hay** [hei]	명 건초	0680	**well-known** [wèlnóun]	형 잘 알려진, 유명한
0899	**sweep** [swi:p]	동 쓸다, 청소하다	0718	**narrator** [nǽreitər]	명 화자, 이야기하는 사람
0971	**error** [érər]	명 실수, 오류	0884	**bud** [bʌd]	명 꽃봉오리; 싹
1011	**lunar** [lú:nər]	형 달의	0887	**cucumber** [kjú:kʌmbər]	명 오이
1184	**battle** [bǽtl]	명 전투, 싸움 동 싸우다	0903	**smog** [smɑg]	명 스모그, 연무
0016	**tease** [ti:z]	동 놀리다	1024	**cash** [kæʃ]	명 현금
0078	**outgoing** [áutgòuiŋ]	형 외향적인, 사교적인	1101	**jail** [dʒeil]	명 감옥, 구치소, 교도소
0149	**secretary** [sékrətèri]	명 비서; 장관	1107	**quarrel** [kwɔ́(:)rəl]	동 다투다 명 (말)다툼, 언쟁
0177	**embarrass** [imbǽrəs]	동 당황하게 하다	0063	**blond(e)** [bland]	형 금발의
0366	**absent** [ǽbsənt]	형 결석한, 부재의	0064	**skinny** [skíni]	형 깡마른
0387	**locker** [lákər]	명 사물함	0093	**nephew** [néfju:]	명 (남자) 조카
0436	**fare** [fɛər]	명 (교통) 요금, 운임	0133	**clerk** [klə:rk]	명 사무원; 점원
0518	**afterward** [ǽftərwərd]	부 후에, 나중에	0246	**downtown** [dàuntáun]	형 도심의 부 도심에
0562	**passport** [pǽspɔ:rt]	명 여권	0297	**spoonful** [spú:nfùl]	명 한 숟가락
0688	**fantasy** [fǽntəsi]	명 공상, 상상	0306	**swimsuit** [swímsù:t]	명 수영복
0799	**beetle** [bí:tl]	명 딱정벌레	0414	**photocopy** [fóutəkàpi]	명 사진 복사
1004	**erupt** [irʌ́pt]	동 (화산이) 폭발하다	0466	**basic** [béisik]	형 기본적인, 기초의
1016	**galaxy** [gǽləksi]	명 은하, 은하계	0564	**depart** [dipá:rt]	동 출발하다, 떠나다
0058	**sour** [sauər]	형 (맛이) 신, 시큼한	0594	**champion** [tʃǽmpiən]	명 우승자, 챔피언
0065	**good-looking** [gud-lúkiŋ]	형 잘생긴	0644	**cinema** [sínəmə]	명 영화관; 영화
0068	**bald** [bɔ:ld]	형 대머리의	0728	**ache** [eik]	동 아프다 명 아픔
0130	**vet** [vet]	명 수의사	0770	**blood** [blʌd]	명 혈액, 피
0251	**orchard** [ɔ́:rtʃərd]	명 과수원	0862	**blizzard** [blízərd]	명 눈보라
0253	**drugstore** [drʌ́gstɔ:r]	명 약국	0866	**raindrop** [réindràp]	명 빗방울
0395	**business** [bíznis]	명 사업, 일; 기업	0912	**shortage** [ʃɔ́:rtidʒ]	명 부족
0416	**boss** [bɑs]	명 상사; 우두머리, 사장	0913	**plastic** [plǽstik]	형 플라스틱으로 된
0458	**certain** [sə́:rtən]	형 확실한, 확신하는	0936	**engine** [éndʒən]	명 엔진; 기관차
0468	**overweight** [òuvərwéit]	형 과체중의, 중량 초과의	1074	**motto** [mátou]	명 좌우명, 모토
0521	**lastly** [lǽstli]	부 마지막으로	1194	**Buddhism** [bú(:)dizəm]	명 불교

맞춰 보기

ANSWERS

Wrap Up DAY 01~05 pp. 53~54

A 01 나르다; 가지고 다니다 02 친척 03 깡마른
04 나이가 지긋한 05 어른; 어른의 06 사무원, 점원
07 잡아당기다 08 엄지손가락 09 ~의 가치가
있는; 가치 10 회계사 11 outgoing 12 hide
13 weight 14 optimistic 15 reporter
16 familiar 17 helpful 18 detective 19 spin
20 responsible

B 01 음악가 02 sense 03 직업 04 officer
05 behave 06 appearance 07 beauty
08 쾌활한, 즐거운

C 01 spread 02 bitter 03 breathe 04 curious
05 ordinary

D 01 Honesty is the best policy. 02 The dog
wandered off at the beach. 03 Our tour
guide took us to the old temple. 04 What is
good for the brain and memory? 05 Children
are much more creative than adults.

Wrap Up DAY 06~10 pp. 95~96

A 01 감정 02 부인하다, 부정하다 03 대화 04 구
내식당 05 요리법, 레시피 06 요리사, 주방장
07 몸짓, 제스처 08 주저하다, 망설이다 09 집중
하다 10 괴롭히다, 귀찮게 하다 11 sympathy
12 suppose 13 introduce 14 noodle 15 boil
16 apologize 17 react 18 indoor 19 orchard
20 straw

B 01 regret 02 disagree 03 respect 04 chat
05 construct

C 01 pepper 02 disappointed 03 shelter
04 repeat 05 express

D 01 seafood 02 roof 03 pot 04 drugstore
05 orchard

필수 단어 확인하기 DAY 01~10
pp. 97~98

01 ④ 02 ④ 03 ② 04 (1) fry (2) object
(3) address (4) quickly (5) compare 05 ② 06 ③
07 (A) detective (B) become 08 I'm pretty
anxious about getting a job.

01 blonde(금발의), bald(대머리의), skinny(깡마른), slim(날
씬한; 얇은)은 외모를 나타내지만 ④ confident(자신감
있는)는 관련이 없다.

02 '어린 시절'은 ④ childhood이다.

03 ①, ③, ④, ⑤는 모두 반의어 관계이지만, ②는 유의어
관계이다.

04 (1) 문맥상 '튀기다'의 의미인 fry가 들어가는 것이 알맞
다. (2) 문맥상 '반대하다'의 의미인 object가 들어가는
것이 알맞다. (3) 문맥상 '주소'의 의미인 address가 들
어가는 것이 알맞다. (4) 문맥상 '빨리'의 의미인 quickly
가 들어가는 것이 알맞다. (5) 문맥상 '비교하다'의 의미
인 compare가 알맞다.

05 '거짓말하다'와 '눕다'의 의미를 모두 가진 단어는 ② lie
이다.
해석 ▶ 나는 절대로 너에게 거짓말하지 않을 거야. /
푸른 잔디 위에 눕지 마라.

06 첫 번째 문장은 '나는 너희 모두를 그리워한다.'의 의미가
되어야 하며, 두 번째 문장은 '만약 지금 네가 떠나지 않
으면 너는 비행기를 놓칠 것이다.'의 의미가 되어야 하므
로 '그리워하다'와 '놓치다'의 의미를 모두 가진 ③ miss
가 알맞다.

07 (A)는 detective stories(탐정 소설)가 되어야 하므로
detective가 알맞으며, (B)는 문맥상 '작가가 되다'의 의
미가 되어야 하므로 become이 알맞다.
해석 ▶ 나는 탐정소설을 좋아한다. 그래서 나는 작가가
되고 싶다.

08 '~을 걱정하다'를 의미하는 be anxious about ~ 뒤에
동명사 getting이 이어지도록 배열하여 문장을 완성한다.

Wrap Up DAY 11~15 pp. 139~140

A 01 구매; 구매하다 02 약속; 예약; 임명 03 교통
(수단), 수송 (기관) 04 승객 05 졸업하다; 졸업생
06 과정, 절차; 처리하다 07 귀중한, 가치가 큰
08 인도, 보도 09 그만두다, 중지하다 10 (학교에)
다니다; 참석하다 11 knowledge 12 discount
13 prepare 14 refund 15 unique

16 education   17 costume   18 company
19 detail   20 deliver

B   01 consult   02 prefer   03 operate
04 acknowledge   05 fasten

C   01 tight   02 elementary   03 record   04 traffic
05 receipt

D   01 pay   02 wallet   03 jewelry   04 skill
05 wheel

Wrap Up   DAY 16~20   pp. 181~182

A   01 상황, 상태; 위치   02 언제든지, 언제나   03 추천
하다, 권하다   04 기간, 시기; 시대   05 좀처럼 ~하지
않는   06 던지다   07 도전, 난제; 도전하다   08 최
근에, 요즈음   09 수하물, 짐   10 인상적인, 감명 깊은
11 artificial   12 passport   13 defend   14 exactly
15 count   16 smooth   17 describe   18 within
19 muscle   20 destination

B   01 gradually   02 possible   03 eastern   04 관광객,
여행자   05 empty   06 취소하다   07 competition
08 나누다, 분리하다

C   01 complete   02 quality   03 adventure
04 cheer   05 distance

D   01 여러   02 나침반   03 해외로   04 몸무게가 나갔
다   05 이겼다

교과서 필수 단어 확인하기   DAY 11~20   pp. 183~184

01 ⑤   02 ③   03 ②   04 (1) salary (2) memory
(3) gym (4) reservation (5) period   05 ①   06 ④
07 Sugar is a major cause of tooth decay.
08 sells goods from different countries

01 ①, ②, ③, ④는 모두 반의어 관계이지만, ⑤는 유의어
관계이다.

02 '성적'과 '학년'의 의미를 모두 가진 단어는 ③ grade
이다.
> 해석 ▶ 나는 과학에서 좋은 성적을 얻었다. / 나는 6학년
이다.

03 '적절한'의 의미를 가진 단어는 ② appropriate이다.

04 (1) 문맥상 '급여'의 의미인 salary가 들어가는 것이 알맞
다. (2) 문맥상 '기억, 추억'의 의미인 memory가 들어가
는 것이 알맞다. (3) 문맥상 '체육관'의 의미인 gym이 들
어가는 것이 알맞다. (4) 문맥상 '예약'의 의미인
reservation이 들어가는 것이 알맞다. (5) 문맥상 '기간'
의 의미인 period가 들어가는 것이 알맞다.

05 spend는 '소비하다'의 의미이다.

06 rough는 '거친'의 의미이다.

07 '~의 주요한 원인'은 전치사 of를 이용하여 the major
cause of로 쓴다.

08 주어가 the market으로 3인칭 단수이므로 sell을 단수형
sells로 쓰고, '다른 나라들'로 복수형이므로 country는
countries로 형태를 바꿔 문장을 완성한다.

수능유형 확인하기   DAY 01~20   pp. 185~186

| 세부 정보 파악하기 | ⑤

✓ Word Check 어린 시절 / (학교에) 다니다; 참석하
다 / ~을 전공하다 / 졸업하다; (대학) 졸업생 / 거장,
주인; 석사; 숙달하다 / 정도; 등급; (온도의) 도; 학위 /
초등학교의, 초급의 / 교육

| 글의 주장 찾기 | ①

✓ Word Check 언어, 말 / 용기를 북돋우다, 장려하
다 / (큰) 기쁨; 매우 기쁘게 하다 / 창의적인 / 즉각적
인 / 방향; 지시

| 세부 정보 파악하기 |

마지막 문장에서 Shirley Chisholm은 미국의 베트남 전쟁
개입에 반대했다(Shirley Chisholm was against the
American involvement in the Vietnam War ~.)고 언급되
어 있다. 따라서 글의 내용과 일치하지 않는 것은 ⑤이다.
> 해석 ▶ Shirley Chisholm은 1924년 New York 주 Brooklyn
에서 태어났다. Chisholm은 Barbados에서 **어린 시절**의 일

부를 할머니와 함께 지냈다. Shirley는 Brooklyn 대학에 **다니면서 사회학을 전공했다.** 1946년에 Brooklyn 대학을 **졸업한** 후, 그녀는 교사가 되었고 계속해서 공부를 했다. 그녀는 Columbia 대학교에서 **초등 교육 석사 학위를** 취득했다. 1968년에, Shirley Chisholm은 미국 최초의 아프리카계 미국인 여성 하원 의원이 되었다. Shirley Chisholm은 미국의 베트남 전쟁 개입과 무기 개발의 확대에 반대했다.

| 글의 주장 찾기 |

However로 시작하는 문장이 이 글의 주제로, 언어 놀이는 아이들의 것이어야 하며 아이들이 언어 놀이에서 즐거움을 찾고 주도권을 가질 수 있어야 한다고 했다. 따라서 필자가 주장하는 바로 가장 적절한 것은 ① '아이들이 언어 놀이를 주도하게 하라.'이다.

해석 ▶ 언어 놀이는 아이들의 **언어** 학습과 발달에 유익하다. 따라서 우리는 (아이들의 언어놀이를) 적극적으로 **장려하고** 심지어 그들의 **언어** 놀이에 동참해야 한다. 하지만 언어 놀이는 아이들의 것이어야 한다. 만약 언어 놀이가 결과를 만들어 내기 위해 어른들이 사용하는 또 다른 교육적 수단이 된다면, 그것은 본질을 잃게 된다. 아이들은 **창의적이고 즉각적인 언어** 놀이에서 **기쁨을** 찾고, 실없는 말을 해놓고 스스로 웃기도 하고, (언어 놀이의) 속도, 타이밍, **방향,** 흐름에 대한 주도권을 가질 필요가 있다. 아이들이 자신의 **언어** 놀이를 발전시키도록 허용될 때 광범위한 이점이 그것으로부터 생긴다.

Wrap Up DAY 21~25
pp. 227~228

A 01 대회, 시합 02 애니메이션, 만화 영화 03 체스 04 여가 05 초상화 06 질병, 병 07 눈이 먼, 시각장애가 있는 08 보통의; 흔한; 공통의 09 복통, 위통 10 이야기 11 cinema 12 represent 13 wonder 14 artwork 15 comedy 16 trouble 17 treat 18 condition 19 knit 20 draw

B 01 festival 02 유머 03 고통스러운, 아픈 04 performance 05 exhibition 06 invitation 07 어려움; 곤란, 곤경 08 진찰하다; 조사하다

C 01 schedule 02 riddle 03 anniversary 04 folk 05 poem

D 01 novel 02 stage 03 popular 04 opera 05 illness

Wrap Up DAY 26~30
pp. 269~270

A 01 긴급한; 다급한 02 까마귀; (수탉이) 울다 03 만(灣) 04 미풍, 산들바람 05 헛간, 곳간 06 절벽 07 사막 08 양배추 09 부화하다 10 손상을 주다; 손상, 피해 11 harsh 12 cucumber 13 hometown 14 greenhouse 15 mine 16 glue 17 leopard 18 prevent 19 sweep 20 shower

B 01 slippery 02 이동하다; 이주하다 03 dangerous 04 cautious 05 안전, 안전성 06 injure 07 독성이 있는 08 예상하다, 기대하다

C 01 iron 02 creature 03 root 04 rainfall 05 fault

D 01 사다리 02 먹이를 준다 03 대륙 04 예보 05 핀다

교과 필수 단어 확인하기 DAY 21~30
pp. 271~272

01 ⑤ 02 ④ 03 ③ 04 ② 05 ① 06 ③
07 I want to see the Korean mask exhibition.
08 Congratulations, audition

01 goat(염소), leopard(표범), parrot(앵무새), peacock(공작)을 모두 포함하는 단어는 ⑤ animal(동물)이다.

02 ①, ②, ③, ⑤는 모두 반의어 관계이지만, ④는 유의어 관계이다.

03 빈칸에 들어갈 '소설'의 의미를 가진 단어는 ③ novel이다.

04 첫 번째 문장의 매우 덥고 건조한 장소는 desert(사막)이며, 두 번째 문장의 Pacific Ocean은 '태평양'을 의미하며, 세 번째 문장의 Angel Falls(앙헬 폭포)는 세계에서 가장 높은 waterfall(폭포)이므로 순서대로 짝지어진 것은 ②이다.
해석 ▶ 사막은 매우 덥고 건조한 장소이다. / 태평양에는 많은 섬들이 있다. / 앙헬 폭포는 세계에서 가장 높은 폭포이다.

05 '비가 거의 내리지 않거나 전혀 내리지 않는 긴 건조 기간'은 ① drought(가뭄)이다.

06 '특별한 날에 누군가에게 주는 어떤 것'은 ③ present(선물)이다.

07 want(원하다)는 to부정사를 목적어로 취하므로 '보고 싶다'는 want to see로 나타내며 '한국 탈 전시회'는 the Korean mask exhibition이므로 이를 순서대로 배열하여 문장을 완성한다.

08 '축하합니다'는 congratulations, '오디션'은 audition이다.

Wrap Up DAY 31~35
pp. 313~314

A　01 부족　02 영향; 결과; 효과　03 실험; 실험을 하다　04 재난, 참사, 재해　05 자본; 수도; 대문자　06 향상시키다; 개선하다; 나아지다　07 탐험하다; 탐구하다　08 생산하다, 만들어 내다　09 녹다; 녹이다　10 멸종 위기에 처한　11 borrow　12 laboratory　13 protect　14 invent　15 virtual　16 budget　17 analyze　18 harmful　19 earthquake　20 satellite

B　01 combine　02 erupt　03 search　04 decrease　05 survive

C　01 Can people live on Mars?　02 We are trying to adapt to the new technologies.　03 Many great ideas come from observing nature.　04 I've opened an account with BTC Bank.　05 We need a plan to reduce air pollution.

D　01 cash　02 solar　03 spaceship　04 repair　05 soil

Wrap Up DAY 36~40
pp. 355~356

A　01 필요한, 필수의　02 기사, 논설　03 불법의, 불법적인　04 이점, 유리한 점, 장점　05 혁명　06 선출하다, 뽑다　07 지역 사회, 공동체　08 전통의, 전통적인　09 알리다, 발표하다　10 증거　11 mission　12 broadcast　13 society　14 forgive　15 victim　16 donate　17 wisdom　18 population　19 policy　20 attack

B　01 battle　02 border　03 candidate　04 gap　05 quarrel

C　01 loyal　02 justice　03 vary　04 honor　05 general

D　01 advertise　02 support　03 symbol　04 original　05 escape

교과서 필수 단어 확인하기
DAY 31~40
pp. 357~358

01 ③　02 ④　03 ⑤　04 (1) crisis (2) gravity (3) temple (4) fame (5) opinion　05 ⑤　06 ③　07 They are concerned to protect the rights of the individual.　08 decided to offer the job

01 ①, ②, ④, ⑤는 모두 유의어 관계이지만, ③은 반의어 관계이다.

02 '저축하다; 구하다'의 의미를 가진 단어는 ④ save이다.
해석▶ 사람들은 은행에서 돈을 저축할 수 있다. / 우리는 지구를 구하기 위해 무엇을 할 수 있을까?

03 빈칸에 들어갈 '판사'의 의미를 가진 단어는 ⑤ judge이다.

04 (1) 문맥상 '위기'의 의미인 crisis가 들어가는 것이 알맞다. (2) 문맥상 '중력'의 의미인 gravity가 들어가는 것이 알맞다. (3) 문맥상 '절'의 의미인 temple이가 들어가는 것이 알맞다. (4) 문맥상 '명성'의 의미인 fame이 들어가는 것이 알맞다. (5) 문맥상 '의견'의 의미인 opinion이 들어가는 것이 알맞다.

05 explore는 '탐험하다; 탐구하다'의 의미이다.

06 electric은 '전기의; 전기를 이용하는'의 의미이다.

07 '~에 관심이 있다'는 be concerned to로 나타내며, '개인의 권리'는 전치사 of를 이용하여 rights of the individual로 배열하여 문장을 완성한다.

08 '결정하다'의 의미인 decide는 과거형을 써야 하므로 decided로 나타내며, decide는 to부정사를 목적어로 취하므로 decided to offer의 형태로 문장을 완성한다.

확인하기

DAY 21~40
pp. 359~360

| 무관한 문장 찾기 | ③

☑ **Word Check** 가상의; 사실상의 / 선물; 현재; 현재
의; 참석한; 주다, 나타내다 / 액체; 액체 형태의 / 약;
의학 / 필요한, 필수의 / 총액, 액수; 양 / 필요로 하다;
요구하다 / 채소

| 주제 찾기 | ②

☑ **Word Check** 원래의; 독창적인; 원작 / (사회·정치
적) 운동; 움직임 / 그 결과 ~가 되다, 결과를 가져
오다 / 그네; 흔들리다; ~을 야기하다; 원인; 이유 /
막다, 예방하다 / 줄이다, 축소하다 / 중요성

| 무관한 문장 찾기 |

음식과 제품을 만드는 데 드는 '가상의 물'은 제품에 따라 함유
량이 다르며, 사람은 매일 많은 식품들을 섭취하면서 다량의
가상의 물을 소비한다는 내용의 글이다. 건강 유지를 위해 가
능한 한 물을 많이 마셔야 한다는 내용은 '가상의 물'과는 관련
이 없는 내용이므로 전체 흐름과 관계없는 문장은 ③이다.

해석 우리의 음식과 제품에 포함된 물은 '**가상의** 물'이라고
불린다. 예를 들어 2파운드의 밀을 제조하기 위해서 약 265
갤런의 물이 필요하다. 그래서 이 2파운드의 밀의 **가상의** 물
은 265갤런이다. **가상의** 물은 또한 유제품, 수프, 음료, 그리
고 **액체로 된 약**에도 **존재한다.** (하지만 건강을 유지하기 위
해 가능한 한 많은 물을 마시는 것이 **필요하다.**) 매일 인간은
다량의 **가상의** 물을 섭취하는데, 필요한 제품 속의 **가상의** 물
의 **양**은 제품에 따라 다르다. 예를 들어, 2파운드의 고기를
생산하는 데는 2파운드의 **채소**를 생산하는 것의 약 5배에서
10배의 물이 **필요하다.**

| 주제 찾기 |

강아지가 빠른 속도로 방향을 바꿀 때 강아지가 넘어지거나
속도가 떨어지지 않는 것은 꼬리 때문이라는 내용의 글이다.
따라서 이 글의 주제로 가장 적절한 것은 ② '균형을 유지할
때 강아지 꼬리의 역할'이다.
① 개의 체중이 속력에 미치는 영향들
③ 개의 나쁜 행동을 **야기하는** 원인들
④ 개를 올바르게 훈련시키는 것의 **중요성**
⑤ 개가 사람들에게 뛰어오르는 이유

해석 당신은 강아지가 달리다가 방향을 바꿀 때 왜 넘어지
지 않는지 궁금한 적이 있었는가? 강아지가 달리다가 빠르게
방향을 바꾸어야 할 때, 강아지는 자신이 가고 싶은 방향으로
몸의 앞부분을 내던진다. 그러면 강아지의 등이 구부러지지
만, 강아지의 뒷부분은 **원래의** 방향으로 여전히 계속 갈 것이
다. 당연히 이러한 회전 **움직임**으로 인해 강아지 몸의 뒷부분
이 크게 **흔들리는 결과를 가져올** 지도 모른다. 그리고 이로
인해 강아지가 **움직이는** 속도가 많이 떨어지거나 또는 심지
어 강아지가 빠른 속도로 방향을 전환하려고 할 때 넘어지는
것을 **야기할지도** 모른다. 하지만 강아지의 꼬리는 이것을 **방
지하도록** 돕는다. 강아지의 몸이 회전하고 있는 방향과 같은
방향으로 꼬리를 내던지는 것이 경로에서 벗어나는 경향을
줄이는 데 기여한다.

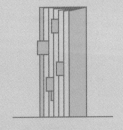

찾아보기
INDEX

| musician | 45 |
| mystery | 214 |

N

nap	15
narrator	215
narrow	67
national	340
native	340
natural	297
nature	245
necessary	317
negative	74
neighbor	41
nephew	37
nervous	55
nest	241
newspaper	333
niece	37
nod	73
noodle	87
normal	101
northern	161
notice	190
novel	212

O

object	74
observe	290
ocean	245
octopus	240
offer	307
officer	46
official	334
opera	205
operate	125
operator	46
opinion	339
opposite	159
optimistic	32
option	108
orchard	80

order	327
ordinary	40
organization	341
original	351
outdoor	167
outgoing	31
output	265
overcome	39
overweight	143
own	110

P

pack	110
package	110
pain	229
painful	220
palm	22
pan	89
panic	233
parade	169
parasol	169
parrot	238
participate	189
partner	41
passenger	133
passport	168
pasture	80
path	132
patient	223
pattern	100
pay	108
peace	349
peacock	238
peak	248
pedal	198
peel	90
pepper	87
per	150
perfect	256
performance	204
period	157
personal	318
personality	30
photocopy	126
photographer	48

physical	22
pick	108
picture	195
piece	149
pile	145
pill	222
pilot	46
pity	56
plain	100
planet	300
plant	261
plastic	275
plate	89
pleasure	169
plenty	149
poem	214
poet	47
poison	222
poisonous	264
pole	299
policy	318
polite	31
pollution	276
popular	203
population	339
port	80
portrait	207
position	160
positive	32
possible	141
pot	89
pour	90
powder	102
power	318
praise	75
precious	103
predict	255
prefer	108
prepare	124
present	188
presentation	189
president	317
press	334
pretend	75
prevent	254
principal	118
print	126
prison	326

private	343
prize	204
probably	211
process	125
produce	307
product	111
profession	45
professor	45
progress	285
project	189
promise	41
promote	309
protect	275
protest	335
proud	31
prove	290
provide	306
public	203
publish	212
pull	13
punish	324
purchase	107
pure	275
purpose	191
purse	101
push	13
puzzle	197

Q

quality	150
quarrel	327
quickly	66
quit	125
quite	152

R

race	173
rail	135
raindrop	257
rainfall	253
rank	177
rapid	66